ESV

Zivilrechtliche Haftung und strafrechtliche Risiken des Steuerberaters

Grundlagen
Gefahrenschwerpunkte
Vermeidungsstrategien

Von
Dr. Christoph Goez
Rechtsanwalt,
Fachanwalt für Steuerrecht, Fachanwalt für Erbrecht,
Vizepräsident des DUV – Deutscher Unternehmenssteuer Verband e.V.,
Lehrbeauftragter an der Deutschen Universität für Weiterbildung Berlin

ERICH SCHMIDT VERLAG

Bibliografische Information der Deutschen Nationalbibliothek
Die Deutsche Nationalbibliothek verzeichnet diese Publikation in der
Deutschen Nationalbibliografie; detaillierte bibliografische Daten sind
im Internet über http://dnb.d-nb.de abrufbar.

Weitere Informationen zu diesem Titel finden Sie im Internet unter
ESV.info/978 3 503 12483 1

Gedrucktes Werk: ISBN 978 3 503 12483 1
ebook: ISBN 978 3 503 12609 5

Alle Rechte vorbehalten
© Erich Schmidt Verlag GmbH & Co. KG, Berlin 2010
www.ESV.info

Dieses Papier erfüllt die Frankfurter Forderungen
der Deutschen Nationalbibliothek und der Gesellschaft für das Buch
bezüglich der Alterungsbeständigkeit und entspricht sowohl den
strengen Bestimmungen der US Norm Ansi/Niso Z 39.48-1992
als auch der ISO Norm 9706.

Satz: multitext, Berlin
Druck und Bindung: Danuvia Druckhaus; Neuburg/Donau

Vorwort

Nach Auskunft der großen Berufshaftpflichtversicherungsgesellschaften ist die Anzahl und die Größenordnung der Regressverfahren in den Bereichen der beratenden Berufe in der letzten Dekade stark angestiegen. Vorrangig mag dieses in Bezug auf die Anzahl insbesondere für Anwaltsnotare und Rechtsanwälte gelten, hinsichtlich der Höhe in Bezug auf die Haftung bei Wirtschaftsprüfern.

Aber auch die Angehörigen der steuerberatenden Berufe (Steuerberater/Steuerbevollmächtigte/Steuerberatungsgesellschaften) sind von dieser Entwicklung nicht verschont. Schon jetzt decken die Versicherungsbeiträge der Steuerberater nur noch unter Berücksichtigung anderweitiger Versicherungsabschlüsse die Aufwendungen der Versicherungen zum Ausgleich von berechtigten Regressen.

Daneben ist die Gefahr für den steuerlichen Berater, dass ein Strafverfahren gegen ihn eingeleitet wird, deutlich gewachsen. Gegen diese sich weiter verschärfende Entwicklung kann aber sachgerecht vorgegangen werden.

Die Ergebnisse und Erfahrungen des Verfassers mit Regressverfahren und der Verteidigung von Steuerberatern in Straf- und Berufsgerichtsverfahren sowie zahlreiche Vorträge und Veröffentlichungen zu diesen Themen führten zu der Erkenntnis, dass Steuerberater und die verantwortlich für Steuerberatungsgesellschaften handelnden Berufsangehörigen in vielen Fällen selbst in der Lage sind, präventiv Regresse zu vermeiden, rechtzeitig durch organisatorische Maßnahmen im Vorfeld Abwehrmaßnahmen vorzusehen und sich für den Fall der Inanspruchnahme auf Schadensersatz effektiv zu wehren.

Eine entsprechende Hilfestellung soll dieses Fachbuch geben.

Neben der Auswertung der aktuellen bis Ende 2009 veröffentlichten Rechtsprechung zu bestimmten Bereichen besonders haftungsträchtiger Situationen, wie beispielsweise die Krise des beratenen Unternehmers, werden daher Praxistipps gegeben und Musterformulierungen angelegt, um den Steuerberater – und somit seine berufliche und private Existenz – zu schützen.

Nobody is perfect: Dies gilt leider auch für die Gefahr, dass sich ein Berater einem Schadensersatzanspruch oder einem Strafverfahren gegenüber sieht. Dann aber muss sachgerecht reagiert werden.

Bei der Bearbeitung des Themas haben die Mitarbeiter des Autors, Herr Rechtsanwalt Jens Glaß und Herr Rechtsreferendar Florian Noll, tatkräftig mitgewirkt. Ihnen und insbesondere Frau Kluin-Bögel, die die gesamte Schreibarbeit leisten musste, gilt der herzliche Dank des Verfassers.

Sollten Ihnen bei der Durchsicht dieses Buches Anregungen oder Verbesserungsvorschläge einfallen, bittet der Verfasser ausdrücklich um Ihre Reaktion (radr.c.goez@t-online.de).

Münster, im Januar 2010   Dr. Christoph Goez

Inhaltsverzeichnis

	Seite
Vorwort	5
Literaturverzeichnis	13
Abkürzungsverzeichnis	17

A. Einführung — 21

B. Die zivilrechtliche Haftung des Steuerberaters — 25

- I. Der Steuerberatervertrag — 25
  1. Das Vertragsverhältnis — 25
  2. Die Vertragsparteien — 27
     - a) Der Steuerberater in Einzelkanzlei — 28
     - b) Die Mitarbeiter des Steuerberaters — 28
     - c) Die Sozien des Steuerberaters — 29
     - d) Die „Scheinsozien" des Steuerberaters — 30
     - e) Die Haftung in einer Partnerschaft — 30
     - f) Die Haftung des handelnden Geschäftsführers einer Steuerberatungsgesellschaft — 31
     - g) Keine Haftung in einer Bürogemeinschaft? — 32
  3. Die Einbeziehung von Dritten — 33
     - a) Dritte auf der Seite des Steuerberaters — 33
     - b) Dritte auf der Seite des Mandanten — 34
     - c) Haftungsbeschränkung gegenüber Dritten? — 36
- II. Die Pflichten des Steuerberaters — 37
  1. Die Mandatsübernahme — 37
  2. Die Mandatsbetreuung — 38
     - a) Der Umfang der Beratung — 39
     - b) Die Problematik einer Rechtsberatung — 41
     - c) Der (ergänzende) Auskunftsvertrag — 43
     - d) Keine Pflicht zur „allgemeinen" Wirtschaftsberatung — 45
     - e) Das Wählen des „sichersten Weges" — 46
     - f) Die Anweisungen des Mandanten und dessen Unterrichtung — 47
  3. Die Büroorganisation — 48
     - a) Die Anleitung der Mitarbeiter — 48

   b) Die allgemeine Büroorganisation und die
    Fristenüberwachung 49
   c) Die Führung von Mandantenakten 51
  4. Die Fortbildungsverpflichtung 52
   a) Die Beobachtung von Rechtsprechung und
    Verwaltungsverhalten 52
   b) Die mögliche Verfassungswidrigkeit von Steuernormen   53
   c) Auslandssachverhalte 53
  5. Die Verschwiegenheitspflicht 54
  6. Haftung für mit dem Beruf „vereinbaren" Tätigkeiten 55
   a) Die zahlreichen „vereinbaren" Tätigkeiten 55
   b) Besonderheiten bei der Haftung für „vereinbare
    Tätigkeiten" 57
   c) Die Besonderheiten der „Prospekthaftung" 58
   d) Die Gefahren bei einem „Auskunftsvertrag" 59
  7. Die Mandatsbeendigung 60
III. Die Haftungsvoraussetzungen 62
  1. Die objektive Pflichtverletzung 62
  2. Schaden 63
   a) Nachbesserung zur Schadensvermeidung............. 64
   b) Schadensberechnung............................... 64
   c) Zinsen als Schaden 66
   d) Fehlerhaft empfundener Schaden und Vorteils-
    anrechnung....................................... 67
   e) Schaden bei Steuerstraftaten oder -ordnungs-
    widrigkeiten des Mandanten? 68
   f) Folgeschäden 69
   g) Schaden und Honorar 70
   h) Verschwiegene Provisionen 70
  3. Die Kausalität und Zurechenbarkeit 71
  4. Das Verschulden 73
  5. Das Mitverschulden des Mandanten 74
IV. Haftung ohne Vertrag 76
  1. Verspätete Ablehnung des Auftrages 76
  2. Fehlerhaftes Handeln ohne Vertrag 77
  3. Deliktisches Handeln und unzulässige Rechtsdienstleistung 77
  4. Kreditgefährdung 78
  5. Sittenwidrige Schädigung des Mandanten 78

	6. Vorsätzliche Pflichtverstöße von Mitarbeitern	78
V.	Die Verjährung	79
	1. Die Neuregelung seit 2005	79
	2. Die „alte" Rechtslage in der Übergangszeit	80
	a) Inhalt der „alten" Regelungen	80
	b) Die Dauer der Übergangszeit	81
	c) Der Primäranspruch	82
	d) Der Sekundäranspruch	84
	3. Die Dauer der Verjährung	86
	4. Die Hemmung der Verjährung	88
VI.	Die Begrenzung von Ersatzansprüchen	90
	1. Der Haftungsausschluss	90
	2. Zulässige Haftungsbegrenzungen	91
	a) Haftungsbeschränkung auf Höchstbeträge	91
	b) Haftungsbeschränkung auf den handelnden Sozietätspartner	92
	c) Haftungsbegrenzung durch AGB	93
	d) Haftungsbegrenzung durch Verkürzung der Verjährungsfrist	94
VII.	Der Haftpflichtprozess	96
	1. Die prozessualen Grundlagen	96
	2. Die Darlegungs- und Beweislast	97
VIII.	Berufsrechtliche Konsequenzen bei Steuerberaterregressen?	99

C. Besondere Risiken des Steuerberaters aus dem Straf- und Insolvenzrecht   103

I.	Haftung des Steuerberaters aufgrund strafrechtlich relevanten Verhaltens	103
	1. Täter einer Steuerhinterziehung	103
	2. Gehilfe bei einer Steuerhinterziehung	104
	3. Die leichtfertige Steuerverkürzung durch den Berater ...	105
	4. Vermeidungsstrategien	105
II.	Haftung des Steuerberaters in der Krise und Insolvenz des Mandanten	106
	1. Ursachen der Insolvenz	106
	2. Die Krisensituation	107
	a) Zahlungsunfähigkeit	108
	b) Drohende Zahlungsunfähigkeit	111
	c) Überschuldung	111

		d) Die Fortführungsprognose	115
	3.	Haftung wegen verspäteter Insolvenzantragstellung	116
		a) Antragspflicht	116
		b) Sanierungsmöglichkeiten	118
		c) Masseschmälerung	119
		d) Verschulden	121
	4.	Haftung als faktischer Geschäftsführer	122
III.	Steuerberater und Insolvenzstraftaten		123
	1.	Einführung	123
	2.	Begriffsbestimmung	126
	3.	Insolvenzstraftaten	127
		a) Bankrotthandlungen	128
		b) Verletzung der Buchführungspflicht	129
		c) Gläubigerbegünstigung	130
	4.	Insolvenzbegleitende Straftaten	132
		a) Steuerhinterziehung	132
		b) Beitragsvorenthaltung	135
		c) Betrug	138
		d) Kreditbetrug	140
IV.	Weitere Beratungskonflikte für den Steuerberater in der Krise des Mandanten		140
	1.	Unzulässige „Rechtsdienstleistung" in der Krise	141
	2.	Strafbare Handlungen des Beraters in der Krise	143
		a) Der Steuerberater als Täter von Insolvenzdelikten	143
		b) Der Steuerberater als Teilnehmer an Insolvenzdelikten	146

D. Die Berufshaftpflichtversicherung 149

I.	Allgemeines		149
II.	Die VVG-Vorgaben		151
	1.	Die gesetzlichen Mindestvoraussetzungen	151
	2.	Der versicherungspflichtige Personenkreis	152
	3.	Der Versicherungsumfang	154
	4.	Der Schadensfall	156
III.	Die Überwachung durch die Berufskammer		160
	1.	Informationspflichten	160
	2.	Sanktionsmöglichkeiten	162
		a) Berufsaufsichtliches Vorgehen der StBKa	162
		b) Verwaltungsrechtliches Vorgehen der StBKa	163

E. Die wesentlichen gesetzlichen Normen 165
I. Bürgerliches Gesetzbuch – BGB – 165
II. Abgabenordnung – AO – 170
III. Insolvenzordnung – InsO – 176
IV. Strafgesetzbuch – StGB – 180
V. Steuerberatungsgesetz – StBerG – 190
VI. Sonstige Normen 194
    1. Durchführungsverordnung zum Steuerberatungsgesetz
       – DVStB – 194
    2. Gesetz betreffend die Gesellschaft mit beschränkter
       Haftung – GmbHG – 198
    3. Handelsgesetzbuch – HGB – 199
    4. Partnerschaftsgesellschaftsgesetz – PartGG – 202
    5. Rechtsdienstleistungsgesetz – RDG – 203
    6. Versicherungsvertragsgesetz – VVG – 204

F. Die aktuelle Rechtsprechung zum Haftungsrecht 207
I. Der Steuerberatervertrag 207
    1. Das Vertragsverhältnis 207
    2. Sozietät und „Scheinsozietät" 208
    3. Erfüllungsgehilfen und freie Mitarbeiter 210
    4. Der Mandant 210
    5. Haftung gegenüber Dritten 210
II. Die Pflichten des Steuerberaters 214
    1. Der Betreuungsumfang 214
    2. Die Büroorganisation 223
    3. Die Fortbildungsverpflichtung 225
    4. Unbefugte Rechtsdienstleistung 229
III. Der Schaden 230
    1. Der Umfang 230
    2. Das Nachbesserungsrecht 236
IV. Die Kausalität 236
V. Verschulden des Steuerberaters und Mitverschulden des
    Mandanten 238
VI. Haftung ohne Vertrag 239
VII. Die Verjährung 240
    1. Beginn und Lauf des Verjährungszeitraums 240
    2. Hemmung der Verjährung 244

	3. Die „alte" Primär- und Sekundärverjährung	246
VIII.	Haftung und Strafrecht	248
IX.	Der Haftungsprozess	251
X.	Die Haftpflichtversicherung	253

G. Anlagen 255

1. Steuerberatervertrag (Auszug insbesondere in Bezug auf eine Haftungsbegrenzung) 255
2. Mandatsbestätigung 257
3. Haftungsbegrenzungsvereinbarung in der Höhe 260
4. Haftungsbegrenzungsvereinbarung auf den handelnden Sozius 262
5. Vorformulierte Vertragsbedingungen (AGB) für Steuerberater (Auszug) 263
6. Ermittlung der notwendigen Berufshaftpflichtversicherungssumme 264
7. Aufbau eines Antrages auf „Wiedereinsetzung in den vorigen Stand" 265

Stichwortverzeichnis 267

Literaturverzeichnis

I. Monographien und Kommentare

Dreyer/Lamm/Müller; Rechtsdienstleistungsgesetz – Praxiskommentar, Berlin 2009

Gehre/Koslowski; Steuerberatungsgesetz, Kommentar, München, 6. Aufl. 2009

Gottwald; Insolvenzrechtshandbuch, München, 3. Aufl. 2006

Gräfe/Brügge; Vermögensschadens-Haftpflichtversicherung, München, 2006

Gräfe/Lenzen/Schmeer (zitiert: Gräfe u. a.); Steuerberaterhaftung, Zivilrecht – Steuerrecht – Strafrecht, Herne, 4. Aufl. 2006

Kohlmann; Steuerstrafrecht, Kommentar, Köln, Stand: 37. Nachlieferung 2007

Krekeler/Werner; Unternehmer und Strafrecht, München 2006

Kuhls/Meurers/Maxl/Schäfer/Goez/Willerscheid (zitiert: Kuhls/Bearbeiter); Steuerberatungsgesetz, Praktikerkommentar, Herne, 2. Aufl. 2004

Meyer/Goez/Schwamberger; Steuerberatergebührenverordnung – Praxiskommentar, Berlin, 6. Aufl. 2010

Mohrbutter/Ringstmeier; Handbuch der Insolvenzverwaltung, München, 8. Aufl. 2007

Münchner Kommentar (zitiert: MK – Bearbeiter); §§ 241–432 BGB, München, 5. Aufl. 2007, §§ 614–704, §§ 705–853 BGB, München, 5. Aufl. 2009

Nickert, Die Haftung des Steuerberaters, Wiesbaden, 2008

Palandt/Bearb.; Bürgerliches Gesetzbuch, Kommentar, München, 67. Aufl. 2008

Rinsche/Fahrendorf/Terbille; Die Haftung des Rechtsanwalts und des Notars, Köln, 7. Aufl. 2005

Schmidt-Troje/Späth (zitiert: BHStB); Zivil- und steuerrechtliche Haftung, in: Bonner Handbuch der Steuerberatung, Fach I, Bonn, Stand: 103. Nachlieferung 2008

Späth; Die zivilrechtliche Haftung des Steuerberaters, Bonn, 4. Aufl. 1995

Tröndle/Fischer; Strafgesetzbuch und Nebengesetze, München, 55. Aufl. 2008

Unseld/Degen; Rechtsdienstleistungsgesetz, Kommentar, München 2009

Zugehör; Grundsätze der zivilrechtlichen Haftung der Rechtsanwälte, Steuerberater und Wirtschaftsprüfer, Münster 2009

II. Aktuelle Fachaufsätze

Alvermann/Wollweber; Haftungsbegrenzungsvereinbarungen der StB, Sozietäten und Partnerschaftsgesellschaften, DStR 2008, S. 1707

Apel; Haftung für Altschulden beim Eintritt in eine Sozietät vermeiden, Kanzleiführung professionell 2009, S. 5

Berners; Rechts- und Haftungsprobleme der interprofessionellen Sozietät, NWB 2009, S. 3940

Berners; Offenlegung: Haftung des StB und WP, NWB 2010, S. 690

Buchert/Weber; Außersteuerliche Pflichten des StB bei GmbH in Insolvenznähe, Stbg 2010, S. 61

Ehlers; Notwendige Haftungsprävention für StB, Teil I: DStR 2008, S. 578, Teil II: DStR 2008, S. 636

Feiter; Verjährung von Regressansprüchen gegen Steuerberater, NWB 2006, S. 3133

Fischer; Die höchstrichterliche Rechtsprechung zur Haftung des steuerlichen Beraters in den Jahren 2007/2008, DB 2009, S. 1111

Gilgan; Was zählt zur Standardlektüre eines Steuerberaters?, Stbg 2001, S. 626

Goez; Neue Möglichkeiten der Haftungsbeschränkung für StB, INF 1994, S. 623

Goez; Die Haftung des Steuerberaters nach der neueren Rechtsprechung, Teil 1: INF 2001, S. 531, Teil 2: INF 2001, S. 564

Goez; Die aktuelle Rechtsprechung und neue Verjährungsregeln zum Haftungsrecht der Steuerberater, INF 2005, S. 677

Goez/Kastner; Besteht ein Schadensersatzanspruch gegen den steuerlichen Berater aufgrund der Aufdeckung stiller Reserven?, INF 2004, S. 318

Janssen; Haftungsbewehrte Pflicht des Steuerberaters zur Einholung einer verbindlichen Auskunft, Kanzleiführung professionell 2005, S. 81

Jungk; Haftungsrechtliche Probleme in der interprofessionellen Sozietät, AnwBl. 2009, S. 865

Kerkhoff; Die Haftung des Steuerberaters für den Zukunftsschaden, NWB 2005, S. 535

Kohlhaas; „Schnellberatung" am Telefon. NWB 2010, S. 131

Lühn; Höhere Hürden für Steuerberaterhaftung, NWB 2009, S. 1685

Meixner; Praktische Auswirkungen der VVG-Reform auf Schadensfälle im Bereich der Steuerberaterhaftung, DStR 2009, S. 607

Neuhof; Die Zurechnung des Verschuldens Dritter bei der Offenlegung von Jahresabschlussunterlagen, DStR 2009, S. 1931

Posegga; Die Haftung der Mitglieder einer interprofessionellen Sozietät aus Rechtsanwälten und Steuerberater, DStR 2009, S. 2391

Raebel; Haftung des StB wegen Missachtung des werdenden Rechts, DStR 2004, S. 1673

Römermann; Neues und immer noch offene Fragen zur Haftung in der gemischten Sozietät, NJW 2009, S. 1560

Schwenke; Grobes Verschulden des steuerlichen Beraters und eingeschalteter Dritter, NWB 2010, S. 814

Siegmann; Die Dritthaftung des Steuerberaters, INF 1997, S. 403

Späth; Empfehlungen zum Berufshaftpflichtversicherungsschutz von Steuerberatern und Wirtschaftsprüfern, INF 1999, S. 598

Sundermeier/Gruber; Die Haftung des StB in der wirtschaftlichen Krise des Mandanten, DStR 2000, S. 929

Waselk; Wirksame Haftungsbegrenzung in Steuerberatungsverträgen, DStR 2006, S. 817

Zugehör; Schwerpunkte der zivilrechtlichen Haftung aus Steuerberatung, Teil I : DStR 2007, S. 673, Teil II: DStR 2007, S. 723

Zugehör; Uneinheitliche Rechtsprechung des BGH zum (Rechtsberater)Vertrag mit Schutzwirkung zu Gunsten Dritter, NJW 2008, S. 1105

Abkürzungsverzeichnis

a. A.	anderer Ansicht
a. a. O.	am angegebenen Ort
ABl.EG	Amtsblatt der Europäischen Gemeinschaften (jetzt Amtsblatt der Europäischen Union)
Abs.	Absatz
a. F.	alte Fassung
AG	Aktiengesellschaft/Amtsgericht
AGB	Allgemeine Geschäftsbedingungen
AktG	Gesetz über die Aktiengesellschaft
Anm.	Anmerkung
AnwBl	Anwaltsblatt (Zs.)
AO	Abgabenordnung
Art.	Artikel
Aufl.	Auflage
AVB	Allgemeine Versicherungsbedingungen für die Vermögensschadenhaftpflicht der wirtschaftsprüfenden und steuerberatenden Berufe
BayObLG	Bayerisches Oberstes Landesgericht
BB	Der Betriebsberater (Zs.)
BFH	Bundesfinanzhof
BFH/NV	Sammlung amtlich nicht veröffentlichter Entscheidungen des BFH (Zs.)
BGB	Bürgerliches Gesetzbuch
BGBl	Bundesgesetzblatt
BGH	Bundesgerichtshof
BGHZ	Entscheidungssammlung des BGH (Zs.)
BHStB-R	Bonner Handbuch der Steuerberatung („R" = Rechtsprechungsteil)
BMF	Bundesministerium für Finanzen
BOStB	Berufsordnung der Bundessteuerberaterkammer
BRAK-Mitt.	Mitteilungsblatt der Bundesrechtsanwaltskammer (Zs.)
BRAO	Bundesrechtsanwaltsordnung
bspw.	beispielsweise
BStBl	Bundessteuerblatt
BT-Drs.	Bundestags-Drucksache
BVerfG	Bundesverfassungsgericht
BVerwG	Bundesverwaltungsgericht

BZVO	Beitragszahlungsverordnung
c.i.c.	culpa in contrahendo (Verschulden bei Vertragsabschluss)
DB	Der Betrieb (Zs.)
ders.	derselbe
d.h.	das heißt
diff.	differenzierend
DStBl	Deutsches Steuerblatt (Zs.)
DStR	Deutsches Steuerrecht (Zs.)
DStRE	DStR-Entscheidungsdienst (Zs.)
DVStB	Duchführungsverordnung zum StBerG
E	amtliche Sammlung der Entscheidungen
EFG	Entscheidungen der Finanzgerichte (Zs.)
EGBGB	Einführungsgesetz zum BGB
EuGH	Europäischer Gerichtshof
EWG	Europäische Wirtschaftsgemeinschaft
EWiR	Zeitschrift zum Europäischen Wirtschaftsrecht (Zs.)
f.; ff.	folgende; fortfolgende
FA	Finanzamt
FG	Finanzgericht
FGO	Finanzgerichtsordnung
GbR	Gesellschaft bürgerlichen Rechts
gem.	gemäß
GenG	Genossenschaftsgesetz
GG	Grundgesetz
ggf.	gegebenenfalls
GI	Gerling Informationen für wirtschaftsprüfende, rechts- und steuerberatende Berufe (Zs.)
GmbH	Gesellschaft mit beschränkter Haftung
GmbHG	Gesetz über die Gesellschaften mit beschränkter Haftung
GmbH-Rundschau	Zeitschrift zum Recht der GmbH (Zs.)
GVG	Gerichtsverfassungsgesetz
HGB	Handelsgesetzbuch
HFR	Höchstrichterliche Finanzrechtsprechung (Zs.)
h.M.	herrschende Meinung
Inf	Die Information über Steuer und Wirtschaft (Zs.)

InsO	Insolvenzordnung
i. S. v.	im Sinne von
i. V. m.	in Verbindung mit
KG	Kammergericht/Kommanditgesellschaft
LG	Landgericht
m. E.	meines Erachtens
MBl StBK	Mitteilungsblatt der Steuerberaterkammer (Zs.)
MDR	Monatszeitschrift des deutschen Rechts (Zs.)
MoMiG	Gesetz zur Modernisierung des GmbH-Rechts und zur Bekämpfung von Missbräuchen
m. w. N.	mit weiteren Nachweisen
n. F.	neue Fassung
NJW	Neue Juristische Wochenschrift (Zs.)
NJW-RR	Rechtsprechungsreport der NJW (Zs.)
NStZ-RR	Rechtsprechungsreport der „Neuen Strafrechtszeitung" (Zs.)
NWB	Neue Wirtschafts-Briefe (Zs.)
NZG	Neue Zeitschrift für Gesellschaftsrecht (Zs.)
OFD	Oberfinanzdirektion
OHG	offene Handelsgesellschaft
OLG	Oberlandesgericht
OLGR	Oberlandesgericht-Report (Zs.)
OVG	Oberverwaltungsgericht
PartGG	Partnerschaftsgesellschaftsgesetz
p.V.V.	positive Vertrags-(Forderungs-)Verletzung
RA	Rechtsanwalt
RBerG	Rechtsberatungsgesetz
RDG	Rechtsdienstleistungsgesetz
Rdnr.	Randnummer
RG	Reichsgericht
RGZ	Entscheidungssammlung des Reichsgerichts (Zs.)
Rspr.	Rechtsprechung
RZ	Randziffer
S.	Seite
s.	siehe
StB	Steuerberater/Der Steuerberater (Zs.)

StBÄndG	Steuerberatungsänderungsgesetz
StBerG	Steuerberatungsgesetz
Stbg	Die Steuerberatung (Zs.)
StBGebV	Steuerberatergebührenverordnung
StBGes	Steuerberatungsgesellschaft
StBv	Steuerbevollmächtigter
StGB	Strafgesetzbuch
str.	streitig
StraBEG	Strafbefreiungserklärungsgesetz
Tz.	Textziffer
u. a.	unter anderem
vBP	vereidigter Buchprüfer
VersR	Versicherungsrecht (Zs.)
vgl.	vergleiche
VG	Verwaltungsgericht
VVG	Versicherungsvertragsgesetz
wistra	Zeitschrift für Wirtschaft Steuer Strafrecht (Zs.)
WM	Wertpapiermitteilungen (Zs.)
WP	Wirtschaftsprüfer
WPK-Mitt.	Mitteilungsblatt der Wirtschaftsprüferkammer (Zs.)
z. B.	zum Beispiel
ZIP	Zeitschrift für Wirtschafsrecht (Zs.)
ZPO	Zivilprozessordnung
Zs.	Zeitschrift
z. Zt.	zur Zeit

A. Einführung

Die Angehörigen der steuerberatenden Berufe[1] müssen sich mit einem ständig wachsenden Haftungsrisiko auseinandersetzen. Die stetig anschwellende Fülle der zu beachtenden Normen, die Komplizierung des Steuerrechtssystems und die Gemengelage zwischen öffentlich-rechtlichen Anforderungen an den Steuerberater als Organ der Steuerrechtspflege[2] einerseits und andererseits die zivilrechtlichen Pflichten, insbesondere aufgrund von Weisungen und Erwartungen des Mandanten, ergeben ein beträchtliches Haftungspotential[3]. Aber auch die Rechtsprechung hat in den letzten Jahren zu weiteren Haftungsverschärfungen und -ausdehnungen geführt[4]. So wird die Sorgfaltspflicht eines Steuerberaters äußerst streng interpretiert[5]; zudem haben die Obergerichte schon seit Jahren dem Steuerberater bei entsprechender Mandatierung die Pflicht auferlegt, den Mandanten über Regressansprüche gegen sich selbst – und über den Eintritt der Verjährung – zu belehren.[6]

Das „neue" Verjährungsrecht stellt demgemäß auf die Kenntnis des Geschädigten – bzw. auf die grob fahrlässige Unkenntnis – ab, so dass die frühere sog. Sekundärverjährung aufgrund unterlassener Beratung „gegen sich selbst" im Kern weiter besteht[7], begrenzt erst durch eine 10-jährige Verjährungsfrist (§ 199 Abs. 3 Nr. 1 BGB).[8]

Damit korrespondieren die zahlreichen Pflichten des Beraters, eine Inanspruchnahme aus Haftungsgründen zu vermeiden. Dieser hat schon bei der Mandatsübernahme zahlreiche Pflichten zu beachten[9], die sich bei der Betreuung verstärken. Hier seien nur die Probleme einer qualifizierten,

---

[1] Im Folgenden umfasst die Bezeichnung „Steuerberater" auch Steuerberatungsgesellschaften und deren Geschäftsführer sowie Steuerbevollmächtigte, soweit nicht ausdrücklich anderes indiziert wird.
[2] § 2 Abs. 1 BOStB.
[3] Zugehör, Schwerpunkte der zivilrechtlichen Haftung aus Steuerberatung, DStR 2007, S. 673; BHStB-Späth, Fach I.1.
[4] Vgl. bspw. Goez, Die Haftung des StB nach der neueren Rechtsprechung, INF 2001, S. 501.
[5] Seit BGH, 28. 11. 1966, BB 1967, S. 105; zuletzt sehr deutlich: BGH, 19.03.2009, IX ZR 214/07, S. 6, DB 2009, S. 953.
[6] OLG Karlsruhe, 24. 03. 2000, GI 2001, S. 93; differenzierend nach Auftragsumfang: LG Köln, 12. 03. 2009, DStR 2009, S. 1451.
[7] Vgl. im Einzelnen S. 86 f.
[8] Zitiert auf S. 165.
[9] Siehe S. 37 f.

auf dem neuesten Stand der Erkenntnisse durch Rechtsprechung und Gesetzesänderungen fundierenden Beratung[10], aber auch eine zweckmäßige Büroorganisation[11] – gerade im Hinblick auf die Überwachung von Fristen, angesprochen[12].

Allerdings wird häufig verkannt, dass nicht jede Pflichtverletzung eines Beraters schon zu einer Haftung führt: Vorliegen müssen die allgemeinen Haftungsvoraussetzungen und vor allem die Kausalität zwischen Pflichtverletzung und eingetretenem Schaden. Ist dies zu bejahen, wird regelmäßig auch ein Verschulden des Beraters vorliegen, da schon eine leichte Fahrlässigkeit genügt. Die Haftungsvoraussetzungen müssen detailliert geprüft werden, um entsprechende Einwendungen in einem eventuellen Haftungsprozess vorbringen zu können.

Anfang der 90er Jahre war auf EG-Ebene überlegt worden, gesetzlich eine Beweislastumkehr bei der Haftung von Freiberuflern für Fehler vorzusehen: Dies hätte dazu geführt, dass bei einem eingetretenen Schaden nicht der Mandant als Anspruchsteller die Voraussetzung einer Inanspruchnahme eines Steuerberaters zu beweisen hätte, sondern der Berater den Beweis der Entlastung zu führen gehabt hätte. Der entsprechende Entwurf einer EU-Richtlinie ist glücklicherweise nicht umgesetzt worden.

Im Gegenteil sind die Begrenzungsmöglichkeiten von Ersatzansprüchen zwischenzeitlich klar gesetzlich definiert worden: So sieht § 67a StBerG[13] seit 1994 Regeln zur Haftungsbegrenzung vor[14]. Diese können auch weiterhin, wenn auch unter Berücksichtigung einschränkender rechtlicher Vorgaben, mittels vorformulierter Vertragsbedingungen zur Grundlage des Mandatsverhältnisses gemacht werden.

Besondere Vorsicht ist für den Berater im Bereich der Krise des Mandanten geboten: Hier verschärfen sich noch die Haftungsrisiken des steuerlichen Beraters.[15] Nicht nur der Unternehmer ist in hohem Maße gefährdet, strafrechtlich relevant zu handeln; immer mehr gehen die zuständigen Staatsanwaltschaften dazu über, auch den steuerlichen Berater im Hinblick auf

---

[10] Siehe S. 52 f.
[11] Siehe S. 48 ff.
[12] Sehr konstruktiv: Ehlers, Notwendige Haftungsprävention für StB, DStR 2008, S. 578.
[13] § 67a StBerG, zitiert auf S. 193.
[14] Vgl. Goez, Neue Möglichkeiten der Haftungsbegrenzung, INF 1994, S. 623; ausführlich siehe S. 91 ff.
[15] Siehe S. 116 ff.

eine mögliche Beteiligung bei Insolvenz- und insolvenzbegleitenden Delikten zu überprüfen. Ein besonderes Augenmerk gilt daher auch dem „richtigen" Handeln des Beraters im Zusammenhang mit der Krise des von ihm betreuten Unternehmens[16].

Seit einigen Jahren sind auch die rechtlichen Vorgaben für die Berufshaftpflichtversicherung überarbeitet worden[17]. Jedem selbständigen Berufsangehörigen obliegt es bekanntermaßen, eine angemessene Versicherung in Form einer Pflichtversicherung für die Betreuung von Mandanten abzuschließen[18]. Diese Pflicht gilt heute generell als eine der grundlegenden Verpflichtungen, die den Angehörigen beratender freier Berufe obliegen. Dahinter stehen Überlegungen des Gesetzgebers zum Schutz der Allgemeinheit und des einzelnen Mandanten als „Verbraucher". Nicht zuletzt die statistischen Auswertungen der Berufshaftpflichtversicherer müssen regelmäßig zu der Überprüfung jedes Steuerberaters führen, ob die vereinbarte Mindestversicherungssumme, aber auch der Versicherungsumfang aufgrund der Größe neu gewonnener Mandate oder bspw. zusätzlicher Aufgaben wie beispielsweise aufgrund der Fortentwicklung des europäischen Marktes, angepasst werden müssen.

Damit wird wohl leider auch das Begehren der Berufshaftpflichtversicherer nach weiteren Erhöhungen der schon jetzt nicht unerheblichen Prämien für eine angemessene Berufshaftpflichtversicherung einhergehen. Die berufsständischen Vertretungen bleiben insofern aufgerufen, zu sachgerechten Ergebnissen beizutragen und angemessene Versicherungsbedingungen in Absprache mit den Berufshaftpflichtversicherungsunternehmen sicherzustellen.

---

[16] Siehe S. 107 ff.
[17] Meixner, Praktische Auswirkungen der VVG-Reform auf Schadensfälle im Bereich der StB-Haftung, DStR 2009, S. 607.
[18] § 67 StBerG, zitiert auf S. 193, vgl. ausführlich auf S. 149 ff.

B. Die zivilrechtliche Haftung des Steuerberaters

Keineswegs kann ein Angehöriger der steuerberatenden Berufe für jeden Fehler, der ihm unterläuft oder der in seiner Kanzlei verursacht wird, haftbar gemacht werden. Dies setzt neben einem **Vertragsverhältnis** oder einem **außervertraglichen** Haftungsgrund eine **Pflichtverletzung** voraus; diese Pflichtverletzung muss **kausal** den **Schaden** des Anspruchstellers verursacht haben und zudem auch von dem Berater **verschuldet** sein. Eine Haftung ist aber nicht durchsetzbar, wenn der Anspruch **verjährt** ist oder aufgrund von **Haftungsbegrenzungen** wirksam ausgeschlossen wurde. Letztlich sollten die wesentlichen Grundzüge eines **Haftpflichtprozesses** bekannt sein.

> **Praxistipp**
>
> Dieses Kapitel ist entsprechend dieser (zivilrechtlichen) Gliederung geordnet; in entsprechenden Fällen ist jeder Unterpunkt daher kritisch entsprechend den jeweiligen Hinweisen auf den konkreten Fall zu prüfen!

I. Der Steuerberatervertrag

Mandanten, aber auch Dritte, können Ansprüche auf Ersatz von Vermögensschäden geltend machen, die sich aus der Verletzung eines zwischen dem Berater und dem Anspruchsteller geschlossenen Vertrages ergeben.[19]

1. Das Vertragsverhältnis

Der Steuerberatervertrag stellt einen Geschäftsbesorgungsvertrag i. S. v. § 675 BGB dar[20].

Im Allgemeinen wird die steuerberatende Tätigkeit eines Steuerberaters als eine entgeltliche Geschäftsbesorgung angesehen, für die neben auftragsrechtlichen Vorschriften[21] die Vorschriften über den Dienstvertrag[22]

---

[19] Die Anspruchsgrundlage ergibt sich sodann aus dem allgemeinen Schuldrecht, dort § 280 BGB, zitiert auf S. 167.
[20] BHStB-Späth, Fach I, 68, MK-Heermann, Rdn. 40 zu § 675 BGB
[21] § 675 i. V. m. §§ 663, 665 bis 670, 672 bis 674 BGB, auszugsweise zitiert auf S. 169.
[22] §§ 611 ff. BGB, auszugsweise zitiert auf S. 168.

gelten[23]. Der zumeist typische Fall des Dienstvertrages ist der Arbeitsvertrag, der die Rechtsprechung zum Dienstvertrag weitgehend bestimmt hat. Wegen der besonderen Art der beruflichen Leistung des Steuerberaters sind die Regelungen des Dienstvertragsrechtes nur bedingt zu übernehmen; dies gilt beispielsweise für die Verpflichtung zur höchstpersönlichen Leistung der Dienste[24]. Dennoch dürfte Dienstvertragsrecht im Regelfall dann anzuwenden sein, wenn es sich um Dauermandate handelt[25].

Für bestimmte Tätigkeiten des Beraters dürfte demgegenüber Werkvertragsrecht einschlägig sein, soweit nicht die Dienstleistung selbst, sondern das Ergebnis der Tätigkeit im Vordergrund steht und der Auftraggeber einen bestimmten Erfolg erwartet[26]. Werkvertraglicher Charakter wäre insbesondere anzunehmen bei der Erstellung eines Gutachtens, bei der Anfertigung einzelner Steuererklärungen, Überschussrechnungen oder Bilanzen sowie bei der isolierten Auftragserteilung über das Ausstellen einer Bescheinigung oder eines Testates.

Die Unterscheidung hat der BGH zwar im Hinblick auf den Einwand der Verjährung für unwesentlich erachtet[27], hier gilt seit der Schuldrechtsreform eine einheitliche Verjährungsfrist[28]. Die Rechtsprechung geht bei der sog. „Komplettberatung" eines Steuerberaters von einem „typengemischten" Vertrag aus[29]. Ansonsten aber bleibt es dabei, dass Sonderbestimmungen wie beispielsweise der werkvertragliche Anspruch auf Mängelbeseitigung („Nachbesserungsrecht") gem. § 638 BGB vorrangig sind[30].

Grundsätzlich gilt für das Rechtsverhältnis zwischen Berater und seinen Mandanten der Grundsatz der Vertragsfreiheit; es ist beiden Parteien freigestellt, einen Vertrag abzuschließen, bestimmte Tätigkeiten zu übertragen oder auch auszuschließen, mehrere Berater nebeneinander zu mandatieren o. ä. Allerdings obliegt dem Berater schon bei Vertragsabschluß eine

---

[23] BGH, 04. 06. 1970, BGHZ 54, S. 106; 17. 10. 1991, NJW 1992, S. 307; 11. 05. 2006, DStRE 2006, S. 957.
[24] § 613 BGB, zitiert auf S. 168.
[25] Vgl. auch zur Einordnung als Dienstvertrag: M/K-Müller – Glöge, Rdn. 126 f. zu § 611 BGB.
[26] OLG Koblenz, 07. 05. 1980, StB 1981, S. 102; BGH, 01. 02. 2000, INF 2000, S. 287; Beispiele bei Nickert, S. 8.
[27] BGH, 26. 05. 1982, NJW 1982, S. 2256.
[28] Siehe ausführlich S. 79.
[29] BGH, 07. 03. 2002, NJW 2002, S. 1571.
[30] Ausführlich: Kuhls, Rdn. 3 f. zu § 68 StBerG.

besondere Pflicht[31]: Gemäß § 63 StBerG[32] haben Berufsangehörige, die in ihrem Beruf in Anspruch genommen werden und den Auftrag nicht annehmen wollen, die Ablehnung unverzüglich zu erklären. Entsteht aus einer schuldhaften Verzögerung dieser Erklärung ein Schaden, so haben sie diesen Schaden zu ersetzen[33]. Die Regelung entspricht § 663 BGB[34], wonach ein Vertragspartner mit entsprechender Bestellung, der seine Dienste öffentlich anbietet, die Pflicht hat, sich für den Fall der Ablehnung zu einem beruflichen Auftrag unverzüglich zu erklären[35]. Dies gilt gerade auch für den „auf dem Markt" auftretenden Steuerberater.

Ausnahmen von der Kontrahierungsfreiheit sind selten: Ein Sonderfall des Kontrahierungszwanges ist aber die Beiordnung eines Steuerberaters als Prozessvertreter. Nach § 142 FGO gelten die Regeln über die Prozesskostenhilfe entsprechend den Vorschriften der ZPO sinngemäß[36]. Zwar stellt die Beiordnung selbst noch nicht das Zustandekommen eines zivilrechtlichen Vertrages dar[37]; der Steuerberater darf aber nur ausnahmsweise unter besonderen Umständen die Beiordnung und damit die Übernahme des Mandates ablehnen[38].

> **Praxistipp**
>
> Klare schriftliche Verträge mit dem Mandanten schließen[39] und zusammen mit einer unterzeichneten Vollmachtsurkunde zur persönlichen Mandantenakte nehmen!

2. Die Vertragsparteien

Naturgemäß wird die Haftung zwischen den Vertragspartnern geltend gemacht; aber auch weitere Personen können betroffen sein.

---

[31] Gräfe u. a., Rz. 6.
[32] § 63 StBerG zitiert auf S. 192.
[33] Vgl. ausführlich S. 76.
[34] § 663 BGB zitiert auf S. 169.
[35] Vgl. Kuhls, Rdnr. 1 zu § 63 StBerG.
[36] So sieht § 46 StBGebV mit Verweis auf das RVG (dort §§ 49 f. RVG) gesetzlich fixiert eine niedrigere Honorierung vor; vgl. hierzu: Meyer/Goez/Schwamberger, Tz. 3 zu § 46 StBGebV.
[37] Vgl. Späth, Rz. 89.
[38] § 65 StBerG.
[39] Ein Muster findet sich im Anhang unter G 1 (S. 255).

a) Der Steuerberater in Einzelkanzlei

Unproblematisch ist die Frage der Inanspruchnahme wegen begründeter Haftung, so der Beratungsvertrag zwischen Auftraggeber und einem einzelnen Steuerberater abgeschlossen wird. Letzterer ist in solchen Fällen im Regelfall Alleinhaftender.

b) Die Mitarbeiter des Steuerberaters

Dies gilt im Regelfall auch, so sich der Kanzleiinhaber der Mitarbeit angestellter Berufsangehöriger oder Berufsangehöriger als freier Mitarbeiter bedient[40]. Nach außen werden diese nicht in eigenem Namen oder auf eigene Rechnung tätig, sondern nur im Namen und für Rechnung des Geschäftsherrn. Sie sind deshalb im Verhältnis zu den Mandanten des Geschäftsherrn dessen Erfüllungsgehilfe i. S. v. § 278 BGB[41]. Ein Vertragsverhältnis zwischen ihnen und dem Auftraggeber fehlt. Daher haften diese „Dritten" dem Einzelmandanten auch nicht aus Vertrag. Möglich – auch bei als „Subunternehmer" eingesetzten Kontierern, Buchhaltungsbüros oder auch „geprüften" Bilanzbuchhaltern – ist es dann allerdings, im Schadensfall einen internen (Rück-)Regress – aufgrund einer eventuellen Schadensersatzleistung an den Mandanten – bei dem Erfüllungsgehilfen geltend zu machen[42]. In der Höhe ist dieser Anspruch insbesondere bei Regulierung durch die „eigene" Haftpflichtversicherung auf den Restschaden (bspw. Selbstbehalt/Gebühreneinsatz) begrenzt.

Anders ist allerdings dann im Einzelfall zu entscheiden, wenn neben der vertraglichen Haftung des Geschäftsherrn (Steuerberater) eine Haftung aus unerlaubter Handlung des freien Mitarbeiters oder des angestellten Steuerberaters tritt: Haftungsgrundlage direkt zwischen Mandanten und Erfüllungsgehilfen ist dabei das Recht der unerlaubten Handlung; regelmäßig kommen hier als Anspruchsgrundlage allerdings nur §§ 823 Abs. 2[43], 824 oder 826 BGB in Betracht[44].

---

[40] Ausführlich: Späth, Die Beschäftigung freier Mitarbeiter unter besonderer Berücksichtigung haftungs- und versicherungsrechtlicher Aspekte, INF 1998, S. 217–222.
[41] Ausführlich: Gräfe u. a., Rdn. 822–849; § 278 BGB ist zitiert auf S. 167.
[42] OLG Düsseldorf, 13. 12. 2005, INF 2006, S. 172.
[43] § 823 BGB zitiert auf S. 170.
[44] Vgl. Späth, Rz. 561 ff.

c) Die Sozien des Steuerberaters

Dem gegenüber haftet der mit dem Mandatsträger in Sozietät verbundene Berufsangehörige regelmäßig wie der Erstgenannte. Eine Sozietät ist ein nach außen erkennbarer Zusammenschluss zur gemeinsamen Berufsausübung im Interesse und auf Rechnung aller Sozien unter Benutzung der gemeinsamen Einrichtungen[45]. Als Rechtsform ist von einer Gesellschaft bürgerlichen Rechts auszugehen[46]. Sozietäten können sowohl mit anderen Berufsangehörigen als auch mit Wirtschaftsprüfern, vereidigten Buchprüfern oder Rechtsanwälten abgeschlossen werden[47]. Bei solchen interdisziplinären oder interprofessionellen Sozietäten wird aber nur für Tätigkeiten gehaftet, die der in Anspruch genommene Sozius auch selbst hätte ausführen können[48]. Dies wird in der neueren Rechtsprechung allerdings kritisch gesehen[49], zuletzt vom Bundesgerichtshof aber erneut in Bezug auf eine rückwirkende Haftung bestätigt[50].

Grundsätzlich haftet jedes Mitglied einer Sozietät[51], da dieses ermächtigt und auch verpflichtet ist, den Vertrag mit dem Auftraggeber mit Wirkung für und gegen alle Sozien abzuschließen und deren gesamtschuldnerische Haftung zu begründen[52]. So haftet auch der neu eintretende Sozius für den Alt-Sozius[53]. Auf der anderen Seite ist zwar die Übernahme von Einzelmandaten nicht ausgeschlossen[54]; ohne entsprechende klare Absprachen jedoch wird eine gesamtschuldnerische Haftung für jeden Sozietätspartner begründet[55]. Vorrangig haftet aber auch bei gemischten Sozietäten

---

[45] BT-Drs. 12/6753, S. 16.
[46] §§ 705 ff. BGB.
[47] Vgl. § 56 StBerG Abs. 1 zitiert auf S. 190, § 51 Abs. 1 BOStB.
[48] OLG Frankfurt, 18. 09. 1997, GI 1998, S. 117; BGH, 16. 12. 1999, GI 2001, S. 67; 10. 08. 2000, Consultant 2000, S. 70; so ausdrücklich auch Posegga, DStR 2009, S. 2391, 2396.
[49] Vgl. OLG München, 28. 07. 2005, Stbg 2006, S. 177.
[50] BGH, 26. 06. 2008, DStR 2008, S. 1981.
[51] Zugehör 2009, Tz. 13.
[52] BGH, 05. 05. 1994, NJW 1994, S. 2288 m.w.N.; Gräfe u. a., Rz. 38–45; Posegga, DStR 2009, S. 2391, 2393.
[53] OLG Hamm, 14. 09. 2004, GI 2006, S. 97; ausführlich: Apel, Haftung für Altschulden in der Sozietät, Kanzleiführung professionell 2009, S. 5; Gräfe u. a., Rz. 43.
[54] Vgl. ausführlich: Kuhls, Rdn. 20 f. zu § 56 StBerG.
[55] Späth, Empfehlungen zum Berufshaftpflichtversicherungsschutz von StB, INF 1999, S. 598.

zunächst die Sozietät mit eventuell vorhandenem Vermögen, nachdem der BGH ihr eine (eingeschränkte) Rechtsfähigkeit zugewiesen hat[56].

> **Praxistipp**
>
> Jedenfalls im Innenverhältnis (Gesellschaftsvertrag) sollte klargestellt sein, dass nicht von der BHV ausgeglichene Schadensbeträge der „verantwortliche" Gesellschafter zu tragen hat.

d) Die „Scheinsozien" des Steuerberaters

Dies begründet auch die Gefahr für freie Mitarbeiter oder angestellte Steuerberater, die als Außensozietätspartner („Scheinsozietät") auftreten. Die Berufsordnung erlaubt ausdrücklich, dass dieser Personenkreis mit Außenwirkung ohne Hinweis auf die Angestelltentätigkeit oder die freie Mitarbeiterschaft auf Briefbögen aufgeführt werden darf[57]; dies gilt analog auch für die Aufnahme auf dem Kanzleischild, wie sich aus dem Sachzusammenhang ergibt. Haftungsrechtlich bedeutet dies allerdings, dass für den die Interna nicht kennenden Anspruchsteller auf Schadensersatz aus Haftungsgründen auch der angestellte Steuerberater oder der freie Mitarbeiter als Haftender in Anspruch genommen werden kann[58]; dies gilt auch für nach Mandatserteilung später hinzu kommende Scheinsozien[59]. Im Außenverhältnis zumindest gelten auch für diese Inanspruchnahme die Grundsätze der Gesamtschuldnerschaft[60]; anders wäre zu entscheiden, wenn ein angestellter Berufsangehöriger nur über den Hinweis „und Kollegen" erwähnt wird; dieser haftet damit nicht automatisch[61].

e) Die Haftung in einer Partnerschaft

Auch bei der gemeinsamen Berufsausübung in einer Partnerschaft[62] erfolgt die Haftung entsprechend dem Partnerschaftsgesellschaftsgesetz

---

[56] Vgl. auch BGH, 26. 06. 2008, ZIP 2008, S. 1432; sehr informativ zur „Haftung der Sozietät als BGB-Gesellschaft": Posegga, DStR 2009, S. 2391; Berners, NWB 2009, S. 3940.
[57] § 16 Abs. 7 BOStB; vgl. Gräfe u. a., Rz. 41.
[58] OLG Saarbrücken, 22. 11. 2005, GI 2007, S. 32; Berners, NWB 2009, S. 3940, 3943.
[59] Zur Haftung aufgrund der „Duldungs- und Anscheinsvollmacht" vgl. Rinsche, Tz. I 162 m. w. N.
[60] Kuhls, Rdn. 29 f. zu § 56 StBerG.
[61] OLG Hamm, 13. 06. 1991, ZIP 1991, S. 1396.
[62] Formell anerkannte Partnerschaft gemäß § 49 Abs. 1 StBerG oder „schlichte" Partnerschaft gemäß § 56 Abs. 1 S. 1 StBerG, d. h. ohne Anerkennung als Steuerberatungsgesellschaft.

in Verbindung mit den Regeln über die OHG[63]. Gesetzlich besteht für die Partnerschaft allerdings die Beschränkung der Haftung auf den tätigen Partner, allerdings auch für Fehler eines früheren das Mandat bearbeitenden Partner[64]; entsprechendes ist für die Sozietät nach § 67a StBerG aufgrund einer Vereinbarung möglich[65].

> **Praxistipp**
>
> Bei größeren Mandaten ist eine Haftungsbegrenzung auf den handelnden Sozietätspartner schriftlich mit dem Auftraggeber zu vereinbaren[66]!

f) Die Haftung des handelnden Geschäftsführers einer Steuerberatungsgesellschaft

Nach § 49 Abs. 1 StBerG sind verschiedene Rechtsformen für eine Steuerberatungsgesellschaft denkbar. Neben der schon erwähnten Partnerschaft – die nach § 56 Abs. 1 S. 1 StBerG auch ohne Anerkennung als „Steuerberatungsgesellschaft" von Steuerberatern gegründet werden kann – gilt dies insbesondere auch für die Rechtsform der Aktiengesellschaft, der GmbH, der GmbH & Co. KG sowie unter Erfüllung weiterer Voraussetzungen auch für die OHG und KG.

Am Beliebtesten ist dabei nach wie vor die GmbH. Im Haftungsbereich gilt dabei vom Grundsatz her zunächst, dass die GmbH mit ihrem Vermögen vorrangig haftet. Dieses dürfte sich aber auch bei größeren Steuerberatungsgesellschaften in der Rechtsform der GmbH auf überschaubare Vermögenswerte und die Stammeinlage von zumeist nur 25.000,00 € belaufen.

Interessanter für den geschädigten Mandanten ist daher die Frage, inwieweit er auch den handelnden Geschäftsführer, der ihn als Steuerberater (vgl. § 50 Abs. 1 StBerG) betreut hat, in Regress nehmen kann. Vom Grundsatz her wird dieser sich damit verteidigen können, dass das Vertragsverhältnis nicht zu dem handelnden Geschäftsführer/Steuerberater bestanden hat, sondern allein mit der Steuerberatungsgesellschaft. Das als

---

[63] § 6 Abs. 3 PartGG.
[64] § 8 PartGG; zitiert auf S. 202; vgl. Jungk, AnwBl. 2009, S. 865, 866; BGH, 19. 11. 2009, DStR 2010, S. 463.
[65] Vgl. Alvermann/Wollweber, Haftungsvereinbarungen, DStR 2008, S. 1707; vgl. ausführlich S. 92 sowie Muster unter G.4 (S. 262).
[66] Ein Muster findet sich im Anhang unter F. 4. (S. 262).

Rechtsinstitut der „Durchgriffshaftung" bekannt gewordene Problem, dass dennoch der handelnde Steuerberater direkt in Regress genommen werden kann, besteht jedenfalls dann nicht, wenn der Fehler in dem Bereich der Mitarbeiter der Steuerberatungsgesellschaft (nicht handelnder Steuerberater/Geschäftsführer) unterlaufen ist, beispielsweise im Bereich der Finanzbuchhaltung.

Anders kann im Einzelfall aber dann zu entscheiden sein, wenn der handelnde Geschäftsführer/Steuerberater bei der Beratung und Betreuung des Mandates persönliches besonderes Vertrauen in Anspruch genommen hat[67], die eine „Garantiehaftung" begründen kann, ggf. auch auf der Ebene des Gesellschafters[68].

Gerade eine komplexe steuerliche Beratung erfolgt regelmäßig in einem solchen Vertrauensverhältnis, so dass in diesem Bereich eine direkte Inanspruchnahme nicht völlig ausgeschlossen werden kann.

Im Hinblick auf die Pflicht auch der Steuerberatungsgesellschaft, sich angemessen Berufshaftpflicht zu versichern (§ 72 Abs. 1 i.V.m. § 67 StBerG)[69] brauchte dieses Problem in der jüngeren Rechtsprechung allerdings – soweit veröffentlicht – nicht entschieden zu werden.

Praxistipp

Droht ein Mandant durch direkte Inanspruchnahme dem Geschäftsführer einer Steuerberatungsgesellschaft eine Schadensersatzklage an, sollte auf die Möglichkeit der Inanspruchnahme der „Steuerberatungsgesellschaft" verwiesen werden; gleichzeitig sollte das weitere Vorgehen in Bezug auf die persönliche Klage gegen den Geschäftsführer/Steuerberater mit der Berufhaftpflichtversicherung abgestimmt werden!

---

g) Keine Haftung in einer Bürogemeinschaft?

So sich aus einer den Tatsachen nicht entsprechenden Außenwirkung nicht ein Anderes ergibt, haften die Mitglieder einer einfachen Bürogemeinschaft i.S.v. § 56 Abs. 2 StBerG nicht solidarisch: Die Bürogemeinschaft ist eine so genannte Innengesellschaft; sie kann als Gesellschaft

---

[67] BGH, 01.02.1990, MDR 1990, S. 710.
[68] So Jungk, AnwBl. 2009, S. 865, 867.
[69] §§ 72 Abs. 1, 67 StBerG, abgedruckt auf S. 193.

bürgerlichen Rechts[70] oder als Gemeinschaft[71] ausgestaltet sein[72] und begründet dann ohne Sonderumstände auch keine Haftung gegenüber Mandanten anderer Bürogemeinschaftsmitglieder. Zweck der Bürogemeinschaft ist nicht die gemeinsame Berufsausübung, sondern das anteilige Tragen der Kosten.

Dies setzt allerdings voraus, dass Bürogemeinschaften nicht den Anschein einer Sozietät erwecken dürfen[73] (kein gemeinsames Geschäftspapier oder Praxisschild noch entsprechender Hinweis auf Geschäftspapieren). Wird diese Vorgabe eingehalten, so entsteht auch keine Anscheinshaftung der einzelnen Bürogemeinschaftsmitglieder für einander. Diese haften nicht für Fehler eines anderen Mitgliedes.

Im Einzelfall ist aber genau zu prüfen, inwieweit durch die Grundsätze einer Duldungs- oder Anscheinshaftung eine Inanspruchnahme – regelmäßig wegen Verletzung der vorgenannten Grundsätze – möglich erscheint.

3. Die Einbeziehung von Dritten

Sowohl auf Seiten des Steuerberaters als auch des Auftraggebers können Dritte durch das Beratungsverhältnis tangiert seien:

a) Dritte auf der Seite des Steuerberaters

Auf die Einbeziehung der Haftung von Sozietätspartnern, auch Scheinsozien, ist erneut hinzuweisen[74].

Unterschiedlich ist die Haftung bei Personen nach §§ 69–71 StBerG zu bewerten: Der allgemeine Vertreter haftet nur im Innenverhältnis gegenüber dem Vertretenen, nicht unmittelbar gegenüber dessen Mandanten[75]. Praxisabwickler und Praxistreuhänder handeln hingegen im eigenen Namen, somit sind sie zur unmittelbaren Haftung im Verhältnis zu den Auftraggebern verpflichtet[76].

---

[70] §§ 705 ff. BGB.
[71] §§ 741 ff. BGB.
[72] § 53 BOStB.
[73] Berners, NWB 2009, S. 3940, 3944.
[74] Siehe oben S. 30.
[75] Gehre/Koslowski, § 69 Rdn. 19.
[76] Späth, Zur Haftung des Praxistreuhänders, DStR 1981, S. 649; a. A.: OLG Oldenburg, 05. 06. 1981, DStR 1981, S. 656, wobei das Gericht die öffentlich-rechtliche Bestellung als Treuhänder und die sich dadurch ergebende Haftung verkennt; vgl. allg. auch: Gräfe u. a., Rz. 68–72.

Weitere Mitarbeiter eines Berufsangehörigen, die nicht selbst entsprechend § 3 StBerG qualifiziert sind, haften nicht aus Vertragsverhältnis, sondern nur, wenn die übrigen Voraussetzungen vorliegen, aus dem Recht der unerlaubten Handlung[77].

b) Dritte auf der Seite des Mandanten

Vertragspartner des Steuerberaters dürfte bei der Erstellung von Einkommensteuererklärungen auch der Ehepartner sein[78], auch wenn nur mit dem anderen verhandelt wird. Die Beauftragung dient der „Deckung des Lebensbedarfs der Familie". Dies wird zwar in einer neueren Amtsgerichtsentscheidung kritisch gesehen[79]; aber auch ohne „direkten" Anspruch aus einem eigenen Vertrag gelten sodann für Ehepartner die nachfolgenden Grundsätze der Haftung aus einem Vertrag mit Schutzwirkung zu Gunsten Dritter[80].

Der Steuerberater haftet aber nach der mittlerweile gefestigten BGH-Rechtsprechung zur Dritthaftung auch gegenüber weiteren Personen[81]. Die daraus resultierenden Haftungsrisiken können für Steuerberater zur existentiellen Gefährdung werden[82]. Daher muss dieser die typischen Fallkonstellationen kennen[83].

Die typischen Fallkonstellationen, in denen eine Dritthaftung aus Vertrag droht, sind folgende:

- Wahrung der Interessen Dritter als ausdrücklicher Auftragsinhalt[84]; bspw. bei dem Entwurf eines Gestaltungsmodells mit Drittauswirkung[85].
- Weiterleitung schriftlicher Ausarbeitungen des Steuerberaters an Dritte, insbesondere Erstellung eines Gutachtens, eines Testats oder

---

[77] Vgl. S. 77f.
[78] OLG Düsseldorf, 26. 11. 2004, INF 2005, S. 93.
[79] AG Leutkirch, 02. 04. 2008, DStR 2009, S. 876.
[80] Allg. zu den Voraussetzungen für eine StB-Haftung: Zugehör 2009, Tz. 170–172.
[81] Seit BGH, 19. 03. 1986, JZ 1986, S. 1112; ausführlich zur Rechtsprechung: Rinsche, Tz. I 39–51; zusammenfassend für Berater: BGH, 02. 07. 1996, NJW 1996, S. 2927; differenzierend: Zugehör, Uneinheitliche Rechtsprechung des BGH zum Vertrag mit Schutzwirkung zu Gunsten Dritter, NJW 2008, S. 1105.
[82] Siehe ausführlich zum Umfang des Schadens S. 63ff.
[83] Ausführlich: Siegmann, Die Dritthaftung des Steuerberaters, INF 1997, S. 403; Ehlers, Notwendige Haftungsprävention für StB, DStR 2008, S. 578.
[84] BGH, 05. 06. 1985, INF 1985, S. 571; 05. 12. 1996, INF 1997, S. 254.
[85] OLG Hamm, 03. 11. 2006, GI 2008, S. 171.

einer Unternehmensbilanz, die von dem Dritten (insbesondere Gläubiger oder Kreditinstitut) zur Grundlage für eine wirtschaftliche Entscheidung (z. B. Gewährung eines Kredites an den Mandanten) gemacht werden[86], aber auch bei Übernahme einer Mittelverwendungskontrolle bei Anlagemodellen[87].

- Teilnahme an Verhandlungen des Mandanten mit Geschäftspartnern[88]; Hinzuziehung bei einer Gesellschaftsversammlung einer KG zur Information über steuerliche Konsequenzen begründet auch die Haftung gegenüber den Kommanditisten[89], diese sind regelmäßig in den Schutzbereich des Vertrags zwischen KG und Steuerberater einbezogen[90].

Möglicherweise kann auch eine Haftung eines in dem Prospekt einer Anlagegesellschaft namentlich genannten Steuerberaters oder Wirtschaftsprüfers für die durch ihn bestätigte Richtigkeit und Vollständigkeit der in dem Prospekt enthaltenen Angaben gegenüber geschädigten Anlegern geltend gemacht werden[91]. Hier ist rechtlich die Haftung aus Verschulden bei Vertragsschluss (culpa in contrahendo) – heute § 311 Abs. 2 Nr. 1 BGB[92] – herzuleiten[93]. Hingegen dürfte eine Prospektaktualisierungspflicht des StB oder WP zu verneinen sein[94].

> **Praxistipp**
>
> Da der durch Prospekte erreichte Interessentenkreis häufig unüberschaubar ist und die Verwendung des Prospektes wie auch die begleitende Beratung des Versenders kaum kontrolliert werden kann, ist die Beteiligung des Steuerberaters an einem solchen Werbematerial äußerst kritisch zu prüfen – und eher abzulehnen!

---

[86] BGH, 21. 01. 1993, WM 1993, S. 897; 19. 12. 1996, INF 1997, S. 383.
[87] Zur WP-Haftung: BGH, 26. 09. 2000, NJW 2001, S. 360.
[88] BGH, 17. 09. 1985, INF 1986, S. 18.
[89] OLG Düsseldorf, 18. 11. 2003, GI 2005, S. 53.
[90] OLG Köln, 13. 11. 2008, DStR 2009, S. 555; nach Ansicht des OLG Celle, 30. 05. 2007, GI 2009, S. 66, nicht aber der Geschäftsführer, wenn das Mandat nur mit der GmbH besteht.
[91] BGH, 01. 12. 1994, NJW 1995, S. 1025; BGH, 19. 10. 2009, DStR 2009, S. 2610; LG Leipzig, 07. 05. 2008, ZIP 2008, S. 1733.
[92] § 311 Abs. 2 Nr. 3 BGB, zitiert auf S. 168.
[93] Baumbach/Hopt, Handelsgesetzbuch, Kommentar, 33. Aufl. 2008, Rz. 59–66 zu Anh. § 177a HGB
[94] Vgl. BGH, 15. 12. 2005, DStR 2006, Heft 8, S. XVIII.

Bei einem Vertrag mit Schutzwirkung zugunsten Dritter ist der zwischen Steuerberater und Mandant geschlossene Vertrag dahingehend auszulegen, dass der Dritte in den Schutzbereich einbezogen werden sollte[95]. Dies ist dann unproblematisch, wo sich das Drittinteresse bereits aus dem Auftragsinhalt ergibt und der Dritte „im Lager" des Auftraggebers steht. Da der Steuerberater zur unabhängigen und gewissenhaften Berufsausübung verpflichtet ist, kommt darüber hinaus auch eine Haftung in Betracht, so die Interessen des ‚Dritten' gegenläufig zu denen des Auftraggebers sind, falls sich der Dritte auf die Ausarbeitung des Steuerberaters verlassen hat[96]. Dem Berater braucht der Dritte nicht namentlich bekannt zu sein. Die Schutzpflicht beschränkt sich aber dennoch auf einen überschaubaren Personenkreis, wobei auf die (generelle) Kenntnis eines gewissenhaft, in der Situation des Beraters agierenden neutralen Dritten abgestellt wird[97]. Verstößt der Dritte, bspw. die Bank, zudem selbst gegen eigene Pflichten – insbesondere aus dem KWG –, kann er diese Schutzwirkung nicht für sich in Anspruch nehmen[98].

c) Haftungsbeschränkung gegenüber Dritten?

Nicht unerwähnt soll bleiben, dass eine Haftungsbeschränkung auch gegenüber Ansprüchen Dritter möglich ist, die sich nicht auf einen unmittelbaren Vertrag, sondern auf den mit dem Mandanten geschlossenen Vertrag mit Schutzwirkung zugunsten Dritter stützen. Nach dem Rechtsgedanken des § 334 BGB gelten Haftungsbeschränkungen, die im Verhältnis zum Auftraggeber vereinbart sind, auch zu Lasten dieses Dritten[99]. Da aber möglicherweise die Ansicht vertreten werden kann, dass eine Haftungsbeschränkung gegenüber dem Dritten voraussetze, dieser müsse sie kennen[100], sollte der Steuerberater dem möglichen Haftungsrisiko dadurch Rechnung tragen, dass er die Weiterleitung schriftlicher Unterlagen an Dritte nur in Verbindung mit seinen Auftragsbedingungen gestattet und auf deren Relevanz in dem Gutachten pp. selbst ausdrücklich hinweist[101].

---

[95] Vgl. Gräfe u.a., Rz. 433.
[96] BGH, 21.01.1993, WM 1993, S. 897.
[97] BGH, 26.11.1986, INF 1987, S. 164; BHStB-Späth, Fach I, 84.1.
[98] OLG Frankfurt, 18.05.2007, DStRE 2008, S. 790.
[99] BGH, 15.06.1971, BGHZ 56, S. 269, 272.
[100] Offengelassen von BGH, 19.03.1986, WM 1986, S. 711.
[101] Vgl. Späth, Empfehlungen zum Berufshaftpflichtversicherungsschutz bei StB, INF 1999, S. 403.

> **Praxistipp**
>
> Nicht nur die zwischen dem Steuerberater und dem Mandanten vereinbarten AGB in die Jahresabschlussmappe pp. einbinden, sondern auch auf deren Gültigkeit zwischen den Vertragsparteien in den Erläuterungen ausdrücklich hinweisen[102], damit Dritte – insbesondere Banken – hiervon Kenntnis bekommen!

II. Die Pflichten des Steuerberaters

Berufsangehörige haben zahlreiche Pflichten bei der Ausübung des Berufes zu beachten. Aus dem Postulat des § 57 Abs. 1 StBerG[103], wonach der Beruf unabhängig, eigenverantwortlich, gewissenhaft und verschwiegen auszuüben ist, ergeben sich die von den Berufsangehörigen bei der Mandatsbetreuung – und sogar darüber hinaus – zu beachtende Pflichten. Der Steuerberater hat schon bei Mandatsübernahme Pflichten zu beachten; diese setzen sich bei der Mandatsbetreuung, bei der Organisation seines Büros, aber auch nach Mandatsbeendigung – beispielsweise in Bezug auf Verschwiegenheitspflichten – fort. Allerdings ergeben sich Ansprüche des einzelnen Mandanten in Bezug auf ein bestimmtes Verhalten des Beraters oder die von ihm zu verlangende Sorgfalt nicht (direkt) aus dem Steuerberatungsgesetz oder aus der Berufsordnung der Bundessteuerberaterkammer, sondern aus den Haftungsvorschriften des Zivilrechtes[104]; Anspruchsgrundlage ist regelmäßig die Verletzung des geschlossenen Geschäftsbesorgungsvertrages i.V.m. § 280 BGB[105].

1. Die Mandatsübernahme

Die Ablehnung eines Mandates, das der Steuerberater nicht annehmen will, muss unverzüglich erklärt werden[106]. Die unterlassene oder verspä-

---

[102] Vgl. auch insofern das Muster einer Haftungsbegrenzungsvereinbarung im Anhang unter G. 5. (S. 263).
[103] § 57 Abs. 1 StBerG, zitiert auf S. 191.
[104] Vgl. ausführlich: Späth, Rz. 120–122.
[105] Früher „pVV" = positive Vertrags-(Forderungs-)Verletzung als vor der Schuldrechtsreform nicht normiertes Rechtsinstitut; vgl. M-K/Ernst, Rdn. 2 zu § 280 BGB; § 280 BGB, zitiert auf S. 167.
[106] § 63 StBerG, zitiert auf S. 192; § 663 BGB, zitiert auf S. 169.

tete Ablehnung kann zu Schadensersatzansprüchen führen[107]. Die Regelung entspricht den allgemeinen Vorgaben nach §§ 675, 663 BGB.

Bei Übernahme eines Mandates hat der Berater zudem in jedem Einzelfall eine gewissenhafte Überprüfung vorzunehmen, inwieweit eine eigenverantwortliche und gewissenhafte Mandatsbetreuung möglich ist. Falls der Berater aufgrund der gestellten Fachfragen erkennt, dass er diese nicht beantworten kann bzw. sich auch nicht entsprechend einarbeiten kann, gehört es zu seinen Pflichten, die Mandatsübernahme abzulehnen. Dasselbe gilt, wenn der Berater erkennt, dass er – beispielsweise wegen Arbeitsüberlastung – zeitlich nicht in der Lage ist, das Mandat ordnungsgemäß zu betreuen. Verletzungen gegen diese Pflichten können neben einer Haftung für entstehende Fehlleistungen auch zu berufsrechtlichen Aufsichtsverfahren führen[108].

Praxistipp

Die Ablehnung eines Mandates ist möglichst schriftlich zu erklären und der Empfang bei dem Anfragenden (mindestens Telefaxnachweis, besser Einschreiben/Rückschein oder Zeugen) sicherzustellen!

2. Die Mandatsbetreuung

Der Mandant kann aufgrund des Auftragsverhältnisses im Rahmen der Möglichkeiten eines Steuerberaters eine umfassende Beratung, Belehrung und Hilfeleistung erwarten[109]. Die Beratung dient gerade dazu, dass der Mandant eine Entscheidung treffen kann[110]. Dabei ist der Berater aber weder Erzieher noch Aufseher des Mandanten[111]. In diesem Rahmen muss der Berater aber auch den Mandanten auf wichtige Auslegungsfragen über (unbestimmte) Rechtsbegriffe und das mit einer ungewissen Beurteilung der Rechtslage verbundene Risiko hinweisen[112], damit der Mandant eine sachgerechte Entscheidung treffen kann.

---

[107] BHStB-Späth, Fach I.24 und I.37.
[108] Vgl. Kuhls/Goez, Rdn. 30 f. und 53 ff. zu § 76 StBerGvgl. auch S. 99 ff.
[109] OLG Düsseldorf, 20. 05. 1999, GI 2001, S. 50; BGH, 19. 03. 2009, siehe FN 1 auf S. 1; allg. Gräfe u. a. Rz. Rz. 139 ff.; MK-Heermann, Rdn. 40 zu § 675 BGB; entsprechend für RA: Rinsche, Tz. I 72.
[110] BGH, 07. 07. 2005, DStR 2006, S. 344.
[111] So auch Späth, Rz. 127–130; BHStB-Späth, Fach I, 5.
[112] BGH, 20. 10. 2005, DStRE 2006, S. 126.

a) Der Umfang der Beratung

Eine umfängliche Beratung und Belehrung bedeutet, dass der Steuerberater den Rahmen des erteilten Mandates ausschöpfen muss[113]. Dabei hat er die höchstrichterliche Rechtsprechung zu beachten[114]. So muss der Berater Rechtsbehelfe einlegen, wenn er weiß[115], dass in Parallelverfahren die Revision zugelassen wurde[116]. Zwar kann der Auftraggeber kein Tätigwerden des Beraters außerhalb der Grenzen des erteilten Auftrages erwarten[117]; im Rahmen des Mandats aber hat der Steuerberater die Problemstellungen, die er als Fachmann erkennen kann, zu prüfen und ggf. durch Rückfragen o. ä. zu klären[118]. Dabei trifft den Mandanten auch dann im Regelfall kein Mitverschulden aufgrund eigener fehlender Sorgfalt bei Erkennen einer unzulänglichen Beratung, wenn er sich auf den von ihm beauftragten Steuerberater als Fachmann verlässt[119].

Für den Mandanten stellt es sich als Schaden dar, wenn er durch einen Fehler des Beraters bspw. bei der rechtzeitigen Offenlegung von Jahresabschlussunterlagen wegen Verspätung ein Ordnungsgeld zu zahlen hat[120], auch wenn der Fehler bei dem von dem Berater eingesetzten IT-Dienstleister entstanden ist[121].

Regelmäßig darf der Berater allerdings die von dem Auftraggeber erteilten Informationen und überreichten Unterlagen als sachlich richtig seiner Beratung und seinen Entscheidungen sowie bei der Mandatsbearbeitung zugrunde legen. Letzteres gilt wiederum dann nicht, wenn die steuergesetzlichen Vorgaben weitergehende Anforderungen, beispielsweise an Aufzeichnungen wie der Führung eines Kassen- oder Wareneingangsbuches, stellen[122].

---

[113] BGH, 04. 06. 1996, WM 1996, S. 1841; BHStB-Späth, Fach I.6.
[114] OLG Düsseldorf, 20. 01. 2004, GI 2005, S. 92.
[115] Siehe hierzu unter 4. – Fortbildungsverpflichtung –, S. 52 f.
[116] KG Berlin, 08. 09. 2006, DStRE 2007, S. 453.
[117] Gräfe u. a., Rz. 263 ff.; keine Belehrungspflicht zu allg. rechtlichen Fragen: so LG Bremen, 05 .06. 2009, DStRE 2009, S. 1283.
[118] BGH, 28. 11. 1996, WM 1997, S. 321; BGH, 03. 12. 2009, DStR 2010, S. 373; Zugehör 2009, Tz. 40.
[119] BGH, 15. 04. 1997, INF 1997, S. 414; vgl. zum „Mitverschulden" auch S. 74 f.
[120] LG Bonn, 29. 10. 2008, DStR 2009, S. 451; Berners, Offenlegung: Haftung des StB, NWB 2010, S. 690.
[121] Zur Kritik: Neuhof, Die Zurechnung des Verschulden Dritter bei der Offenlegung von Jahresabschlussunterlagen, DStR 2009, S. 1931.
[122] Zur Vollständigkeitsprüfung anhand der Buchhaltung durch den StB: vgl. FG Baden-Württemberg, 28. 05. 2009, 3 K 4125/08, finanzen/steuern/kompakt 2009, Heft 10, S. 8.

Dann hat der Berater gegenüber dem Mandanten die Pflicht, auf Vervollständigung hinzuwirken[123].

Auch ungefragt hat der Berater seinen Auftraggeber über die bei der Erledigung des Auftrages auftauchenden Fragen, wie insbesondere auch über die Möglichkeiten einer Steuerersparnis zu belehren[124]. Dahinter steht die Überlegung, dass der Mandant gerade deshalb zum Steuerexperten geht, weil er in der Regel in steuerlichen Dingen unkundig ist[125]. Dabei genügt der Steuerberater seiner Beratungspflicht nicht dadurch, dass er allgemein gehaltene Mandantenrundschreiben oder sonstige Merkblätter verschickt[126].

Praxistipp

Gesprächsinhalte mit konkreten Beratungsempfehlungen immer schriftlich dokumentieren und dem Mandanten zur Rückäußerung zuleiten sowie zur persönlichen Handakte nehmen[127]!

So macht sich der Berater auch schadensersatzpflichtig, wenn er eine gebotene Beratung zur steuergünstigen Gestaltung einer Alternative (hier: bei einer Abfindungsvereinbarung) unterlässt und hierdurch eine steuerliche Mehrbelastung verursacht[128]. Ähnliches gilt für die Frage, inwieweit bei Fehlern des Finanzamtes der Berater die durch seine Beauftragung entstandenen Kosten für den damit belasteten Mandanten geltend machen darf[129].

Besonders problematisch ist für den Steuerberater die notwendige Belehrung des Mandanten über den (Miss-) Erfolg eines sich ergebenden Finanzgerichtsprozesses. Wie ein Rechtsanwalt hat auch der beauftragte Steuerberater möglichst vor Klageerhebung den Sachverhalt im Hinblick auf das Klageziel zu überprüfen und die entscheidungserheblichen Sachverhaltsfragen aufzuklären; weiter obliegt es ihm, rechtzeitig sicherzustel-

---

[123] OLG Bamberg, 28. 04. 2006, DB 2006, S. 1262.
[124] Seit BGH, 28. 11. 1966, BB 1967, S. 105; 20. 11. 1997, INF 1998, S. 158; OLG Düsseldorf, 05. 06. 1997, GI 1998, S. 273.
[125] Vgl. auch OLG Düsseldorf, 10. 12. 1998, GI 2000, S. 67.
[126] OLG Düsseldorf, 29. 01. 2008, GI 2009, S. 127.
[127] Die Niederschrift muss dabei vollständig sein: so OLG Naumburg, 03. 09. 2009, DStR 2009, S. 2624.
[128] OLG Düsseldorf, 30. 01. 2004, GI 2004, S. 185.
[129] Ausführlich: Goez, Aufklärungspflichten des StB bei Haftung des FA für Steuerberatungskosten, INF 2006, S. 718.

len, dass der Sachvortrag des Mandanten als Kläger bewiesen werden kann.[130]

Sodann ist die Entscheidung des Mandanten über die Einlegung des Rechtsmittels einzuholen[131], wobei der Steuerberater die Wahrscheinlichkeit eines Prozessverlustes ansprechen muss. Dabei kann zwar keine exakte Prognose verlangt werden; es ist über eine nahezu sichere oder überwiegend wahrscheinliche Niederlage vor Gericht aufzuklären, so dass der Mandant anschließend eine von ihm dann auch zu vertretende Entscheidung über die Durchführung des Prozesses treffen kann[132].

Praxistipp

Da viele Steuerberater nur selten Gerichtsverfahren betreuen, ist in dieser Situation gemeinsam mit dem Mandanten auch zu überlegen, ob ein auf Finanzgerichtsprozesse spezialisierter Kollege oder Rechtsanwalt eingeschaltet werden sollte!

---

b) Die Problematik einer Rechtsberatung

Problematisch ist diese höchstrichterliche Anforderung, wenn auf der anderen Seite die Grenze einer unzulässigen geschäftsmäßigen Rechtsberatung zu beachten ist[133]. Denn auch für eine falsche – unzulässige – Rechtsberatung haftet der Steuerberater[134]. Diese Grundsätze gelten auch weiterhin, nachdem das Rechtsdienstleistungsgesetz (RDG) am 01.07.2008 in Kraft getreten ist[135].

Den einem Steuerberater noch zugestandenen Umfang der Rechtsdienstleistung festzulegen, stößt auf erhebliche Schwierigkeiten und ist im Ergebnis eine „Einzelfallfrage"[136]. Insofern war zwar das Ergebnis eines

---

[130] BGH, 24.03.1988, NJW 1988, S. 3013.
[131] OLG Düsseldorf, 28.06.2006, bestätigt durch BGH, 08.04.2009, GI 2009, S. 174.
[132] BGH, 16.11.1993, NJW 1994, S. 791; vgl. auch bei RA: OLG Düsseldorf, 16.12.2003, GI 2004, S. 77; Zugehör 2009, Tz. 41.
[133] Ausführlich: Späth, Rz. 139; OLG Saarbrücken, 16.10.2007, DStR 2008, S. 475; zum Haftungsschutz vgl. S. 155.
[134] OLG Köln, 27.01.2005, GI 2006, S. 24.
[135] Siehe auch S. 77, Dreyer/Lamm/Müller, Rdn. 27 zu § 81 RDG; BGH, 02.04.2009, DB 2009, Heft 39, S. XIV; auszugsweise sind die relevanten Normen des RDG zitiert auf S. 203.
[136] Vgl. Unseld/Degen, Rdn. 1 zu § 2 und Rdn. 5 ff. zu § 5 RDG; so weiterhin keine Vertretungsbefugnis vor Sozialgerichten: SG Aachen, 27.11.2009, DStRE 2010, S. 317.

Rechtsstreits, ob Steuerberater als Testamentsvollstrecker tätig sein dürfen oder ob auch insofern eine Rechtsberatung vorliegt, wenn dieses durch Steuerberater über Werbemaßnahmen angeboten wird, positiv im Sinne der Berater vorgezeichnet. In der entsprechenden Entscheidung hat der Bundesgerichtshof diesen Bereich der Testamentsvollstreckung außerhalb einer Rechtsberatung gestellt und darauf hingewiesen, dass diese jedermann – und auch natürlich auch den Angehörigen der steuerberatenden Berufe – möglich sei[137]. Dies gilt sodann auch für entsprechende werbende Hinweise, soweit nicht aus anderen Gründen das Wettbewerbsrecht verletzt wird. In Zweifelsfällen hat der Steuerberater aber den Mandanten an einen Rechtsanwalt zu verweisen[138]. Dabei genügt es seitens des Steuerberaters nicht, einen Rechtsanwalt lediglich zur Unterstützung hinzuzuziehen[139].

Unzulässig war früher jedenfalls die Abfassung von Gesellschaftsverträgen durch Steuerberater[140]. In dem vorliegenden Fall hatte der Steuerberater die Ausarbeitung gesellschaftsrechtlicher Verträge und die Erstellung eines Konzeptes, wie die Einlagen der Gesellschafter zu erbringen sind, übernommen. Das OLG Düsseldorf hat zunächst festgestellt, dass der Vertrag gemäß § 134 BGB nichtig ist; die Haftung ergibt sich bei Fehlern im Zusammenhang mit dieser Tätigkeit daher nicht aus dem Vertragsrecht, sondern aus dem allgemeinen Schadensersatzrecht[141]. Nunmehr dürfte eine Vertrags-(Mit-)Gestaltung als Nebenleistung einem Steuerberater ermöglicht sein[142]. Die Rechtsprechung zu solchen „erlaubten" Nebentätigkeiten nach dem RDG bleibt aber abzuwarten.

So kann ein Steuerberater im Rahmen einer erbschaftsteuerlichen Beratung über die gesetzliche Erbfolge und das Pflichtteilsrecht aufklären.[143]

Als eine solche – wohl schon als Rechtsdienstleistung zu wertende – Nebentätigkeit ist auch die Frage der Beratung über Fehler des Vorberaters anzusehen. Die Obergerichte sehen hier jedenfalls bei Offenkundig-

---

[137] BGH, 11. 11. 2004, INF 2005, S. 203; dies ist nunmehr auch durch das seit Mitte 2008 geltende RDG in § 5 Abs. 2 Nr. 1 klargestellt worden: siehe S. 77.
[138] OLG Köln, 27. 01. 2005, GI 2006, S. 24.
[139] So bei einem Finanzdienstleister unter Beachtung des RDG ausdrücklich: BGH, 29. 07. 2009, I ZR 166/06, DB 2009, Heft 39, S. XIV.
[140] OLG Düsseldorf, 13. u. 27. 05. 2003, Stbg 2005, S. 138; OLG Düsseldorf, 30. 10. 2007, GI 2009, S. 59.
[141] § 823 Abs. 2 BGB i.V.m. Artikel 1 § 1 RBerG bzw. RDG.
[142] § 5 Abs. 1 RDG, zitiert auf S. 203; vgl. ausführlich: Hund, Die Bedeutung des RDG für StB, DStR 2008, S. 1208; Unseld/Degen, Rdn. 27 zu § 5 RDG.
[143] Bsp. von Dreyer/Lamm/Müller, Rdn. 10 und 41 zu § 5 RDG.

keit oder bei entsprechender Beauftragung die Pflicht, den Mandanten auf solchen Beratungsfehler hinzuweisen[144]. Im Ergebnis ist dies der Hinweis (auch) auf die Möglichkeit, zivilrechtlich (rechtzeitig) Schadensersatzansprüche gegen den Vorberater geltend zu machen.

Ist die von dem Steuerberater erbrachte Rechtsdienstleistung hingegen unzulässig, hat dies verschiedene Konsequenzen: Der darauf gerichtete Beratungsvertrag ist nichtig; es entsteht kein Honoraranspruch[145]. Gehaftet wird aber von dem Steuerberater für eine zum Schaden führende fehlerhafte Beratung auch in dem unzulässigen Bereich nach § 823 Abs. 2 BGB i.V.m. der Verletzung des Rechtsdienstleistungsgesetzes[146].

Schlimmer noch: Die Berufshaftpflichtversicherung wird jedenfalls bei bewussten Verstößen gegen das Verbot unbefugter Rechtsbesorgung eine Einstandspflicht verweigern; der lediglich fahrlässige Verstoß gegen die Vorschriften des RDG müsste der handelnde Steuerberater – im Ergebnis gegenüber seiner BHV – nachweisen[147].

Praxistipp

Bei Rechtsgestaltungen – insbesondere Vertragsausarbeitungen – immer einen versierten Rechtsanwalt möglichst des betreuten Unternehmens hinzuziehen und diesen die Rechtsüberprüfung eigenverantwortlich durchführen lassen[148]!

c) Der (ergänzende) Auskunftsvertrag

Gefährlich sind telefonische Auskünfte an den Mandanten, sei es durch den Berater selbst oder sei es durch seine Mitarbeiter[149].

Hier kann regelmäßig ein „stillschweigender Abschluss eines Auskunftsvertrages" angenommen werden; eine fehlerhafte Beratung führt sodann

---

[144] OLG Karlsruhe, 24.03.2000, GI 2001, S. 93; LG Köln, 12.03.2009, DStR 2009, S. 1451.
[145] BGH, 30.09.1999, DStR 1999, S. 1863, vgl. Meyer/Goez/Schwamberger, StBGebV, Tz. 13 zur Vorbemerkung; Dreyer/Lamm/Müller, Rdn. 28 zu § 1 RDG; ausnahmsweise ggf. ein Anspruch aus § 812 I S. 1 1. Alt. BGB, so BGH, 17.02.2000, DStRE 2000, S. 556.
[146] Palandt/Thomas, Rz. 148 zu § 823 BGB.
[147] Gräfe u.a., Tz. 111
[148] Vgl. zur Haftung bei der Zusammenarbeit von StB und RA in einer Sozietät auch: Posegga, DStR 2009, S. 2391.
[149] BGH, 18.12.2008, Kanzleiführung professionell 2009, S. 58; vgl. ausführlich: Kohlhaas, „Schnellberatung am Telefon", NWB 2010, S. 131.

zu einem Schadensersatzanspruch des Mandanten gegen seinen Steuerberater[150]. Dabei ist es unerheblich, ob die Telefonauskunft unentgeltlich erfolgt ist.

> **Praxistipp**
>
> Sowohl die Mitarbeiter wie auch der Berater selbst müssen äußerst vorsichtig bei telefonischen Auskünften sein; bei wirtschaftlich und rechtlich bedeutsamen Fragen ist auf eine gründliche Prüfung nach Übermittlung der entsprechenden Unterlagen hinzuweisen.

Im Hinblick auf die erkennbare wirtschaftliche und rechtliche Bedeutung der Angelegenheit handelt es sich in solchen Fällen gerade nicht um eine „bloße Gefälligkeit", die nicht Grundlage einer Schadensersatzverpflichtung sein könne.

Vorsicht ist auch bei einem fehlenden Mandatsverhältnis geboten.

Grundsätzlich schließt § 675 Abs. 2 BGB[151] zwar eine Haftung für Gefälligkeitsratschläge oder Empfehlungen aus; dies dürfte insbesondere bei entsprechenden Kontakten im Privatbereich, z. B. beim Stammtisch, auf einer Feierlichkeit o. ä. anzunehmen sein. Dies ist aber jeweils eine Frage des Einzelfalls und wird insbesondere anhand des Charakters als „rein gesellschaftlicher Kontakt" zu beurteilen sein[152].

Andererseits gehen die Gerichte häufig davon aus, dass Fragen aus dem beruflichen Bereich bei entsprechender Beantwortung durch den Steuerberater zu dessen Arbeitstätigkeit gehört und auch schon bei fahrlässig nicht erkannter wirtschaftlicher Relevanz für das sich anschließende Tun des Anfragenden eher von einem konkludent abgeschlossenen Auskunftsvertrag ausgegangen werden muss. Auch bei „spontaner" Auskunftserteilung oder sogar Beratung muss der Inhalt der Erklärung daher richtig sein.

Vorsicht ist auch geboten bei der häufigen Frage eines Mandanten hinsichtlich des Wechsels von Lohnsteuerklassen insbesondere in dem Fall der drohenden Arbeitslosigkeit[153]. Ein Steuerberater ist nicht befugt, einen Arbeitslosen über die leistungsrechtlichen Konsequenzen eines Steuerklassenwechsels zu beraten[154]. In dem vorliegenden Fall hatte die Bun-

---

[150] Zugehör 2009, Tz. 199; für RA: Rinsche, Tz. I 52 F.
[151] § 675 BGB, zitiert auf S. 170.
[152] Vgl. mit Beispielen Gräfe u. a., Rz. 29; zur Vermeidungsstrategie auch: Kohlhaas, „Schnellberatung am Telefon", NWB 2010, S. 131, 133.
[153] Gräfe u. a., Rz. 311.
[154] SG Freiburg, 27. 01. 2004, DStRE 2004, S. 1252.

desagentur für Arbeit gegenüber dem eine höhere Leistung begehrenden Arbeitslosen eingewandt, der Steuerberater hätte auf die Konsequenzen des Steuerklassenwechsels hinweisen bzw. sich einer Beratung enthalten müssen.

Bei übernommener Lohnbuchführung muss der Berater allerdings auch die Sozialversicherungspflicht der Beteiligten prüfen; für einen Fehler bei der Bewertung hat er dann einzustehen[155].

d) Keine Pflicht zur „allgemeinen" Wirtschaftsberatung

So dies nicht vereinbart wird, ist der Berater aber nicht gleichzeitig verpflichtet, eine allgemeine Wirtschaftsberatung, eine Beratung hinsichtlich zukünftiger Vermögensdispositionen oder Lebensvorsorge des Mandanten durchzuführen[156]. Ein Steuerberater schuldet dem Mandanten nur eine konkrete, auf die speziellen Probleme bezogene Beratung und Belehrung[157]. Dies gilt beispielsweise auch für die Frage eines Kirchenaustrittes zur Steuerersparnis[158]. Im Bereich der Kirchensteuer muss der Berater andererseits über sich ergebende Besonderheiten belehren[159]. Auch dürfte ein Berater weder zu wiederholten Belehrungen seines Mandanten verpflichtet sein (z.B. Führung von Grundaufzeichnungen), noch kann verlangt werden, dass er voraussehen kann, ob der BFH später eine für den Auftraggeber positive Auffassung der Finanzverwaltung verwirft. Insbesondere bei einem auf konkrete einzelne Tätigkeiten beschränkten Mandant ist der Berater für steuerliche Nachteile außerhalb seines Aufgabenbereiches nicht verantwortlich[160].

Dies ist allerdings eine konkrete Frage des Mandats-Zuschnittes[161]. Soll der Steuerberater bei Kapitalanlagen, bspw. einem geschlossenen Medienfond, deren Eignung für eine Altersvorsorge beurteilen, haftet er durchaus

---

[155] OLG Brandenburg, 07. 11. 2006, DStRE 2007, S. 1470.
[156] Vgl. bspw. LG Bremen, 05. 06. 2009, DStRE 2009, S. 1289.
[157] OLG Düsseldorf, 29. 01. 2008, GI 2009, S. 127.
[158] Klarstellend: OLG Köln, 15. 03. 2005, DStR 2005, S. 621; anders bei einem Auftrag zur Berechnung der Gesamtsteuerbelastung: OLG Düsseldorf, 20. 12. 2002, NJW-RR 2003, S. 1071.
[159] BGH, 18. 05. 2006, DStRE 2007, S. 133.
[160] BGH, 21. 07. 2005, DStR 2006, S. 160; vgl. insgesamt auch: Goez, Aufklärungspflichten des StB, INF 2006, S. 718.
[161] BGH, 07. 07. 2005, DStR 2006, S. 344.

für eine Fehlberatung[162]. Eine „konkludent" erfolgte Mandatserweiterung reicht aber nur, wenn der Berater dies erkennen musste[163].

Praxistipp

Auf klare Auftragserteilung und eindeutigen Umfang des Mandates bei Vertragsabschluss achten; sollte dies nicht eindeutig sein, den Auftragsumfang schriftlich umgehend nach Auftragserteilung gegenüber dem (neuen) Mandanten exakt bestätigen! Ein solches „Bestätigungsschreiben" findet sich as Muster auf S. 257!

---

e) Das Wählen des „sichersten Weges"

Gerade die Pflicht, eine günstige Finanzverwaltungsauffassung der Beratung zugrunde zu legen[164], ergibt sich auch aus der Pflicht zum Beschreiten des „sicheren" Weges[165]; u. U. ist in Zweifelsfragen eine „verbindliche Auskunft" bei der Finanzverwaltung einzuholen[166]. Dies gilt auch dann, wenn der Steuerberater – richtigerweise – eine andere Auffassung vertritt[167].

In den letzten Jahren sind mehrfach steuerrechtliche Vorschriften als verfassungswidrig angesehen worden; in solchen Fällen gehört es zu dem Beratungsumfang, die Möglichkeiten des „Offenhaltens" entsprechender Verwaltungsentscheidungen anzusprechen[168]. Dies gilt auch bei geplanten Gesetzesänderungen[169]. Der Steuerberater hat den Mandanten umfassend über das sich ergebende Risiko zu belehren und die Entscheidung des Mandanten vorzubereiten, ob überhaupt und welches Risiko eingegangen werden soll. Bei mehreren Auslegungsmöglichkeiten eines Gesetzes ist regelmäßig die für den Mandanten günstigste zu wählen[170].

---

[162] OLG Düsseldorf, 28. 11. 2008, NWB 2009, S. 3090.
[163] OLG Zweibrücken, 10. 02. 2006, GI 2006, S. 359; vgl. zum „beschränkten" Mandat: Zugehör 2009, Tz. 16.
[164] BGH, 28. 09. 1995, NJW 1995, S. 3248; BGH, 19. 03. 2009, IX ZR 214/07.
[165] OLG Düsseldorf, 28. 01. 1999, GI 2001, S. 50; Gräfe u. a., Rz. 229 ff.; BHStB-Späth, Fach I, 8.
[166] OLG Düsseldorf, 20. 01. 2004, GI 2005, S. 92; Gräfe u. a., Rz. 253 f.
[167] Ausführlich: Buob, Rechtswidrige Steuervergünstigungen als Haftungsfalle für Steuerberater, INF 1997, S. 212–216
[168] Diff. nunmehr: BGH, 06. 11. 2008, DStR 2009, S. 450; vgl. ausführlich S. 52 f.
[169] Vgl. Raebel, Haftung des StB wegen Missachtung des werdenden Rechts, DStR 2004, S. 1673.
[170] BGH, 11. 01. 1977, NJW 1977, S. 2073 m. w. N.

f) Die Anweisungen des Mandanten und dessen Unterrichtung

Weisungen des Auftraggebers hat der Steuerberater regelmäßig als Auftragnehmer zu befolgen. Dies gilt allerdings nicht, so etwas Unzulässiges oder Gesetzeswidriges begehrt wird, wie sich aus der Pflicht zur unabhängigen und eigenverantwortlichen Berufsausübung ergibt[171]. Problematisch ist die Fallgestaltung, wenn der Steuerberater Weisungen des Auftraggebers für unsachgemäß hält. Im Rahmen der eigenverantwortlichen Berufsausübung ist im Einzelfall die Bindung des Steuerberaters an die Weisungen des Mandanten zu prüfen[172].

Im Ergebnis werden bedeutsame Verfahrenshandlungen regelmäßig mit dem Mandanten nach Beratung abzustimmen sein[173]. So der Mandant nicht erreichbar ist oder Gefahr im Verzuge vorliegt, kann und muss der Steuerberater hingegen ohne Abstimmung mit dem Mandanten handeln; dieser ist sodann aber umgehend, d.h. im Rahmen der Möglichkeiten, schnellstens zu informieren[174]. Beispielsweise in einer mündlichen Verhandlung vor dem Finanzgericht ist um Unterbrechung nachzusuchen, damit der Berater vor einer verfahrensentscheidenden Maßnahme, die vorher nicht abgesprochen war – bspw. bei einem Vergleichsabschluss –, telefonischen Kontakt mit dem Auftraggeber aufnehmen kann.

> **Praxistipp**
>
> Die Erreichbarkeit des Mandanten regelmäßig abfragen (zumindest Mobilfunknummer o. ä.) und zu Besprechungen bspw. beim FA/FG oder dem Kreditinstitut mitnehmen!

Erkennt der Berater später, dass er eine unrichtige Beratung vorgenommen hat, hat er diese richtig zu stellen[175]. Dies gilt beispielsweise auch, wenn eine anders lautende höchstrichterliche Entscheidung ergeht und der Auftraggeber noch Zeit hat, daraus Konsequenzen zu ziehen[176]; diese Hinweispflicht endet mit Beendigung des Mandates[177]. Auch auf Fehler

---

[171] Vgl. hierzu Kuhls/Maxl, Rdn. 33 zu § 57 StBerG; Gehre/Koslowski, § 57 Rdn. 31.
[172] Vgl. ausführlich Kuhls/Maxl, Rdn. 147 zu § 57 StBerG.
[173] BGH, 01. 10. 1992, VersR 1993, S. 630; vgl. Goez, Aufklärungspflichten des StB, INF 2006, S. 718.
[174] §§ 665, 675 BGB, zitiert auf S. 169.
[175] Späth, Rz. 184.
[176] BGH, 22. 05. 1962, Stbg 1962, S. 245; vgl. Gilgan, Standardlektüre eines StB, Stbg 2001, S. 626.
[177] OLG Hamm, 12. 01. 1979, DStR 1979, S. 508.

des FA hat der Berater seinen Mandanten hinzuweisen[178] und entsprechende Konsequenzen abzustimmen.

3. Die Büroorganisation

Der Steuerberater hat erhebliche Anforderungen bei der Mitarbeiter-, Handakten- und Fristenkalenderführung zu beachten. Daneben ist für eine zweckmäßige Büroorganisation Sorge zu tragen.

a) Die Anleitung der Mitarbeiter

Generell ist der Berater berechtigt, Mitarbeiter zu seiner Unterstützung heranzuziehen; dabei ist er aber verpflichtet, geschultes und zuverlässig arbeitendes Personal zu beschäftigen[179]. Hinzu tritt die Verpflichtung im Rahmen der Vorgabe einer gewissenhaften Berufsausübung, Mitarbeiter anzuleiten, ihre Arbeiten zu überwachen, für ihre Fortbildung Sorge zu tragen und ihre Verschwiegenheit (§ 62 StBerG)[180] sicherzustellen[181].

Für die Folgen schuldhafter Fehler der Mitarbeiter als Erfüllungsgehilfen hat der Steuerberater nach § 278 BGB einzustehen[182]. Dies gilt allerdings nicht, so der Mitarbeiter Handlungen außerhalb des Rahmens der übernommenen Tätigkeiten vornimmt; hier kann aber eine Haftung des Steuerberaters für ein fehlerhaftes Auswahlverschulden i.S.v. § 831 BGB mit der Möglichkeit des Entlastungsbeweises für sorgfältig ausgesuchtes Personal zu prüfen sein[183]. Regelmäßig ist der Mitarbeiter nicht nur Erfüllungs-, sondern auch Verrichtungsgehilfe des Steuerberaters[184].

> **Praxistipp**
>
> Regelmäßig Mitarbeiterbesprechungen durchführen und die möglichen Haftungsrisiken (insbesondere Fristenproblematik/Unterlassen telefonischer Rechtsauskünfte) detailliert durchsprechen!

---

[178] OLG Köln, 08.03.2007, DStR 2008, S. 1756.
[179] BHStB-Späth, Fach I, 12.
[180] § 62 StBerG, zitiert auf S. 192.
[181] Vgl. Meng, Die gewissenhafte Berufsausübung des Steuerberaters, StB 1990, S. 113, 115; BFH, 26.08.1987, DB 1988, S. 688.
[182] § 278 BGB, zitiert auf S. 167.
[183] Ausführlich: Späth, Rz. 197 f.
[184] § 831 BGB, zitiert auf S. 170.

Auch für „freie Mitarbeiter" haftet der Berater gegenüber dem Mandanten[185], unbeschadet der Möglichkeit, dass dieser weitergehender als sein Angestellter selbst in Regress genommen werden kann[186].

b) Die allgemeine Büroorganisation und die Fristenüberwachung

Der Berater hat für eine ordnungsgemäße Büroorganisation Sorge zu tragen. Hierzu gehört neben einer angemessenen Ausstattung insbesondere auch die Verpflichtung, dass Ausschluss- und Notfristen gewahrt werden. Innerhalb der Büroorganisation muss der Kanzleiinhaber klar die Zuständigkeiten innerhalb des Büros und zwischen den Mitarbeitern geregelt haben. Auch ist es notwendig, regelmäßig stichprobenartig die Arbeit des Personals zu kontrollieren.

Generell ist die Führung eines Fristenkalenders zu verlangen[187]; dabei müssen eindeutige Anordnungen eine vollständige Eintragung sicherstellen[188]. Daneben sind wichtige Fristen auch in den Handakten selbst zu vermerken[189].

Die Berechnung des Ablaufes einer Frist kann zwar dem ordnungsgemäß überwachten Personal überlassen werden[190]; andererseits aber muss der Berater selbst maßgeblichen Einfluss auf die Fristenberechnung behalten[191]. So ist die Durchsicht der bei einem Berater in seinem elektronischen Briefkasten ankommenden Nachrichten („E-Mails") von ihm selbst auf fristbeeinflussende Inhalte zu prüfen[192]. Die Anforderungen des BFH insbesondere für die Wiedereinsetzung in den vorigen Stand sind sehr streng[193]. Jedenfalls kann der Berufsangehörige die Fristenberechnung weder Auszubildenden überlassen noch sich in Sonderfällen (Krankheit

---

[185] Vgl. auch für den „Scheinsozius": BGH, 25. 09. 2008, DStR 2009, S. 296; sowie oben S. 30.
[186] Vgl. bei einem für den StB tätigen Kontierer: OLG Düsseldorf, 13. 12. 2005, INF 2005, S. 172.
[187] Gräfe u. a., Rz. 208 ff.
[188] Späth, Rz. 207–209.
[189] Zum Begriff der „Handakte" vgl. auch § 66 StBerG, auszugsweise zitiert auf S. 192; vgl. zur „internen Mandantenakte" aber auch S. 51.
[190] BGH, 26. 01. 2009, GI 2009, S. 147.
[191] So für RA: BGH, 09. 01. 1998, BRAK-Mitt. 1998, S. 72.
[192] BGH, 01. 03. 2005, GI 2006, S. 77; KG Berlin, 06 .01. 2005, BRAK-Mitt. 2005, S. 74.
[193] BFH, 28. 07. 1961, BStBl. III 1961, S. 447; BFH, 25. 09. 2008, DStR 2009, S. 296; zur Wiedereinsetzung: vgl. Gräfe u. a., Rz. 208–213 sowie 219 ff.; Muster s. S. 265.

des Personals) damit exkulpieren, er habe selbst keine Zeit zur Überprüfung der Berechnung gehabt[194].

> **Praxistipp**
>
> Einen Wiedereinsetzungsantrag sollte ein von dem betroffenen StB beauftragter Rechtsanwalt oder Berufskollegen stellen, da dieser den Sachverhalt neutraler bewerten kann!

Verwendet der Berater einen elektronischen Fristenkalender, hat er darüber hinaus sicherzustellen, dass Kontrollen eingerichtet sind, die gewährleisten, dass fehlerhafte Eingaben rechtzeitig erkannt werden[195].

Besondere Sorgfalt ist bei Ablauf einer Frist zu wahren: Die Löschung im Fristenkalender darf erst erfolgen, wenn die Absendung des fristwahrenden Schriftstückes tatsächlich erfolgt ist[196]. Dies muss der Berater in Zweifelsfällen selbst prüfen[197]. Auch müssen zuverlässige Personen mit der Beförderung der Ausgangspost betreut werden. Auf diese kann der Berater sich sodann auch verlassen und muss sich nicht ohne Anlass über die Durchführung seiner Anweisung vergewissern[198].

Die Art der Übermittlung ist den Umständen entsprechend so anzupassen, dass der Eingang bei der zuständigen Stelle sichergestellt ist. Wird eine Frist zulässigerweise bis zum letzten Tag ausgenutzt wird, sind ebenfalls besondere Vorkehrungen für die Fristwahrung zu treffen. Andererseits darf der Berater darauf vertrauen, dass die angegebenen Leerungszeiten eines Briefkastens auch eingehalten werden[199].

Bei Nutzung der Telefax-Übermittlung hat der Berater die Funktionsfähigkeit des Gerätes selbst sicherzustellen[200]; auch muss der Steuerberater seine Mitarbeiter kontrollieren, so dass eine fehlerhafte Adressierung oder Übermittlung von Schriftsätzen ausgeschlossen sein sollte[201].

---

[194] Vgl. auch BGH, 23. 11. 2000, GI 2002, S. 133; dies gilt auch für einen entsprechenden Fehler eines anderen Beraters in der Kanzlei: so OVG Saarlouis, 24. 11. 2009, 1 D 494/09.
[195] OVG Lüneburg, 04. 11. 2008, NJW 2009, S. 615.
[196] Späth, Rz. 120.1; zum notwendigen vollständigen Eingang bei Gericht: BGH, 15. 09. 2009, BRAK-Mittlg. 2010, S. 25.
[197] So bei nicht gestrichener Frist durch RA: BGH, 18. 12. 1997, BRAK-Mitt. 1998, S. 72.
[198] So für RA: BGH, 09. 12. 2009, XII ZB 154/09.
[199] BGH, 20. 05. 2009, NJW-Spezial 2009, S. 622.
[200] BGH, 03. 11. 1998, DStR 1999, S. 77.
[201] Vgl. zu den strengen Vorgaben: BGH, 01. 03. 2005, GI 2006, S. 77.

Letztlich ist der Berater verpflichtet, organisatorische Maßnahmen – gerade auch für den Fall von Fristabläufen – zu treffen, die eine Vertretung bei Verhinderung sicherstellen[202]; gerade „Einzelkämpfer" – StB in Einzelkanzlei – sollten entsprechende Absprachen mit Kollegen treffen[203].

Praxistipp

Alleintätige Kanzleiinhaber sollten für Verhinderungsfälle eine (gegenseitige) Kooperationsvereinbarung mit einem Kollegen abgeschlossen haben. Muster solcher Vereinbarungen haben die regionalen Steuerberaterverbandsgeschäftsstellen!

---

c) Die Führung von Mandantenakten

Bekanntermaßen wird von dem Steuerberater abverlangt, dass dieser „Handakten" führt. § 66 Abs. 1 StBerG[204] bestimmt insofern, dass die Handakten auf die Dauer von sieben Jahren nach Beendigung des Auftrags aufzubewahren sind. Nach Abs. 2 dieser Vorschrift gehören zu den Handakten i.S.v. § 66 StBerG alle Schriftstücke, die der Steuerberater aus Anlass seiner beruflichen Tätigkeit von dem Auftraggeber oder für ihn erhalten hat. Dies gilt aber nicht einmal für den Briefwechsel zwischen Steuerberater und Auftraggeber oder auch für Steuerbescheide u. ä., von welchem der Mandant Abschriften erhalten hat wie auch nicht für die zu internen Zwecken gefertigten Arbeitspapiere.

Damit aber wird von einer ordnungsgemäßen Büroorganisation ergänzend zu verlangen sein, dass der Steuerberater neben der Handakte i.S.v. § 66 StBerG auch noch eine „interne Mandantenakte" führt[205]. In dieser sind neben dem möglichst schriftlich abgefassten Beratervertrag und einer Vollmachtsurkunde die gerade weiter erwähnten Schriftstücke wie beispielsweise Aufzeichnungen, Telefonnotizen, Arbeitsergebnisse in Ablichtung wie auch maßgebliche Steuerbescheide und natürlich auch der Briefwechsel mit dem Mandanten einzulegen. Gerade in einem eventuellen Regressprozess können durch diese Unterlagen wie beispielsweise mit Gesprächsprotokollen oder Reaktionsschreiben der Mandantschaft Beratungsinhalt und -umfang mit guten Aussichten auf eine erfolgreiche Beweisführung dargelegt werden.

---

[202] Vgl. auch § 69 Abs. 1 StBerG.
[203] Siehe zu dieser Verpflichtung für RA: BGH, 10.05.2006, INF 2007, S. 280.
[204] § 66 StBerG, zitiert auf S. 192.
[205] Vgl. auch Kuhls, Rdn. 3, 4 zu § 66 StBerG.

> **Praxistipp**
>
> Steuerberater sollten einen gesonderten Büroschrank (abschließbar!) vorhalten, in dem für jeden Mandanten eine solche „interne Mandantenakte" geführt wird! Beispielsweise in dem Falle einer Durchsuchung und Beschlagnahme durch die Steuerfahnder wären solche internen Mandantenakten von einer Beschlagnahme befreit (§ 97 StPO)!

4. Die Fortbildungsverpflichtung

Gemäß § 57 Abs. 2a StBerG[206] und § 4 Abs. 2 Satz 2 BOStB haben Steuerberater sich in dem Umfang fortzubilden, wie dies zur Sicherung und Weiterentwicklung der für ihre berufliche Tätigkeit erforderlichen Sachkunde notwendig ist.

a) Die Beobachtung von Rechtsprechung und Verwaltungsverhalten

Dabei ist die Fortbildungspflicht allerdings einzelfallbezogen zu sehen: Jeder Berater hat sich entsprechend seiner Tätigkeit auf dem Laufenden zu halten[207]. So hat ein Steuerberater regelmäßig das Bundessteuerblatt zu lesen[208]. Neuere Entscheidungen der Finanzrechtsprechung sind ca. 4 bis 6 Wochen nach Veröffentlichung zu berücksichtigen[209]. Ein Spezialist hat sich umfassend in seinen Bereichen besonders zu informieren[210]. Allerdings wird nicht verlangt, dass ein Steuerberater die in einer Anlage zum Bundessteuerblatt erscheinende Gerichtsverfahrensliste – ohne anderweitig geäußerte Hinweise – berücksichtigt[211].

In Zweifelsfragen muss sich ein Steuerberater zwar nicht durch Befragung der Finanzverwaltung Klarheit verschaffen[212]. Dies widerspräche der Eigenverantwortlichkeit und Unabhängigkeit der Berufsausübung. Eine

---

[206] § 57 Abs. 2a StBerG, zitiert auf S. 191.
[207] Kuhls/Maxl, Rdn. 168 zu § 57 StBerG.
[208] OLG Stuttgart, 29. 06. 1987, Stbg 1987, S. 347; OLG Köln, 22. 05. 2007, DStRE 2008, S. 1173.
[209] OLG Köln, 04. 09. 1998, INF 1999, S. 95; differenzierend: OLG Düsseldorf, 25. 05. 2000, GI 2000, S. 267.
[210] Vgl. ausführlich: Gilgan, Standardlektüre des StB, Stbg 2001, S. 626; Raebel, Haftung des StB wegen Missachtung des werdenden Rechts, DStR 2004, S. 1673; BHStB-Späth, Fach I, 7.1.
[211] KG Berlin, 08. 09. 2006, DStRE 2007, S. 453.
[212] Vgl. Späth, Rz. 172.

andere Frage ist aber, ob es im Einzelfall sinnvoll ist, sich im Rahmen der Mandatsbetreuung (auch) mit der zuständigen Stelle der Finanzbehörde abzustimmen und ggf. eine verbindliche Auskunft einzuholen[213].
Kommt ein Berater nach reiflicher Überprüfung und Abwägung sowie ggf. nach Rücksprache mit kompetenten Fachleuten zu einer unzutreffenden Auffassung, entfällt ein vorwerfbares Verschulden; das gleiche gilt bei Zugrundelegung einer höchstrichterlichen Rechtsprechung für die Entscheidung des Steuerberaters[214]. Unberücksichtigt bleibt auch, ob sich später – nach dem Beratungszeitpunkt – die Rechtsprechung ändert[215].

b) Die mögliche Verfassungswidrigkeit von Steuernormen

Grundsätzlich darf der Steuerberater – auch bei vereinzelt geäußerten Bedenken – die Verfassungsmäßigkeit von Steuergesetzen unterstellen[216]. Dies gilt dann nicht mehr, wenn konkrete, in der Fachpresse veröffentlichte Gerichtsverfahren anhängig sind[217]. Sodann hat der Berater über Verhaltensmöglichkeiten zu belehren; eine Antizipation der Entscheidung des Verfassungsgerichtes oder des BFH obliegt ihm aber nicht[218].

c) Auslandssachverhalte

Zwar braucht sich ein Steuerberater nicht grundsätzlich im ausländischen Steuerrecht auszukennen oder sich sogar dementsprechend fortzubilden. Übernimmt er jedoch Mandate mit Auslandsbezug, muss er die Problematik und Bewertung sachgerecht und umfassend vornehmen können. Dies verlangt schon die eigenverantwortliche und gewissenhafte Berufsausübung i.S.v. § 57 Abs. 1 StBerG[219].

---

[213] OLG Düsseldorf, 20. 01. 2004, GI 2005, S. 92; Janssen, Haftungsbewehrte Pflicht des StB zur Einholung einer verbindlichen Auskunft, Kanzleiführung professionell 2005, S. 81.
[214] KG Berlin, 08. 09. 2006, DStRE 2007, S. 453.
[215] BGH, 28. 09. 2000, Stbg 2001, S. 23.; OLG Karlsruhe, 18. 12. 2006, DStRE 2007, S. 1214.
[216] LG Frankfurt/Main, 02. 02. 2005, GI 2006, S. 62; OLG Hamburg, 04. 07. 2007, DStRE 2007, S. 1593.
[217] Vgl. ausführlich zu den Grenzen der Aufklärungspflicht: BGH, 06. 11. 2008, GI 2009, S. 40.
[218] Vgl. OLG Düsseldorf, 08. 07. 2005, GI 2006, S. 12.
[219] BGH, DStR 1972, S. 490; § 57 Abs. 1 StBerG, zitiert auf S. 191.

Gerade im Zuge der globalisierten Wirtschaftswelt haben immer mehr Mandanten, bspw. auch kleinere und mittlere Unternehmen, entsprechende internationale Kontakte, die steuerlich bewertet werden müssen. Kann der Steuerberater die sich hieraus ergebenden Probleme nicht alleine umfassend klären, muss der Mandant auf das Einschalten eines Spezialisten angesprochen werden[220]. Auch ist der Berater nicht verpflichtet, eine finanzgerichtliche Entscheidung anzuwenden oder kennen zu müssen, bei der ein Steuertatbestand wegen Europarechtswidrigkeit nicht angewandt wurde, wenn diese Frage ansonsten in Rechtsprechung und Literatur nicht diskutiert wurde[221].

Praxistipp

Nicht nur der Steuerberater, auch seine Mitarbeiter müssen regelmäßige Fortbildungsveranstaltungen besuchen; örtliche Anbieter von regelmäßigen Kursen lassen sich über die Berufsvertretungen finden!

---

5. Die Verschwiegenheitspflicht

Steuerberater sind nach § 57 Abs. 1 StBerG[222] zur strengen Verschwiegenheit verpflichtet[223]. Die Pflicht zur Verschwiegenheit erstreckt sich auf alles, was Steuerberatern in Ausübung ihres Berufes oder bei Gelegenheit der Berufstätigkeit anvertraut worden oder bekannt geworden ist. Kommt es zu Verletzungen dieser Verschwiegenheitsverpflichtung und entsteht dem Mandanten ein Schaden (beispielsweise durch Informationen über die finanzielle Situation des Mandanten an Dritte oder über Betriebsgeheimnisse), hat der Steuerberater für den Schaden einzustehen[224].

Gemäß § 62 StBerG[225] haben Steuerberater ihre Mitarbeiter, die nicht selbst Steuerberater sind, ebenfalls zur Verschwiegenheit zu verpflichten und sie über die entsprechenden Vorschriften (Auskunfts- und Zeugnisverweigerungsrechte) und über die Strafbarkeit nach § 203 StGB (Verletzung von Privatgeheimnissen) bzw. § 204 StGB (Verletzung von Betriebs-

---

[220] OLG Köln, 27. 01. 2005, OLGR 2005, S. 490.
[221] OLG Stuttgart, 15. 12. 2009, 12 U 110/09.
[222] § 57 Abs. 1 StBerG, zitiert auf S. 191.
[223] Vgl. ausführlich § 9 BOStB.
[224] Nickert, S. 24 f.; Gräfe u. a. Rz. 157–169.
[225] § 62 StBerG, zitiert auf S. 192.

und Geschäftsgeheimnissen)[226] zu belehren und schriftlich zur Verschwiegenheit zu verpflichten.

> **Praxistipp**
>
> Nicht nur wegen der gesetzlichen Verpflichtung, auch zum Eigenschutz ist die schriftliche Erklärung der Mitarbeiter zur Einhaltung der Verschwiegenheitsverpflichtung zu der entsprechenden Personalakte zu nehmen!

Die Pflicht zur Verschwiegenheit besteht nicht, soweit die Offenlegung der Wahrung eigener berechtigter Interessen des Steuerberaters dient (beispielsweise Abwehr von Haftungsansprüchen oder Durchsetzung von Gebührenansprüchen) oder soweit der Steuerberater vom Auftraggeber von seiner Verschwiegenheitspflicht entbunden worden ist[227]. Auch hier hat der Steuerberater genau zu prüfen, ob – und bejahendenfalls in welchem Umfang – er eine Ausnahme von der Verschwiegenheitspflicht geltend machen kann. Ansonsten haftet er auch bei einem vermeidbaren Irrtum[228].

6. Haftung für mit dem Beruf „vereinbaren" Tätigkeiten

Neben der klassischen Steuerberatung i.S.v. § 33 StBerG[229] wird der Berufsangehörige immer mehr mit Tätigkeiten beauftragt, die zu dem Kreis der mit seinem Beruf „vereinbaren" Tätigkeiten gehört.

a) Die zahlreichen „vereinbaren" Tätigkeiten

§ 33 StBerG stellt klar, dass zunächst die Angehörigen der steuerberatenden Berufe die Aufgabe haben, im Rahmen ihres Auftrages ihre Auftraggeber in Steuersachen zu beraten, sie zu vertreten und ihnen bei der Bearbeitung ihrer Steuerangelegenheiten und bei der Erfüllung ihrer steuerlichen Pflichten Hilfe zu leisten. Diese „Originärtätigkeiten" des Steuerberaters sind dem Berufsstand zugewiesen und werden daher „Vorbehaltsaufgaben" genannt.

---

[226] §§ 203, 204 StGB, auszugsweise zitiert auf S. 181f.
[227] Ausführlich: Kuhls/Maxl, Tz. 209–217 zu § 57 StBerG
[228] Gräfe u.a., Tz. 488
[229] Sog. „Originärtätigkeiten" gem. § 33 StBerG, zitiert auf S. 190.

Darüber hinaus hat aber der Steuerberater auch die Möglichkeit, zahlreiche weitere Tätigkeiten i.S.v. § 57 Abs. 3 StBerG[230] auszuüben.

Zunächst kann der Steuerberater gleichzeitig auch den Beruf des Rechtsanwaltes, Rechtsbeistandes, Wirtschaftsprüfers oder vereidigten Buchprüfers ausüben. Zudem ist er befugt, eine freiberufliche Tätigkeit zu übernehmen, die die „Wahrnehmung fremder Interessen einschließlich der Beratung zum Gegenstand" hat.

Des Weiteren ist ihm eine wirtschaftsberatende, gutachtliche oder treuhänderische Tätigkeit zugestanden. Des Weiteren ist der Steuerberater befugt, Lehr- oder Fachautortätigkeiten durchzuführen.

Konkretisiert werden diese Regeln in § 39 BOStB. Dort wird statuiert, dass zu den vereinbaren Tätigkeiten neben der Verwaltung fremdem Vermögens auch das Halten von Gesellschaftsanteilen, die Wahrnehmung von Gesellschafterrechten, die Tätigkeit als Beirat und Aufsichtsrat, als Umweltgutachter und die Wahrnehmung des Amtes als Testamentsvollstrecker, Nachlasspfleger, Vormund, Betreuer, Konkurs- bzw. Insolvenzverwalter, Liquidator, Nachlassverwalter, Sequester, Zwangsverwalter, Mitglied in Gläubigerausschüssen und die Tätigkeit als Verwalter nach dem Wohnungseigentumsgesetz zugestanden sind.

Eine Geschäftsführungsfunktion ist grundsätzlich nicht zugelassen (§ 39 Abs. 2 BOStB), außer wenn eine gerichtliche Bestellung beispielsweise als Notgeschäftsführer erfolgt. Insofern hilft auch die durch das 8. StBÄndG eingeführte Regelung in § 57 Abs. 4 Nr. 1. StBerG[231], wonach die zuständige Steuerberaterkammer von dem Verbot einer gewerblichen Tätigkeit Ausnahmen zulassen kann, soweit durch die Tätigkeit eine Verletzung von Berufspflichten nicht zu erwarten ist. Gerade für den Fall der öffentlichrechtlichen Bestellung oder für eine eher steuerrechtlich als berufsrechtlich als „gewerblich" zu qualifizierende Tätigkeit (z. B. Beteiligung an einer Windkraft-GbR als Steuerberater) ist klargestellt, dass nicht per se jegliche „gewerbliche" Betätigung verboten ist.

Dennoch muss insofern gewarnt werden, als jedenfalls damit eine faktische Geschäftsführung vermieden werden muss, um nicht in die entsprechende weitere Haftung aus dieser Funktion heraus zu kommen[232].

---

[230] § 57 Abs. 3 StBerG, zitiert auf S. 191.
[231] § 57 Abs. 4 StBerG, zitiert auf S. 192.
[232] Siehe S. 122.

Nur versteckt erwähnt ist somit die gerade in Steuerberaterkanzleien durchzuführende und wirtschaftlich lukrative „betriebswirtschaftliche Beratung"[233]. Hierzu gehören Existenzgründungsberatungsleistungen wie auch die Unternehmensnachfolgeberatung; neben Controlling, Unternehmensplanung und Rating-Beratung hat der Steuerberater sich auch regelmäßig mit Einrichtung und Auswertung von Kosten- und Leistungsabrechnungen seiner gewerblichen Mandanten sowie mit der Sanierungs- und Vermögensberatung zu beschäftigen.

b) Besonderheiten bei der Haftung für „vereinbare Tätigkeiten"

Besonderheiten ergeben sich jeweils aus dem einzelnen Tätigkeitsbereich der übernommenen „vereinbaren" Leistungen. So hat der Steuerberater als Insolvenzverwalter neben der insolvenzrechtlichen Haftung nach §§ 60[234], 61 InsO auch die steuerrechtliche Haftung zu beachten; als Vermögensverwalter i.S.v. § 34 Abs. 3 AO[235] hat der Insolvenzverwalter die steuerlichen Pflichten des Insolvenzschuldners zu erfüllen. Die Finanzverwaltung kann den Insolvenzverwalter zur Haftung nach § 69 AO[236] bei Vorliegen der dort normierten weiteren Voraussetzungen heranziehen.

Im Rahmen der Sanierungsberatung entstehen erhebliche zusätzliche Haftungsrisiken, die in einem besonderen Abschnitt dargestellt werden. Hier zunächst der ausdrückliche Hinweis, dass im Rahmen der allgemeinen steuerlichen Betreuung des Mandanten dieser zwar auf eine (drohende) Krise hinzuweisen ist; für eine zusätzliche Sanierungsberatung ist allerdings die gesonderte Auftragserteilung an den Steuerberater notwendig. Geschieht dies, ist der Berater insbesondere verpflichtet, den Auftraggeber rechtzeitig auf dessen Pflicht zur Stellung eines Insolvenzantrages hinzuweisen. Fehler hieraus können zum Schadensersatz durch beispielsweise verspätete Insolvenzantragstellung seitens kreditierender Banken oder Gläubiger des Auftraggebers führen[237]. Insbesondere besteht die Gefahr, dass sich nach § 64 S. 2 GmbHG[238] in Anspruch genommene Geschäftsführer, die aufgrund der fehlenden Vorgaben des Beraters den Insolvenz-

---

[233] Zur Honorierung der „vereinbaren Tätigkeiten" vgl. Meyer/Goez/Schwamberger, StBGebV, Tz. 77 ff. zur Einführung.
[234] § 60 InsO, zitiert auf S. 179.
[235] § 34 Abs. 3 AO, zitiert auf S. 171.
[236] § 69 AO, zitiert auf S. 171.
[237] Siehe ausführlich S. 116 ff.
[238] § 64 S. 2 GmbHG, zitiert auf S. 199.

antrag zu spät gestellt haben, an dem Steuerberater schadlos halten, wenn sie auf Zahlung nach Insolvenzeintritt in Anspruch genommen werden. Das Beratungsmandat hat für den GmbH-Geschäftsführer auch dann eine Schutzwirkung[239], wenn allein die juristische Person Auftraggeber des Beraters gewesen ist.

Besonders vorsichtig muss der Steuerberater im Rahmen einer Unternehmensnachfolgeberatung oder auch bei einer allgemeinen Vermögensberatung im Bereich von Rating-Beratungen oder auch Subventionsberatungen im Hinblick auf das Rechtsdienstleistungsgesetz sein. Zwar kann der steuerliche Berater über die mit seiner Tätigkeit unmittelbar zusammenhängenden Fragen rechtlich belehren und Vorschläge unterbreiten; die Grenzen zur unbefugten Rechtsberatung sind jedoch fließend[240]. Die zum „alten" Recht ergangene Rechtsprechung ist nicht mehr vollständig anzuwenden[241]; hier gilt es, die höchstrichterliche Rechtsprechung nach Inkrafttreten des RDG Mitte 2008 weiter abzuwarten[242].

Jedenfalls ist ein Steuerberater nicht befugt, in diesem Zusammenhang vollständige Verträge zu entwerfen und gemeinsam mit dem Auftraggeber umzusetzen oder sogar Prozesse zu führen.

Praxistipp

Bei entsprechenden notwendigen vertraglichen Gestaltungen oder der Führung von Rechtsstreitigkeiten ist zwingend ein Rechtsanwalt, der das Vertrauen des Auftraggebers genießt, hinzuziehen!

c) Die Besonderheiten der „Prospekthaftung"

Besonderheiten ergeben sich auch im Rahmen der Prospekthaftung[243]. Zwar ist der Steuerberater als Vermögensberater berufsrechtlich zulässig tätig, wenn er auf Wunsch des Wertpapieremittenten in einem entsprechenden Prospekt als sachkundiger Kenner der Materie genannt wird. Damit aber wird das Vertrauen von Kapitalanlegern auf die Richtigkeit und Vollständigkeit des Werbeprospektes angesprochen. Der Steuerberater

---

[239] Siehe o. zum Vertrag mit Schutzwirkung zu Gunsten Dritter: S. 34 f.
[240] Siehe schon S. 41 f.
[241] Dreyer/Lamm/Müller, Rdn. 2 zu § 5 RDG.
[242] Dies sieht die Gesetzesbegründung sogar ausdrücklich vor; vgl. B.T.-Drs. 16/3655, S. 52.
[243] Siehe o. insbesondere zur Haftung gegenüber Dritten, S. 35.

wird regelmäßig zum „Prospektverantwortlichen", da er aufgrund seiner besonderen beruflichen und wirtschaftlichen Stellung bzw. der berufsmäßigen Sachkunde eine haftungsrechtliche „Garantenstellung" übernimmt. Aufgrund des durch seine Mitwirkung entstanden Vertrauenstatbestandes haftet er für Fehler des Prospektes auch gegenüber ihm unbekannte Dritte, die im Vertrauen auf die Richtigkeit entsprechende Anlagen zeichnen.

> **Praxistipp**
>
> Vor Zustimmung zur namentlichen Benennung in einem Prospekt müssen die dortigen Angaben intensiv geprüft und nachvollzogen werden; im Zweifelsfall ist es besser, zur Vermeidung einer „Prospektverantwortlichkeit" auf eine entsprechende Veröffentlichung zu verzichten!

d) Die Gefahren bei einem „Auskunftsvertrag"

Ein weiteres Risiko stellen Informationen an Mandanten und unter bestimmten Umständen auch an Dritten über (meist fernmündlich abgefragte) rechtlich relevante Problemkreise dar. Aufgrund des geschlossenen „Auskunftsvertrages" haftet der als Steuerberater mit Sachkunde ausgestattete Auskunftsgeber für falsche Antworten[244]. Voraussetzung ist allerdings hierbei, dass die Auskunft für den Anfragenden erkennbar von nicht unerheblicher Bedeutung war und zur Grundlage wirtschaftlich relevanter Maßnahmen gemacht wird.

Gerade auch aus einem „stillschweigend" abgeschlossenen Auskunftsvertrag können sich daher erheblich Haftungsrisiken ergeben.

Der Berater sollte in dem Bereich der „vereinbaren" Tätigkeiten – wie auch im Bereich der „Originär" - Tätigkeiten – auf klare schriftliche Vertragsvereinbarungen mit dem Auftraggeber achten und den Auftragsumfang, die zeitlichen Vorgaben, sicherlich auch die Honorierung und insbesondere auch eine Haftungsbegrenzung bei Aufnahme der Tätigkeit abstimmen.

> **Praxistipp**
>
> Neben dem schriftlichen Auftrag ist sodann eine klare Dokumentation jeder Leistung bzw. von Teilleistungen vorzunehmen und zur persönlichen Mandantenakte des Beraters zu nehmen!

---

[244] Siehe zum Auskunftsvertrag allg. o. S. 43.

7. Die Mandatsbeendigung

Grundsätzlich enden zwar die Pflichten des Steuerberaters mit Auflösung des Mandatsvertrages, ob durch Erledigung der in Auftrag gegebenen Tätigkeit oder durch Kündigung, ggf. auch durch einvernehmliche Aufhebung.

Äußere Anzeichen für eine Mandatsbeendigung sind die Übermittlung der von dem Steuerberater erstellten Arbeitsergebnisse und die Rückgabe der eingereichten Unterlagen wie auch die Erstellung einer Schlussrechnung[245].

Dasselbe gilt gemäß §§ 115 Abs. 1, 116 InsO bei Eröffnung eines Insolvenzverfahrens über das Vermögen des Auftraggebers.

Beide Seiten haben hier allerdings Vorsicht walten zu lassen: Die reine Untätigkeit des Steuerberaters oder das Nichtübersenden von Unterlagen seitens des Auftraggebers führen nicht automatisch zu einer Beendigung des Steuerberatermandates. Hier ist regelmäßig eine Kündigungserklärung einer der beiden Seiten notwendig. Der Vertrag ist im Regelfall, so nicht individualvertraglich eine Frist vereinbart wurde, jederzeit gemäß § 627 BGB[246] als Vertrauensverhältnis kündbar.

Dabei bestehen aber für den Steuerberater noch weitergehende Pflichten: So ist im Insolvenzfall gesondert in § 115 Abs. 2 InsO geregelt, dass der Steuerberater unaufschiebbare Maßnahmen noch vorzunehmen hat; dies gilt insbesondere bei der Wahrung von Fristen, wobei die entsprechenden Tätigkeiten des Steuerberaters als nachvertragliche Arbeiten vorrangig im Rahmen der Masseverbindlichkeiten zu regulieren sind.

Während der Auftraggeber im Regelfall jederzeit fristlos kündigen kann, muss der kündigende Steuerberater § 627 Abs. 2 Satz 1 BGB beachten: Eine Kündigung zur Unzeit kann zur Schadensersatzverpflichtung führen. Zur Unzeit würde bedeuten, dass sich der Auftraggeber nicht rechtzeitig die entsprechende Dienstleistung anderweitig beschaffen kann.

Vom Grundsatz her sind solche nachvertraglichen Beratungspflichten den Grundsätzen von Treu und Glauben i.S.v. § 242 BGB zu entnehmen. Im Einzelfall ist dabei nicht nur über kurzfristig drohende Fristabläufe zu informieren[247], sondern bei dem ersichtlichen Drohen erheblicher Rechtsnachteile oder Schäden auch über noch länger laufende Fristen[248].

---

[245] OLG Stuttgart, 31. 08. 1977, StB 1977, S. 263.
[246] § 627 BGB, zitiert auf S. 168.
[247] BGH, 24. 10. 1996, NJW 1997, S. 254.
[248] BGH, 18. 01. 2001, NJW 2001, S. 1644.

Die Pflichten des Steuerberaters

> **Praxistipp**
>
> Bei Mandatsbeendigung durch den Steuerberater ist der Mandant auf drohende Fristabläufe beispielsweise bei laufenden Einspruchs- oder Klageverfahren ausdrücklich hinzuweisen; dies sollte auch entsprechend dokumentiert und der rechtzeitige Zugang der Information nachgewiesen werden können!

Die Herausgabe von Mandantenunterlagen bei Beendigung des Mandates kann der Steuerberater insbesondere bei offenstehenden Honorarforderungen verweigern, wenn ihm ein Zurückbehaltungsrecht zusteht. Nach § 66 Abs. 4 StBerG[249], eine Sondervorschrift in Ergänzung von § 273 BGB[250], ist zunächst die Handakte i.S.v. § 66 Abs. 2 StBerG[251] davon betroffen. Zu der Handakte in diesem Sinne gehören alle Schriftstücke, die der Berater aus Anlass seiner beruflichen Tätigkeit von dem Auftraggeber oder für ihn erhalten hat; damit umfasst dies insbesondere die Mandantenunterlagen[252].

Zurückbehalten werden dürfen aber auch Unterlagen, die der Steuerberater von einem Dritten (Kreditinstitute/Geschäftspartner) für den Mandanten erhalten hat oder auch die Arbeitsergebnisse des Steuerberaters einschließlich der bei einem Rechenzentrum (DATEV) abgespeicherten Daten wie insbesondere die Buchhaltungsdaten[253].

Aber Vorsicht: Neben der Frage, ob bei nur sehr niedrigen ausstehenden Honoraren das Ausüben des Zurückbehaltungsrechts einen Rechtsmissbrauch darstellt, ist das Zurückbehaltungsrecht auch dann ausgeschlossen, wenn der Mandant ausreichend Sicherheit geleistet hat (§ 273 Abs. 3 BGB)[254].

> **Praxistipp**
>
> Auch im Insolvenzverfahren erlischt ein Zurückbehaltungsrecht; die Unterlagen des insolventen Mandanten sind an den Insolvenzverwalter herauszugeben, egal ob das Mandat beendet ist oder noch nicht!

---

[249] § 66 Abs. 4 StBerG; zitiert auf S. 193.
[250] § 273 BGB, zitiert auf S. 166.
[251] § 66 Abs. 2 StBerG, zitiert auf S. 192.
[252] Gräfe u.a., Tz. 76.
[253] BGH, 11.03.2004, MDR 2004, S. 967.
[254] Meyer/Goez,/Schwamberger, Tz. 16f. zu § 12 StBGebV; § 273 Abs. 3 BGB, zitiert auf S. 167.

III. Die Haftungsvoraussetzungen

Voraussetzungen für einen erfolgreichen Haftungsanspruch gegen den Steuerberater sind: eine objektive Pflichtverletzung, der Eintritt eines Schadens, die Kausalität der Pflichtverletzung für den Schaden sowie ein Verschulden des Beraters. Anspruchsgrundlage ist seit Anfang 2002 der neu gefasste § 280 BGB[255] („positive Vertragsverletzung") i.V. m. dem (Vor-) Vertragsverhältnis.

1. Die objektive Pflichtverletzung

Voraussetzung für die Haftung eines Steuerberaters ist eine objektive Pflichtverletzung. Der Berater muss seinen Pflichten bei der Mandatsbetreuung, teilweise auch darüber hinaus[256] nachgekommen sein. Im Einzelnen wurden die Pflichten des Steuerberaters schon im vorigen Kapitel ausführlich dargestellt[257]; diese können wie folgt zusammengefasst werden:

Aus dem Vertrag mit dem einzelnen Mandanten ergeben sich Sorgfaltsanforderungen, Unterrichtungspflichten, die Pflicht zur umfassenden und vollständigen Beratung unter Beachtung des Beschreitens des „sicheren" Weges. Darüber hinaus sind Fehler gegenüber dem Mandanten richtigzustellen. Insbesondere ist bei der Büroorganisation und der Heranziehung von Mitarbeitern auf eine sachgerechte und fehlerfreie Bearbeitung zu achten; im besonderen Maße gilt dieses bei der Überwachung von Fristen. Gegenüber dem Mandanten besteht die Berufspflicht der Verschwiegenheit, bei deren Verletzung beispielsweise durch das Bekanntgeben von Geschäftsgeheimnissen ansonsten der objektive Tatbestand für eine Haftung erfüllt sein kann.

Gegenüber Dritten kann der Berater ebenfalls haften[258]. Haftungsgrundlage sind die Vorschriften über den Schadensersatz wegen unerlaubter Handlung[259]; es kommt aber auch eine vertragsähnliche oder sogar direkte vertragliche Haftung in Betracht[260].

---

[255] § 280 BGB, zitiert auf S. 167.
[256] Vgl. oben auf S. 37 und 43.
[257] Siehe S. 37–61.
[258] Vgl. Siegmann, Die Dritthaftung des StB, INF 1997, S. 403.
[259] §§ 823 ff. BGB, auszugsweise zitiert auf S. 170.
[260] Siehe oben auf S. 34 f.

Besondere Vorsicht ist bei (ergänzenden) Auskünften geboten. Gegenüber dem Mandanten kann es, ob telefonisch oder direkt gegebenen, durch entsprechende Hinweise zu einem gesonderten Auskunftsvertrag kommen[261]. Dies gilt aber auch noch weitergehend:

Gibt der Steuerberater beispielsweise einem Dritten (insbesondere Kreditinstituten) eine falsche Auskunft, die dieser sodann seiner Entscheidung (Kreditgewährung) zugrunde legt, kann darin die Verletzung eines stillschweigend durch konkludenten Handelns abgeschlossenen Auskunftsvertrages gesehen werden[262]. Die gleiche Haftung kann sich ergeben, wenn der Steuerberater dem Auftraggeber selbst eine Bescheinigung erteilt, die dieser dem Dritten (Kreditinstitut) weiterreicht und dort zur Grundlage für eine wirtschaftliche Entscheidung gemacht wird. Bei solchen Tätigkeiten muss ein Steuerberater daher darauf achten, dass er in den entsprechenden Vermerken im Einzelfall sachgerechte einschränkende Hinweise (z. B.: „Gefertigt nach Informationen und Unterlagen des Auftraggebers") gibt.

> **Praxistipp**
>
> Zur Vermeidung der Dritthaftung auf klare und eindeutige Abschlussvermerke bspw. bei Jahresabschlüssen oder in Testaten achten!

Haftungsvoraussetzung ist dabei allerdings auch, dass für den Steuerberater erkennbar gewesen sein muss, dass die Auskunft (Bescheinigung) nicht nur für den Mandanten, sondern auch für einen Dritten (insbesondere Kreditinstitut oder Gläubiger) bestimmt ist und dort zu entsprechenden Vermögensdispositionen führen sollte. Dann hat der Steuerberater auch gegenüber dem Dritten für objektive Pflichtverletzungen einzustehen.

2. Schaden

Der Steuerberater hat die wirtschaftliche Beeinträchtigung bei dem Mandanten bzw. bei dem Dritten (z.B. Kreditinstitut) auszugleichen[263]. Er hat den Zustand wieder herzustellen, der bestehen würde, wenn der zum Ersatz verpflichtende Umstand nicht eingetreten wäre (sog. „negatives

---

[261] Siehe o. S. 43.
[262] BGH, 14. 01. 1969, BHStB, Teil R – Rechtsprechungsteil – 490.03.
[263] BGH, 20. 01. 2005, DStRE 2005, S. 548.

Interesse")[264]. Für den Schadensbegriff und den Schadensumfang gelten die allgemeinen Vorschriften der §§ 249 ff. BGB[265].

a) Nachbesserung zur Schadensvermeidung

Regelmäßig ist vor Eintritt eines Schadens zu prüfen, ob dieser (noch) durch eine Nachbesserung des Beraters verhindert werden kann[266]. Grundsätzlich hat der Steuerberater alles zu unternehmen, um die Gefahr eines finanziellen Nachteils für seinen Mandanten abzuwenden[267]. Das Nachbesserungsrecht resultiert aus den werkvertraglichen Vorschriften[268]; bei einem Steuerberatungsvertrag auch in der Form des Dienstvertrages hat der Mandant aufgrund der gleichen Interessenlage aber im Regelfall ebenfalls zunächst Nachbesserung zu verlangen[269]. Das Recht zur Nachbesserung entfällt nur, wenn das Vertrauensverhältnis so sehr gestört ist, dass dem Mandanten eine Nachbesserung schlichtweg nicht mehr zugemutet werden kann[270]. Zudem darf das Mandat noch nicht beendet sein[271].

Praxistipp

Vor Negierung eines Schadens zunächst den (ehemaligen) Mandanten auffordern, die Unterlagen dem Steuerberater noch einmal zwecks Überprüfung – und ggf. Nachbesserung – zu übergeben!

b) Schadensberechnung

Ansonsten ist der Mandant durch die Schadensersatzleistung so zu stellen, wie er bei pflichtgemäßer Vertragserfüllung gestanden hätte[272]. So ist regel-

---

[264] § 249 Satz 1 BGB; vgl. BGH, 20. 01. 2005, DStRE 2005, S. 548.
[265] Vgl. schon Palandt/Heinrichs, vor §§ 249 ff. BGB, Rdn. 2 m.w.N.; § 249 ff. BGB, auszugsweise zitiert auf S. 165 f.
[266] LG Darmstadt, 07. 08. 1997, Stbg 1998, S. 566; OLG Düsseldorf, 09. 01. 2001, GI 2001, S. 72; allg. Nickert, S. 23.
[267] BGH, 08. 03. 1993, NJW 1993, S. 1779; 18. 07. 1993, NJW 1993, S. 2676.
[268] § 634 BGB.
[269] Für Werkvertrag: BGH, 06. 11. 1975, NJW 1976, S. 143; für Dienstvertrag: OLG Hamm, DStR 1987, S. 170; OLG Düsseldorf, GI 1997, S. 45.
[270] Ausführlich hierzu: Gräfe u. a., Rz. 538 ff.
[271] BGH, 11. 05. 2006, DStR 2006, S. 1247.
[272] BGH, 20. 11. 1984, WM 1985, S. 203; 20. 11. 1997, DStR 1998, S. 1029.

mäßig die (ordnungsgemäß vom Finanzamt berechnete) Steuernachforderung kein ersatzfähiger Schaden des Mandanten[273]; auch bei ordnungsgemäßer Arbeit des Steuerberaters wäre diese Steuerforderung entstanden. Ein objektiver Vermögensnachteil fehlt[274]. Auch stellt es keinen Schaden im Rechtssinne dar, wenn bei unzutreffender zu niedriger Steuerschätzung der Mandant geltend macht, ohne eingelegten Einspruch wäre es zur Festsetzungsverjährung – und damit dem Bestand der zu niedrigen Steuerfestsetzung – gekommen[275]. Anders ist es, wenn durch eine fehlerhafte Beratung des Steuerberaters ein berechtigter Steuervorteil versagt oder Steuerforderungen zu hoch oder ungerechtfertigt festgesetzt werden[276]. Dasselbe gilt, wenn der Mandant in Kenntnis der „richtigen" Steuern anders disponiert hätte[277].

> **Praxistipp**
>
> Bei der Behauptung eines Schadens durch den Mandanten genau prüfen, ob Alternativen in der Gestaltung tatsächlich zu wirtschaftlich besseren Ergebnissen für den Mandanten geführt hätten!

Aber auch hier ist im Einzelfall genau zu prüfen, ob – und in welcher Höhe – tatsächlich ein Schaden eingetreten ist. Beispielsweise kann sich eine Steuermehrforderung bei einer zu hohen Bewertung eines Abzugspostens der Ausgaben ergeben. Der Schaden ist dann regelmäßig nur vorübergehend und kann in der nächsten Bilanz korrigiert werden. Dem Mandanten ist sodann ggf. aber ein Zinsschaden wegen einer vorübergehend zu hohen Steuerlast entstanden. Insbesondere bei einer fehlerhaften Wahl der Art der Abschreibung ist daher die Prüfung vorzunehmen, inwieweit eine anders gewichtete Abschreibung zu einem beim Mandanten auf Dauer verbleibenden Schaden führt.

So ist die Berechnung des tatsächlich entstehenden Schadens bei versehentlicher Aufdeckung einer verdeckten Gewinnausschüttung besonders

---

[273] OLG Köln, 08. 03. 2007, DStR 2008, S. 1756; Gräfe u. a., Rz. 550 f.
[274] Siehe hierzu OLG Köln, 19 .02. 1999, Stbg 2000, S. 425.
[275] OLG Köln, 10. 10. 2007, GI 2009, S. 133.
[276] OLG Düsseldorf, 23. 03. 2007, GI 2008, S. 101; ausführlich: Kerkhoff, Die Haftung des StB für den Zukunftsschaden, NWB 2005, S. 535.
[277] OLG Köln, 08. 03. 2007, DStR 2008, S. 1756; Gräfe u. a., Rz. 588.

kompliziert[278]. Nunmehr hat insofern die Rechtsprechung auch die Aufdeckung stiller Reserven als ersatzfähigen Schaden anerkannt[279], unabhängig davon, dass die Steuerbelastung „latent" auf den stillen Reseven lastet. Gerade der konkret entstandene Schaden und dessen Berechnung zeigen sich daher als besonders kompliziert. Es muss ein Gesamtvermögensvergleich angestellt werden, wobei die Vermögenslage des geschädigten Mandanten ohne – oder mit einer „richtigen" – Beratung mit derjenigen verglichen wird, die tatsächlich durchgeführt wurde. Nur wenn „unter dem Strich" ein rechnerisches Minus verbleibt, kann ein geschädigter Mandant von einem Steuerberater Schadensersatz verlangen[280].

c) Zinsen als Schaden

Ein Schaden kann dem Mandanten aber auch dadurch entstehen, dass erst später Steuern zurückgezahlt werden, weil beispielsweise nachträglich gewinnmindernde Positionen erklärt wurden[281]. Dabei kann ein Zinsschaden entstehen, der allerdings genau durch Belege nachgewiesen werden muss (Bescheinigung der Bank), um ersatzfähig zu sein.

> **Praxistipp**
>
> Die „freiwillige" Übernahme von angeblichen Schadenspositionen führt leider häufig zu der Annahme des Mandanten, es seien noch weitere Schäden von dem StB auszugleichen; in solchen Fällen genau mit dem Mandanten abstimmen, ob bspw. Nebenkosten (Zinsen/Zuschläge) noch verhindert werden können; jedenfalls immer gegenüber dem Mandanten anmerken, dass keine „Rechtsverpflichtung" zur Übernahme entsprechender Positionen, auch bei Kleinstbeträgen, besteht; bei größeren Beträgen immer umgehend die eigene BHV einschalten!

---

[278] Vgl. ausführlich: Gräfe u. a., Tz. 565 f; Rodewald, Schadensersatzanspruch bei verdeckter Gewinnausschüttung, BB 1994, S. 2013.
[279] BGH, 23. 10. 2003, NJW 2004, S. 444; ausführlich: Goez/Kastner, Schadensersatzanspruch bei Aufdeckung stiller Reserven? INF 2004, S. 318.
[280] BGH, 20. 11. 1997, NJW 1998, S. 982; OLG Düsseldorf, 09. 09. 2003, GI 2004, S. 12.
[281] Vgl. Kerkhoff, Die Haftung des StB für den Zukunftsschaden, NWB 2005, S. 535.

d) Fehlerhaft empfundener Schaden und Vorteilsanrechnung

Kein Schaden liegt vor, wenn – nach früher anderer Auffassung des Steuerberaters, ggf. sogar dementsprechender zunächst abweichender Veranlagung – die Finanzverwaltung hinsichtlich einer Steuerbefreiung eine richtige Auffassung vertritt[282]. Die unrichtige Information des Mandanten beispielsweise über eine höhere Steuerrückzahlung mag zwar entsprechende Erwartungen des Mandanten geweckt haben; sie hat sich aber jedenfalls nicht ohne Weiteres nicht zu einem Schaden für den Mandanten entwickelt. Dies kann anders sein, wenn im Hinblick auf die fehlerhafte Berechnung beispielsweise Kreditaufnahmen eingegangen oder Investitionen des Mandanten getätigt wurden, die sodann nicht oder nur mit erhöhtem Aufwand ausgeglichen werden können.

Zudem hat sich der Mandant auch anrechnen zu lassen, was durch die „fehlerhafte" Beratung des Steuerberaters an Vermögensvorteilen entstanden sein mag. Da eine Gesamtbetrachtung der Vermögenslage des Mandanten zwischen der Situation ohne Fehler und der tatsächlichen Situation erfolgen muss, ist eine entsprechende Vorteilsanrechnung vorzunehmen[283]. Bei einer Schadensersatzleistung geht es nicht darum, eine nicht zustehende Bereicherung des Geschädigten zu bewirken[284]. Insbesondere aufgrund der betrieblichen Abzugsfähigkeit bestimmter Steueransätze wie beispielsweise der Gewerbesteuer bei der Einkommensteuer entstehen Auswirkungen im Hinblick auf die zu prüfende Gesamtsteuerbelastung des Mandanten. Auch können Nutzungs-, Zinsvorteile oder endgültig erlangte Gewinne aus dem Schadensereignis zu einer Vorteilsanrechnung führen.

Hingegen bleiben unberücksichtigt freiwillige Leistungen Dritter, die nicht dem zum Schadensersatz verpflichteten Steuerberater zu Gute kommen sollen wie beispielsweise ein (späteres) Entgegenkommen des Kreditinstitutes des geschädigten Mandanten[285].

---

[282] BGH, 06.07.2006, DStRE 2007, S. 71.
[283] Gräfe u. a., Tz. 659; OLG Düsseldorf, 28.08.2009, DStR 2010, S. 355.
[284] BGH, 14.01.2002, NJW 2002, S. 1711.
[285] OLG Saarbrücken, 27.03.2002, GI 2009, S. 145.

e) Schaden bei Steuerstraftaten oder -ordnungswidrigkeiten des Mandanten?

Regelmäßig ist die Festsetzung einer Geldstrafe oder eines Bußgeldes gegen den Mandanten kein ersatzfähiger Schaden, soweit diesem eine vorsätzliche Straftat oder Ordnungswidrigkeit vorgeworfen wird[286]. Dies gilt allerdings dann nicht, wenn die Möglichkeit einer „Selbstanzeige" gem. § 371 Abs. 1 AO von dem Berater nach Abstimmung mit dem Mandanten nicht wahrgenommen wird[287], insofern muss aber der Mandant seine Bereitschaft zur vollständigen Nacherklärung belegen können.

Ähnliches gilt bei leichtfertiger Steuerverkürzung des Mandanten, wenn der Berater lediglich die Steuererklärungen vorbereitet und der Mandant anschließend die Steuererklärung unterzeichnet hat[288]. Für die Festsetzung war kein Fehlverhalten des Steuerberaters ursächlich; dieser hat keine „eigenen Angaben" gegenüber dem Finanzamt getätigt. Anders kann aber zu entscheiden sein, wenn sich der Mandant auf die fachkundige Leistung des Steuerberaters verlassen hat (z. B. erkennbar private Ausgaben wurden als Geschäftsunkosten behandelt, ohne dass der Mandant vorher gefragt wurde), ihm aber (später) eine grobe Sorgfaltspflichtverletzung nachgesagt wurde[289]. Bei solchen Fallgestaltungen kann ein ersatzbarer Schaden angenommen werden, da der Steuerberater den Mandanten vor nachteiligen strafrechtlichen Folgen zu schützen hat. Dabei ist aber auch zu prüfen, inwieweit der Mandant seiner eigenen Informations- und Wahrheitspflicht nachgekommen ist. Liegt ein strafbares Verhalten des Beraters vor, haftet dieser gesamtschuldnerisch gem. § 71 AO auch für die Steuerschuld[290].

Auch bei Abraten von einer Selbstanzeige kann der Schaden eines Mandanten in der gegen ihn später wegen Steuerhinterziehung verhängten Geldstrafe liegen. Voraussetzung ist, dass durch eine ordnungsgemäße Selbstanzeige die Bestrafung abzuwenden gewesen wäre[291]. Im Zusammenhang mit einer fehlenden Beratung zu dem bis 2004 geltenden StraBEG wurde hier aber auch im Hinblick auf die „Unehrlichkeit des Steuerpflich-

---

[286] Vgl. OLG Düsseldorf, 22. 01. 1987, StB 1988, S. 97; Gräfe u. a., Rz. 647.
[287] So für die unterlassene strafbefreiende Erklärung nach § 1 Abs. 1 StraBEG: OLG Celle, 11. 02. 2009, DStRE 2009, S. 893.
[288] OLG Zweibrücken, 23. 10. 2008, wistra 2009, S. 127.
[289] BGH, 14. 11. 1996, INF 1997, S. 222.
[290] BFH, 19. 12. 2002, NJW 2003, S. 1894.
[291] BGH, 31. 01. 1957, BGHZ 23, S. 222, 225 f.

tigen" anders entschieden[292], wenn das spätere Verhalten des Mandanten belegt, dieser wäre dem Rat des Steuerberaters zur Abgabe einer Erklärung zur Erlangung der Strafbefreiung nicht gefolgt.

f) Folgeschäden

Auch kann dem Mandanten bei fehlgeschlagener Kapitalanlage sowohl wegen fehlerhafter Anlageberatung als auch wegen fehlerhafter Steuerberatung ein ersatzfähiger Schaden entstehen[293]. Dabei ist dem Anleger der Vertrauensschaden zu ersetzen, also der Schaden, den er dadurch erlitten hat, dass er auf die Richtigkeit und Vollständigkeit von Prospektangaben oder der Anlageberatung vertraut hat. Erschöpft sich der Schaden darin, dass ein angekündigter Steuervorteil nicht erzielt worden ist, so ist dieser zu ersetzen, wenn eine fehlerhafte Steuerberatung hinsichtlich des Konzeptes einer Anlagegesellschaft durchgeführt wurde. Voraussetzung ist dabei, dass der zu ersetzende Steuerschaden vermeidbar war; insofern muss der Schaden als Differenz zwischen der erfolgten und der „richtigen" Steuerveranlagung ermittelt werden. Darüber hinausgehende Schäden sind nicht ersatzfähig[294]. Kursverluste des Mandanten sind dann aber berücksichtigungsfähig, wenn der Aktienverkauf wegen einer falschen Mitteilung des Beraters zur Gewinnverrechnung erfolgte[295].

Zudem sind kausal entstandene Säumniszuschläge und andere Nebenkosten Teil des Schadensersatzanspruches[296].

Demgegenüber hat der Mandant aber keineswegs den Anspruch darauf, dass der Berater – zusätzlich – den Steuerschaden errechnet[297]. Auch hat er sich anrechnen zu lassen, was er an (steuerlichen) Vorteilen aus der fehlerhaften Beratung erlangt hat[298].

Nicht ersetzbar ist im Regelfall ein immaterieller Schaden i.S.v. § 253 BGB („Schmerzensgeld"), sogar wenn die Vertragspflichtverletzung des Bera-

---

[292] LG München I, 04.02.2008, DStR 2008, S. 1802; OLG Celle, 11.02.2009, DStR 2009, S. 1171.
[293] Gräfe u.a., Rz. 587f.
[294] Vgl. BGH, 12.12.1986, NJW-RR 1986, S. 1103.
[295] BGH, 18.01.2007, DStR 2007, S. 738.
[296] BGH, 05.03.2009, DStRE 2009, S. 1028; OLG Düsseldorf, 09.01.2004, INF 2004, S. 292; zu weitgehend OLG Naumburg, 13.09.2005, DStRE 2006, S. 446.
[297] LG Berlin, 06.01.2004, GI 2005, S. 67.
[298] BGH, 17.01.2008, DStR 2008, S. 1611; 12.11.2009, DStR 2010, S. 510.

ters zu Existenzängsten oder anderen subjektiven Beeinträchtigungen des Geschädigten geführt hat[299].

g) Schaden und Honorar

Durch das Geltendmachen eines Schadens entfällt grundsätzlich nicht die Zahlung der Gebühren des in Regress genommenen Steuerberaters[300]. Dies gilt nur dann nicht, wenn die Tätigkeit des Steuerberaters für den Mandanten völlig unbrauchbar war, da sich dann der Honoraranspruch mit einem gleichhohen Schadensersatzanspruch des Mandanten egalisiert[301]. Demgegenüber können aber die Kosten eines weiteren Steuerberaters, den der Mandant zur Minderung des Schadens[302] hinzugezogen hat, selbst einen Teil des zu ersetzenden Schadens darstellen[303]. Diese Kosten sind durch die Schlechterfüllung des Steuerberatervertrages kausal verursacht worden. Dasselbe gilt für das Geltendmachen von Anwaltskosten zur Durchsetzung von Regressansprüchen[304] sowie für den Wert der eigenen Arbeitsleistung des Mandanten, wenn dieser zusätzliche Kosten – beispielsweise durch Einstellung einer Ersatzkraft – gehabt hat. Andererseits ist der eigene Zeitaufwand des geschädigten Mandanten nicht erstattungsfähig[305].

h) Verschwiegene Provisionen

Einen Sonderfall stellt die später entdeckte Annahme von Provisionen von Dritten durch den Berater dar. Neben der berufsrechtlichen Relevanz ist der Steuerberater auch verpflichtet, die erhaltene Provision an den – von diesem Sachverhalt keine Kenntnis habenden – Mandanten auszukehren[306].

Dabei hat der Steuerberater den Mandanten über den Erhalt von Provisionen aufzuklären, um sich nicht auch zivilrechtlich nach § 138 BGB sitten-

---

[299] BGH, 09. 07. 2009, DStR 2009, S. 2274.
[300] Gräfe u. a., Rz. 578.
[301] OLG Düsseldorf, 02. 11. 2005, DStRE 2007, S. 589.
[302] § 254 Abs. 2 BGB, zitiert auf S. 166.
[303] BGH, 09. 04. 1993, NJW 1993, S. 2181; OLG Düsseldorf, 23. 03. 2007, GI 2008, S. 101.
[304] BGH, 20. 01. 2005, DStRE 2005, S. 548; LG Amberg, 12. 03. 2009, NJW 2009, S. 2610.
[305] BGH, 24. 04. 1990, NJW 1990, S. 2060, 2062.
[306] Vgl. Kuhls/Maxl, Rdn. 65 f zu § 57 StBerG; Meyer/Goez/Schwamberger, StBGebV, Tz. 30 zur Einführung.

widrig zu verhalten; Rechtsgrundlage für die Herausgabepflicht ist regelmäßig § 667 2. Alt. BGB.[307]

3. Die Kausalität und Zurechenbarkeit

Grundsätzlich muss zwischen Schaden und Pflichtverletzung eine Kausalität im Sinne einer „Ursächlichkeit" gegeben sein[308]. Richtig verstanden kann es sich dabei nicht um eine unendlich weite „Ursächlichkeit" handeln[309]. Die Rechtsprechung orientiert sich bei der Begrenzung dieser Ursächlichkeit an der so genannten „Adäquanztheorie". Danach ist eine zu berücksichtigende Ursache ein Handeln oder Unterlassen, das generell oder erfahrungsgemäß geeignet ist, einen Schaden wie den vorliegenden herbeizuführen. Die Möglichkeit des Schadenseintritts darf nicht außerhalb aller Wahrscheinlichkeit liegen[310].

Der angesprochene adäquate Kausalzusammenhang muss sich einerseits auf den ursächlichen Zusammenhang zwischen Haftungsgrund und Schaden (haftungsbegründende Kausalität) und andererseits mit der Prüfung zu beschäftigen, ob und in welcher Höhe aus dem nachgewiesenen schuldhaften Fehlverhalten des Steuerberaters tatsächlich dem Mandanten ein Schaden erwachsen ist (haftungsausfüllende Kausalität). Dabei ist festzustellen, welches Ergebnis bei einem pflichtgemäßen Verhalten des Steuerberaters eingetreten wäre.[311]

Die Prüfung hat aus der Sicht des nachträglichen Beurteilers unter Berücksichtigung der im Zeitpunkt des Fehlverhaltens einem neutralen Beobachter erkennbaren und im Einzelfall auch bekannten Umständen zu erfolgen. Auf die Frage der subjektiven Vorhersehbarkeit für den Berater kommt es insofern nicht an.

Eine Kausalität wäre dann zu verneinen, wenn auch bei pflichtgemäßem Handeln der eingetretene Schaden mit an Sicherheit grenzender Wahrscheinlichkeit eingetreten wäre. Dabei ist der individuelle Schutzzweck und der Schutzumfang bei der Mandatsbetreuung zu berücksichtigen.

---

[307] OLG Hamm, 18. 10. 1985, NJW-RR 1986, S. 604; BGH, 14. 03. 1991, NJW 1991, S. 1819; § 667 BGB, zitiert auf S. 169.
[308] BHStB-Späth, Fach I., 77.
[309] Allg. Gräfe u. a., Rz. 617 ff.; BHStB-Späth, Fach I,174.
[310] Ausführlich Späth, Rz. 310 f.
[311] Vgl. Gräfe u. a., Rz. 617 u. 625.

Auch bei der Haftung aus einem zweiseitigen Vertrag ist zu prüfen, ob der Steuerberater Schutzpflichten gegenüber Dritten hat: So hat der Steuerberater bei der Zusammenveranlagung entsprechende Pflichten auch gegenüber dem Ehegatten des Mandanten[312]. Dieser mag sogar selbst Mandant sein[313]. Andererseits ist der durch einen solchen Vertrag „mit Schutzwirkung für Dritte" begünstigte Personenkreis eng zu begrenzen[314]. Dennoch wird regelmäßig beispielsweise gegenüber Kreditgebern bei falschen Testaten gehaftet werden[315].

Begrenzt wird die Adäquanztheorie durch die weitere Prüfung, inwieweit der Schaden tatsächlich zurechenbar ist: Wäre im Einzelfall der Schaden auch ohne das schädigende Verhalten des Steuerberaters eingetreten, entfällt die Zurechenbarkeit und somit die Haftung des Beraters. Zu prüfen ist eine „hypothetische" Entwicklung, wobei Berücksichtigung finden muss, falls ein rechtmäßiges Alternativverhalten zu dem selben (Schadens-) Ergebnis geführt hätte[316]. Unbeachtlich ist der hypothetische Kausalverlauf allerdings, wenn dieser einen Schadensersatzanspruch des Geschädigten gegen einen Dritten ausgelöst hätte[317].

Die Beweislast liegt grundsätzlich beim Anspruchsteller, dem geschädigten Mandanten[318]; sie kann aber aufgrund einer Wahrscheinlichkeitsprognose des Gerichtes im Einzelfall reduziert sein[319].

> **Praxistipp**
>
> Nicht jede als „Schaden" beim Mandanten empfundene Steuerbelastung ist dem StB anzulasten, auch wenn eine niedrigere Steuerbelastung angekündigt wurde. Hier ist zu prüfen, ob die Steuerveranlagung – wie auch die Festsetzung von Nebenkosten – auch ohne den Fehler in dieser Höhe „sowieso" erfolgt wäre!

---

[312] OLG Düsseldorf, 26. 11. 2004, INF 2005, S. 93.
[313] Siehe o. S. 34.
[314] Ausführlich Späth, Rz. 317 ff.
[315] Siehe im Einzelnen auf S. 35 f.
[316] BGH 30. 09. 1968, MDR 1969, S. 31.
[317] BGH 13. 10. 1966, NJW 1967, S. 551.
[318] BGH, 10. 12. 1998, BB 1999, S. 287.
[319] BGH, 30. 03. 2000, DStR 2000, S. 889; diese Erleichterung gilt auch bei schadensmindernden Maßnahmen des Mandanten: BGH, 22. 10. 2009, BRAK-Mitt. 2010, S. 23.

4. Das Verschulden

Weitere Voraussetzung für eine Haftung ist ein ausreichender Verschuldensvorwurf. Gemäß § 276 BGB[320] sind Vorsatz und jede Form der Fahrlässigkeit, also auch die leichte Fahrlässigkeit, vom Schuldner zu vertreten.

Vorsatz liegt vor, wenn die zum Schadensersatz führende Handlung bewusst und gewollt durchgeführt wurde. Es genügt, dass der Schädiger den rechtswidrigen Erfolg für möglich und dessen Eintritt in Kauf genommen hat (dolus eventualis)[321].

Regelmäßig wird aber in diesem Bereich des Regresses dem Steuerberater eine fahrlässige Handlung vorgeworfen werden. Fahrlässig handelt, wer die im Verkehr erforderliche Sorgfalt außer Acht lässt[322].

Dennoch ist es notwendig, den Begriff der Fahrlässigkeit sachgerecht einzugrenzen[323]: Der Berater hat jedenfalls diejenige Sorgfalt anzuwenden und zu beachten, die von einem gewissenhaften und erfahrenen Berufsangehörigen bei der gegebenen Sachlage im Regelfall zu erwarten ist[324]. Der BGH geht allerdings teilweise hinsichtlich des Umfanges dieser Verpflichtungen sehr weit und begründet eine Art Garantenstellung für den Steuerberater[325], sogar für deliktisches schädigendes Handeln eines Mitarbeiters[326].

Jedenfalls hat die Beurteilung des Vorliegens eines Verschuldens aus der Sicht des Handelnden zur Zeit des Handelns und nicht aus rückschauender Sicht und unter Berücksichtigung zwischenzeitlich gewonnener (besserer) Erkenntnisse zu erfolgen[327].

> **Praxistipp**
>
> Prüfen, ob nicht (ausnahmsweise) ein Verschulden aufgrund der (seinerzeitigen) Sondersituation wegen Unvermeidbarkeit zu verneinen ist!

---

[320] § 276 BGB, zitiert auf S. 167.
[321] BGH, 17. 09. 1985, NJW 1986, S. 180; s. auch S. 129.
[322] § 276 Abs. 2 BGB, zitiert auf S. 167.
[323] Gräfe u. a., Rz. 687–689; BHStB/Späth, Fach I, 93.
[324] Späth, Rz. 338.
[325] Vgl. z. B. BGH, 20. 10. 1982, VersR 1983, S. 60; 26. 06. 1985, DStZ 1986, S. 73.
[326] BGH, 09. 05. 2007, GI 2008, S. 153.
[327] Palandt/Heinrichs, Rz. 2 zu § 276 BGB.

5. Das Mitverschulden des Mandanten

Generell gilt, dass der Auftraggeber selbst bei der Tätigkeit des Steuerberaters zur Mitwirkung verpflichtet bleibt und ihm im Rahmen des Zumutbaren die Minderung oder Beseitigung eines Schadens obliegt[328]. Verletzt er entsprechende Verpflichtungen, ergeben sich daraus rechtliche Konsequenzen zumindest hinsichtlich der Durchsetzung eines Ausgleiches für den gesamten entstandenen Schaden, da ein Mitverschulden zu berücksichtigen ist[329].

§ 254 BGB[330] bestimmt, dass die Verpflichtung zum Ersatz sowie der Umfang des zu leistenden Ersatzes von den Umständen, insbesondere davon abhängt, inwieweit der Schaden vorwiegend von dem einen oder dem anderen Teile verursacht worden ist, wenn bei der Entstehung des Schadens ein Verschulden des Beschädigten mitgewirkt hat. Dies gilt auch, wenn sich das Verschulden des Beschädigten darauf beschränkt, dass er es unterlassen hat, den Berater auf die Gefahr eines ungewöhnlich hohen Schadens oder auf einen Fristablauf aufmerksam zu machen, die dieser weder kannte noch kennen musste[331], oder dass er es unterlassen hat, den Schaden abzuwenden oder zu mindern[332]. Die hier notwendige Einzelfallprüfung hat unter Berücksichtigung der vertraglichen Vereinbarungen und der sich daraus ergebenden beiderseitigen Verpflichtungen sowie unter Berücksichtigung der objektiven Grenzen und Möglichkeiten zu geschehen, die sich aus dem Inhalt und Umfang des Beratungsauftrages ergeben.

Der Mandant hat eine Informationsverpflichtung[333]; auch hat er die für den Steuerberater notwendigen Unterlagen, die er selbst in den Händen hält, an den Berater rechtzeitig und vollständig zu übergeben. Damit trägt zunächst der Mandant die Verantwortung für die Richtigkeit und Vollständigkeit der übermittelten Informationen und Unterlagen. Verletzt er diese Verpflichtungen, ist der Schadensersatzanspruch aufgrund dieses Mitverschuldens zu mindern[334]. Diese Pflichten des Mandanten bestehen fort:

---

[328] Vgl. Nickert, S. 51 f; Gräfe u. a., Tz. 701.
[329] BHStB-Späth, Fach I, 84, 1.
[330] § 254 BGB, zitiert auf S. 166.
[331] BGH, 18. 01. 2001, NJW 2001, S. 1644.
[332] Gräfe u. a., Rz. 751 f.
[333] Zugehör 2009, Tz. 110 m. w. N.
[334] BGH, 11. 02. 1999, NJW 1999, S. 1391.

Ändern sich die wirtschaftlichen Verhältnisse oder andere steuerrelevante Tatsachen, hat der Mandant den Steuerberater zu unterrichten[335]. Der Mandant hat zudem eine Überwachungspflicht: So hat er unzutreffende Angaben des Beraters in der Steuererklärung (z. B. falscher Familienstand; falsche Entfernungsangaben) zu berichtigen[336]. Insbesondere bei der Unterzeichnung von Steuererklärungen obliegt es dem Mandanten, da dieser die Richtigkeit und Vollständigkeit versichert, eine ihm zumutbare Überprüfung der Ausarbeitung des Beraters vorzunehmen[337]. Mit der Unterzeichnung übernimmt der Mandant regelmäßig auch die Verantwortung für die Richtigkeit der in der Steuererklärung enthaltenen Angaben[338].

Praxistipp

Auch wenn es für den Mandanten bequem ist, den Steuererklärungsvordruck vorab zu unterzeichnen und sich dann nicht mehr um die Abgabe der Erklärung kümmern zu müssen, ist dieses Vorgehen abzulehnen – auch, um den Mandanten zur Kontrolle der Richtigkeit der Angaben zu bewegen!

Andererseits muss berücksichtigt werden, dass der Mandant den Steuerberater gerade als Fachmann beauftragt hat und von der Vollständigkeit und Richtigkeit der Beratung ausgeht. Ein Mitverschulden ist daher zu verneinen, wenn der Mandant sich auf die unzulängliche Beratung verlässt, auch wenn er die Unzulänglichkeit bei eigener Sorgfalt selbst hätte erkennen können[339]. Dieses gilt beispielsweise dann, wenn der Berater dem Mandanten angeraten hat, auf einen Schätzungsbescheid, den der Mandant als fehlerhaft erkannt hat, nichts zu unternehmen[340].

Die Pflichten des Mandanten gehen aber noch wesentlich weiter, auch wenn dieser schon die schädigende Handlung des Steuerberaters erkannt hat: Ein Mandant ist zum zumutbaren Abwenden des Schadens verpflichtet, so dass er bei bestehender Möglichkeit rechtzeitig einen Rechtsbehelf

---

[335] OLG Celle, 21. 07. 2004, GI 2005, S. 185.
[336] OLG Hamm, 21. 03. 1997, GI 1999, S. 25.
[337] Späth, Rz. 511; OLG Hamm, 21. 03. 1997, GI 1999, S. 25.
[338] OLG Zweibrücken, 23. 10. 2008, wistra 2009, S. 127
[339] BGH, 15. 04. 1997, INF 1997, S. 414; OLG Düsseldorf, 18. 08. 2006, INF 2006, S. 801.
[340] OLG Düsseldorf, 09. 01. 2004, INF 2004, S. 292.

bzw. ein Rechtsmittel einzulegen hat[341], wenn eine hinreichende Aussicht auf Erfolg besteht.

Auch der anschließende weitere Fehler eines Nachberaters, Steuerberater oder Rechtsanwalt, ist dem Mandanten als Mitverschulden zuzurechnen (§ 254 i.V.m. § 278 BGB)[342].

Dabei ist aber auch zu prüfen, ob der Folgeberater tatsächlich zur Minderung des Schadens des Erstberaters tätig wurde oder unabhängig hiervon einen Schaden verursacht hat[343]; in letzterem Fall braucht sich der geschädigte Mandant kein Mitverschulden anrechnen zu lassen.

Kommt ein Mitverschulden des Mandanten in Betracht, ist im konkreten Fall der Schaden sachgerecht entsprechend den Verantwortungsanteilen aufzuteilen. Dabei ist auch der Beitrag der Vertragspartner zur Entstehung der Schadens und die Schwere des jeweiligen Verschuldens zu berücksichtigen. So wird ein Schadensersatzanspruch regelmäßig gegen einen Steuerberater, der lediglich fahrlässig fehlerhaft gehandelt hat, bei einem vorsätzlich handelnden Mandanten ausscheiden.

> **Praxistipp**
>
> Konnte der Mandant den Fehler relativ leicht erkennen? Bspw. hat dieser vor Unterschriftsleistung auf der Steuererklärung den von dem StB erstellten Inhalt durchzusehen und insbesondere recht offensichtliche Fehler mitzuteilen!

IV. Haftung ohne Vertrag

In einzelnen Fällen kann sich eine Haftung ergeben, ohne dass eine vertragliche Vereinbarung vorliegt.

1. Verspätete Ablehnung des Auftrages

Angesprochen wurde schon der Fall der nicht rechtzeitigen Ablehnung des Angebotes auf Abschluss eines Beratungsvertrages[344]. Die Auftragsableh-

---

[341] MK-Grunsky, Rdn. 54 zu § 839 BGB; vgl. zur Schadensminderungspflicht durch eine tatsächliche Verständigung: BGH, 22. 10. 2009, BRAK-Mitt. 2010, S. 23.
[342] BGH, 04. 05. 2000, GI 2001, S. 163; Schwenke, NWB 2010, S. 814, 817f.; §§ 254, 278 BGB, zitiert auf S. 166f.
[343] Vgl. hierzu: Gräfe u. a., Tz. 622 ff.
[344] § 63 S. 2 StBerG, zitiert auf S. 192.; s. o. auf S. 37.

nung hat unverzüglich, d.h. ohne schuldhaftes Zögern[345] zu erfolgen. Die Frage der Definition dieser unverzüglichen Ablehnung ist im Einzelfall festzulegen: Grundsätzlich muss dem Steuerberater eine angemessene Frist zur Prüfung eingeräumt werden[346]. Zumindest bei Ablauf einer Ausschlussfrist ist der Auftrag sofort, somit unmittelbar nach Zugang beim Steuerberater, ohne weitere Frist abzulehnen[347].

Ist die Ablehnungserklärung rechtzeitig erfolgt und tritt dennoch ein Schaden ein, ist ein Ersatzanspruch ausgeschlossen. Den Schaden hat der Berater nicht zu vertreten. Ansonsten hat der Berater für das so genannte Negativinteresse einzustehen: Er hat den Auftraggeber ausschließlich die Nachteile, die infolge der verspäteten Auftragsablehnung entstanden sind, zu ersetzen. Damit liegt mit § 63 StBerG[348] eine gesetzliche Regelung eines Verschuldens bei Vertragsabschluss (c.i.c. – culpa in contrahendo)[349] vor[350].

2. Fehlerhaftes Handeln ohne Vertrag

Eine Haftung kann sich auch daraus ergeben, dass ein Vertrag (noch) nicht zustande gekommen ist, aber gehandelt werden muss. In diesen Fällen handelt es sich zumeist um eine Geschäftsführung ohne Auftrag[351]. Soweit die Geschäftsführung (d.h. die Tätigkeit) des Steuerberaters dem Interesse und dem wirklichen oder mutmaßlichen Willen des Mandanten entspricht, ist dieser zu einer ordnungsgemäßen Ausübung dieser Tätigkeit verpflichtet (z.B. Einspruch gegen einen Steuerbescheid einlegen, wenn die Ablehnung des Mandates nicht mehr möglich ist). Eine Verletzung dieser Pflicht führt zu einer entsprechenden Haftung. Dies gilt gemäß § 678 BGB ebenfalls, wenn der Steuerberater hätte erkennen müssen, dass die Übernahme der Geschäftsführung mit dem wirklichen oder dem mutmaßlichen Willen des Geschäftsherrn im Widerspruch stand.

3. Deliktisches Handeln und unzulässige Rechtsdienstleistung

Häufiger dürften die Fälle sein, in denen eine Haftung aufgrund unerlaubter Handlungen begründet ist. So haftet der Berater bei Straftaten gegen

---

[345] § 121 BGB.
[346] Vgl. Kuhls, Rdn. 9 zu § 63 StBerG.
[347] Gehre/Koslowski, § 63 Rdn. 8.
[348] § 63 StBerG, zitiert auf S. 192.
[349] Vgl. ausführlich M/K-Emmerich, Rdn. 55f zu § 311 BGB; § 311 Abs. 2 BGB, zitiert auf S. 168.
[350] BGH, 10.04.1967, NJW 1967, S. 1567.
[351] § 677 BGB.

einen (ehemaligen) Mandanten oder Dritten gemäß § 823 Abs. 2 BGB i. V. m. einem Schutzgesetz (z. B. Untreuevorschriften des Strafgesetzbuches[352]). So stellen auch die Vorschriften des Rechtsberatungsgesetzes bzw. seit dem 01. 07. 2008 des Rechtsdienstleistungsgesetzes Schutzgesetze i. S. dieser Vorschrift dar[353]. Der Steuerberater haftet nach dieser Regelung – neben seiner vertraglichen Haftung –, wenn er unzulässige Rechtsdienstleistungen mit Schadensfolge ausübt[354]. Für die Einzelheiten wird auf die Darstellung unter II.2.b. verwiesen[355].

4. Kreditgefährdung

Auch aus § 824 BGB (Kreditgefährdung) entsteht eine Haftung, so der Wahrheit zuwider eine Tatsache behauptet oder verbreitet wird, die geeignet ist, den Kredit eines anderen zu gefährden oder sonstige Nachteile für dessen Erwerb oder Fortkommen herbeizuführen[356].

5. Sittenwidrige Schädigung des Mandanten

Der Vollständigkeit halber ist ergänzend auf § 826 BGB hinzuweisen, wonach zum Ersatze des Schadens verpflichtet ist, wer in einer gegen die guten Sitten verstoßenden Weise einem anderen vorsätzlich Schaden zufügt[357]. Dies liegt beispielsweise vor, wenn der Berater bewusst falsche Tatsachen vorspiegelt, um einen drohenden Regress zu verhindern[358].

6. Vorsätzliche Pflichtverstöße von Mitarbeitern

Mitarbeiter können im Übrigen bei vorsätzlichen Verstößen gegen ihre Pflichten direkt[359] aus unerlaubter Handlung in Anspruch genommen

---

[352] § 823 Abs. 2. BGB, zitiert auf S. 170.
[353] Palandt/Thomas, § 823 BGB, Rdn. 148; Unseld/Degen, Einleitung zum RDG, Rdn. 2 und Rdn. 11 zu § 4 RDG; siehe S. 41.
[354] BGH, 07. 05. 1992, NJW-RR 1992, S. 1115; OLG Hamm, 22. 09. 1995, GI 1998, S. 69; eingrenzend auf die konkrete – richtige – Vertragsgestaltung: OLG Saarbrücken, 16. 10. 2007, DStR 2008, S. 475; Dreyer/Lamm/Müller, Rdn. 27 zu § 1 RDG.
[355] Siehe o. S. 41.
[356] Nickert, S. 75.
[357] Weitere Beispielsfälle: BHStB-Späth, Fach I, 31; Zugehör 2009, Tz. 246 f.
[358] BGH, 18. 12. 1997, NJW 1998, S. 1488; Nickert, S. 73.
[359] Gräfe u. a., Tz. 833 u 847; vgl. zu vertraglichen Ansprüchen oben auf S. 28.

werden, wenn sie kausal einen Schaden des Mandanten verursacht haben; ggf. haftet aber auch der StB als Arbeitgeber[360].

V. Die Verjährung

Die größte Veränderung im Regressrecht der letzten Jahre ergab sich aus den Gesetzesänderungen zur Verjährung[361]. Die Sondervorschriften in den berufsrechtlichen Vorgaben, insbesondere § 68 StBerG a. F., sind entfallen; es gilt nach dem 15. 12. 2004 aufgrund des „Gesetzes zur Anpassung von Verjährungsvorschriften an das Gesetz zur Modernisierung des Schuldrechtes"[362] nunmehr keine Sonderregel mehr, sondern es sind die allgemeinen Verjährungsvorschriften des BGB anzuwenden[363]. Dies gilt auch für die Haftung ohne Vertrag[364].

1. Die Neuregelung seit 2005

Gemäß §§ 195, 199 Abs. 1 BGB[365] verjährt der Anspruch des Auftraggebers auf Schadensersatz aus dem zwischen ihm und dem Berater bestehenden Vertragsverhältnis in drei Jahren, allerdings im Gegensatz zu der bis Ende 2004 geltenden Regelung des § 68 StBerG a. F. erst zum Ende des Jahres. Das Anlaufen der Frist knüpft an den Zeitpunkt der Schadensentstehung an. Gleichzeitig wird aber die Kenntnis des Geschädigten als weitere Voraussetzung normiert; gleichbehandelt mit der Kenntnis wird die grobe Fahrlässigkeit des Gläubigers (Auftraggeber) bei eventueller Unkenntnis[366].

Damit sind erhebliche Änderungen zu dem bisherigen Verjährungsrecht verbunden[367].

Vom Grundsatz her bleibt es aber dabei, dass das ungewöhnlich hohe Haftungsrisiko des Steuerberaters angemessen berücksichtigt und die wirt-

---

[360] BGH, 03. 05. 2007, GI 2008, S. 153.
[361] Goez, Die aktuelle Rechtsprechung und neue Verjährungsregeln zum Haftungsrecht, INF 2005, S. 677; Feiter, Verjährung von Regressansprüchen gegen StB, NWB 2006, S. 3133.
[362] BGBl. I 2004, S. 3214.
[363] §§ 195 ff. BGB, auszugsweise zitiert auf S. 165.
[364] Siehe S. 76.
[365] §§ 195, 199 Abs. 1 BGB, zitiert auf S. 165.
[366] Vgl. auch BGH, 19. 03. 2008, BRAK-Mitt. 2008, S. 114.
[367] Siehe unter 2.

schaftlichen Folgen der berufstypischen Risiken auf einen überschaubaren Zeitraum begrenzt werden sollen. Da es sich um eine allgemeine Verjährungsregel handelt, ist diese auf alle Schadensersatzansprüche des Auftraggebers, die dieser aufgrund des Vertragsverhältnisses gegenüber dem Steuerberater geltend macht, anzuwenden. Die Verjährungsregelung gilt somit ohne Unterschied für sämtliche Tätigkeitsbereiche eines Beraters; sie gilt sowohl für originäre Berufsaufgaben i.S.v. § 33 StBerG wie auch für vereinbare Tätigkeiten gemäß § 57 Abs. 3 StBerG[368]. Auch Ansprüche aus § 63 StBerG[369] wegen verspäteter Auftragsablehnung unterliegt dieser Verjährungsvorgabe[370].

2. Die „alte" Rechtslage in der Übergangszeit

Allerdings ist zu beachten, dass noch für eine Übergangszeit die „alte" Regelung des § 68 StBerG a. F. maßgebend sein wird[371].

a) Inhalt der „alten" Regelungen

Nach vorbezeichneter Vorschrift verjährte der Anspruch des Auftraggebers auf Schadensersatz aus dem zwischen ihm und dem Steuerberater bestehenden Vertragsverhältnis in drei Jahren von dem Zeitpunkt an, in dem der Anspruch entstanden ist. Auf die Kenntnis des potenziell Geschädigten kam es nicht an. Weil dies gerade bei langfristigen Mandaten zu nicht nachvollziehbaren Ergebnissen führte, wurde in der Rechtsprechung die sogenannte „Sekundärverjährung" anerkannt. Danach konnte sich ein Steuerberater nicht auf den Eintritt der Verjährung berufen, wenn er den Auftraggeber nicht auf eigene Fehler und die sich daraus ergebende (Primär-)Verjährungsfrist hingewiesen hat. In dieser unterlassenen Beratung wurde eine zweite Pflichtverletzung gesehen, die zu einer weiteren Verjährungsfrist von erneut drei Jahren führte.

Diese Sekundärverjährung ist, da ja nunmehr nach dem neuen Verjährungsrecht die Kenntnis oder grob fahrlässige Unkenntnis des Auftraggebers von dem Schadensersatzanspruch vorliegen muss, nicht mehr weiter relevant. Strittig ist aber noch die Frage, wie in der Übergangszeit die Ver-

---

[368] §§ 33, 57 Abs. 3 StBerG, zitiert auf S. 191.
[369] § 63 StBerG, zitiert auf S. 192.
[370] Siehe oben auf S. 76.
[371] Vgl. Goez, Die aktuelle Rechtsprechung und neue Verjährungsregeln zum Haftungsrecht, INF 2005, S. 677.

jährungsfrist zu berechnen ist bzw. bis wann eine Sekundärverjährung in dieser Übergangsphase noch weiter eintreten kann.

b) Die Dauer der Übergangszeit

Die Übergangsregelung für die neue Verjährungsvorschrift ist Artikel 229 § 12 Einführungsgesetz zum BGB zu entnehmen. Sie knüpft an diejenige der Schuldrechtsmodernisierung an[372].

Die nunmehr gültige allgemeine Verfahrensregelung nach §§ 195, 199 Abs. 1 BGB[373] gilt jedenfalls dann, wenn das Datum des Schadenseintrittes auf den 15. 12. 2004 oder später festzumachen ist. Zu einer Sekundärverjährung kann es ab diesem Zeitpunkt nicht mehr kommen.

Geregelt ist aber auch der Fall, dass der Schadenseintritt vor dem 15. 12. 2001 lag und eine Sekundärverjährung beispielsweise wegen fehlender Kenntnis des Steuerberaters nicht zum Tragen kam. Dann war und bleibt der Anspruch mit Ablauf der dreijährigen Primärverjährungsfrist nach altem Recht verjährt.

Wie aber ist für die gerade aktuelle Zwischenzeit (Schadenseintritt zwischen dem 15. 12. 2001 und dem 14. 12. 2004) zu entscheiden, wenn die Voraussetzungen des Eintrittes einer Sekundärverjährung nach altem Recht – nach Eintritt der Primärverjährung – vorgelegen haben[374].

Die Lösung ist zwischenzeitlich durch die Rechtsprechung, gefunden worden. Ausgehend von der bis zum 14. 12. 2004 geltenden Regelung mit Sekundärverjährungseintritt wäre im Höchstfall die Verjährung mit sechs Jahren anzusetzen. Ist beispielsweise der Schadenseintritt am 14. 12. 2004 erfolgt, lief die Primärverjährung am 14. 12. 2007 ab; der Ablauf der Sekundärverjährung wäre der 14. 12. 2010.

Für diesen Fall ist die Übergangsvorschrift zu beachten. Nach Art. 229 § 12 Abs. 1 i. V. m. § 6 Abs. 3 und Abs. 4 EGBGB gilt folgende Regelung:

Ist eine Verjährung nach den bisherigen Vorschriften kürzer als nach den neuen Vorschriften, gilt für die Verjährungsfrist allein der kürzere Zeitraum. Ist hingegen die Frist nach den neuen Vorgaben kürzer, muss mit

---

[372] Artikel 229 § 6 EGBGB; vgl. ausführlich: Zugehör 2009, Tz. 125–128.
[373] § 199 Abs. 1 BGB, zitiert auf S. 165.
[374] Vgl. hierzu: OLG Hamm, 24. 05. 2006, INF 2006, S. 563.

der kürzeren Frist ab dem 15. 12. 2004 angerechnet werden. Somit kommt es darauf an, ob und welcher Grad von Kenntnis oder Unkenntnis nach der bisherigen bzw. heutigen Regelung vorausgesetzt wird. Nach dem „alten Recht" hat einem geschädigten Auftraggeber die grob fahrlässige Unkenntnis zwar nicht geschadet; diese schadet ihm jedoch ab dem Zeitpunkt der Gültigkeit des „neuen Verjährungsrechtes".

Konkret heißt dies, bei einem Schadenseintritt vor dem 15. 12. 2004 läuft die „alte" Primär- und Sekundärverjährungsfrist, somit bis zum 14. 12. 2010, wenn nach dem neuen Recht – die auf die maßgebliche Kenntnis abstellt – eine längere Frist laufen würde. Ist hingegen die Frist nach neuem Recht kürzer, beispielsweise im Fall der grob fahrlässigen Unkenntnis von dem Schaden, muss ab dem 15. 12. 2004 mit der kürzeren Frist gerechnet werden. Dies führt zum Ablauf der Verjährungsfrist zum 31. 12. 2007 (Ende des Jahres). Ist die Kenntnis erst später erlangt worden seitens des geschädigten Mandanten, tritt Verjährung dementsprechend zum letzten Tage desjenigen Jahres ein, das drei Jahre nach dem Zeitpunkt der Kenntniserlangung liegt.

Damit aber müssen noch weiterhin die Grundlagen des Primär- und Sekundär-Anspruches bekannt sein.

> **Praxistipp**
>
> Wird ein Schadensersatz geltend gemacht, immer prüfen, wann der Fehler sich objektiv – insbesondere durch einen belastenden Steuerbescheid – ausgewirkt hat; liegt dieser Zeitpunkt mehr als drei Jahre zurück, ist genau zu prüfen, ob und seit wann der Mandant die Umstände und die Auswirkungen des Fehlers kannte!

c) Der Primäranspruch

Der Beginn der Verjährungsfrist wurde durch § 68 StBerG a. F. auf den Zeitpunkt bestimmt, in dem der Anspruch entstanden war[375]. Erforderlich war es danach nicht, dass der Auftraggeber die anspruchsbegründenden Tatsachen kennt oder auch nur hätte kennen können[376]. Verjährung konnte daher eintreten, bevor der Mandant von dem Schaden und einem ihm zustehenden Ersatzanspruch erfahren hat. Allerdings kann dieser

---

[375] Vgl. nunmehr § 200 S. 1 BGB.
[376] BGH, 20. 01. 1982, NJW 1982, S. 1289; OLG Düsseldorf, 13. 02. 1997, GI 1998, S. 124.

Die Verjährung 83

„Primäranspruch" des Mandanten sich in einen weiteren „Sekundäranspruch" auf Aufklärung[377] umwandeln.

Der eigentliche Schadensersatzanspruch (= Primäranspruch) ist dann gegeben, wenn der Schaden dem Grunde nach aufgrund der Verletzungshandlung des Steuerberaters erwachsen ist oder eine als Schaden anzusehende Verschlechterung der Vermögenslage eingetreten ist, ohne dass eine endgültige Schädigung feststehen muss. Dieser Zeitpunkt ist regelmäßig die Zustellung des (belastenden) Steuerbescheides. Eine Verschlechterung der Vermögenslage kann auch dann vorliegen, wenn mit der Möglichkeit künftiger, noch nicht erkennbarer, aber adäquat verursachter weiterer Nachteile gerechnet werden muss[378].

Der Schaden tritt im allgemeinen erst dann ein, wenn der Auftraggeber aufgrund der fehlerhaften Beratung oder Auskunft des Steuerberaters rechtserhebliche, für ihn schädliche Vermögensdispositionen trifft; so wird ein Schadenseintritt bei einer vom Steuerberater empfohlenen Unternehmensbeteiligung erst mit dem tatsächlichen Vermögensverlust[379] oder im Falle eines unterlassenen Hinweises auf die Risiken durch Zeichnung einer solchen Kapitalanlage anzunehmen sein.

Allerdings ist zu berücksichtigen, dass auch bei Versäumung einer Ausschlussfrist die Verjährungsfrist für den Schadensersatzanspruch gegen den Steuerberater frühestens mit dem Erlass und der Bekanntgabe des dem Mandanten nachteiligen Steuerbescheids beginnt[380]; dies gilt auch bei Feststellungsbescheiden[381].

Die Bestandskraft oder Unanfechtbarkeit des Steuerbescheides ist nicht erforderlich. Auch Einspruch und andere Rechtsmittel hindern die Verjährung des Regressanspruches nicht[382]. Beruht der Ersatzanspruch gegenüber dem Steuerberater allerdings allein auf der Versäumung einer Frist, so beginnt mit Fristablauf die Verjährungsfrist zu laufen[383].

Lehnt das Finanzamt eine Befreiung von der Grunderwerbsteuer wegen einer vom Steuerberater zu vertretenden fehlerhaften Beratung über die

---

[377] Siehe S. 84f.
[378] BGH, 04.04.1991, DStR 1991, S. 1329.
[379] BGH, 21.04.1982, NJW 1982, S. 1866; BGH, 19.05.2009, DStR 2009, S. 2506.
[380] BGH, 29.04.1993, NJW 1993, S. 2181; 26.05.1994, StB 1994, S. 374; zuletzt: BGH, 23.12.2007, DStRE 2008, S. 788.
[381] BGH, 10.01.2008, DStR 2008, S. 943.
[382] BGH, 11.05.1995, INF 1995, S. 509; 29.02.1996, NJW 1996, S. 1895.
[383] Ausführlich: Kuhls, Rdn. 10ff zu § 68 StBerG.

Vertragsgestaltung ab, ist Verjährungsbeginn des darauf beruhenden Ersatzanspruches nicht vor Zustellung des Grunderwerbsteuerbescheides anzunehmen[384].

Ist im Rahmen einer steuerlichen Außenprüfung ein Fehler des Steuerberaters in der Buchführung, bei dem Abschluss oder der Erstellung der Steuererklärung im Nachhinein aufgedeckt worden, wurde früher der Ersatzanspruch des Auftraggebers zum Zeitpunkt der Schlussbesprechung als entstanden angenommen[385]. Richtigerweise kommt es nach der Rechtsprechung des BGH auf den Zugang des Änderungsbescheides an[386]. Werden Fehler aufgedeckt, die sich auf frühere und von der Außenprüfung nicht umfasste Zeiträume beziehen, ist eine Korrektur zu Gunsten des Auftraggebers durch die Veranlagung nicht mehr möglich. Der Ersatzanspruch ist somit im Zweifel mit Bestandskraft des betreffenden Steuerbescheides schon entstanden und möglicherweise als Primäranspruch schon verjährt.

Wird der Steuerberater erst mit dem Einspruchsverfahren gegen einen belastenden Steuerbescheid beauftragt und begründet er weder den Einspruch noch die Anfechtungsklage, beginnt der Lauf der Verjährungsfrist (schon) mit der Bekanntgabe der Einspruchsentscheidung[387]. Es kommt sogar nicht darauf an, wann der Mandant den ablehnenden Bescheid zur Kenntnis bekommen hat, sondern auf die Kenntnis des zustellungsbevollmächtigten Beraters.

Hat der Steuerberater fehlerhaft über Investitionszulagen belehrt, beginnt die Verjährung allerdings – mangels Steuerbescheid – mit der Auftragsvergabe der vermeintlich förderfähigen Bauleistung[388].

d) Der Sekundäranspruch

Allerdings konnte an die Stelle eines verjährten Primäranspruches ein Sekundäranspruch aufgrund unterlassener Belehrung durch den Steuerberater treten. Diese Haftung aufgrund eines „Sekundäranspruches" wurde vom BGH aus dem Haftungsrecht der Rechtsanwälte[389] übernommen[390].

---

[384] BGH, 10. 12. 1992, DB 1993, S. 680.
[385] BGH, 06. 06. 1991, DStR 1991, S. 1437 m.w.N.
[386] Seit BGH, 02. 07. 1992, DStR 1993, S. 34.
[387] BGH, 12. 02. 1998, DStR 1998, S. 3.
[388] OLG Dresden, 19. 07. 2007, DStR 2008, S. 135.
[389] Seit 1938: RG, 17. 05. 1938, RGZ 158, S. 130.
[390] BGH, 20. 01. 1982, DStR 1982, S. 297.

Dabei wird argumentiert, „einem Steuerberater müsse wie einem Anwalt bekannt sein, dass er seinem Mandanten die erforderlichen Informationen gemäß §§ 666, 675 BGB zu geben hat"[391]. Anzumerken ist, dass die Rechtsprechung bei einem „Nur"-Wirtschaftsprüfer keine Sekundärverjährung – auch bei steuerlicher Beratung – annimmt[392].

Im Ergebnis hat der Steuerberater den Auftraggeber auf den eigenen Fehler und seine daraus folgende Haftung hinzuweisen sowie über den Wortlaut der Verjährungsvorschrift des § 68 StBerG a. F.[393]. Eine Belehrungspflicht besteht aber nicht über Beginn oder Ende der Verjährung[394]. Eine schuldhafte Verletzung dieser Belehrungspflicht führt zu einer erneuten Schadensersatzpflicht. Der Mandant ist aufgrund dieses Sekundäranspruches so zu stellen, als sei die richtige Belehrung erfolgt; dabei ist davon auszugehen, dass ein Auftraggeber seinen Primäranspruch rechtzeitig vor Verjährungsablauf geltend gemacht hätte[395].

Der Sekundäranspruch setzt aber die Kenntnis des Steuerberaters von der Pflichtverletzung voraus[396]. Sie kommt auch dann nicht in Betracht, wenn der (ehemalige) Mandant vor Ablauf der Verjährungsfrist in einem anderen Beratungsverhältnis, insbesondere bei einem mit der Haftungsfrage befassten Rechtsanwalt, stand [397] oder sonst Kenntnis über den Schadensersatzanspruch und dessen Verjährung erhielt[398].

Unterbleibt die Belehrung vorsätzlich, löst dies den Sekundäranspruch aus. Bei Fahrlässigkeit ist zu unterscheiden, ob sich eine Belehrung hätte „aufdrängen" müssen oder eine Schadensersatzpflicht als „wahrscheinlich" anzusehen sei[399]. Sachgerecht erscheint es, mit dem OLG Düsseldorf[400] eine schuldhafte Pflichtverletzung nur dann anzunehmen, wenn die gebotene Pflicht zur Selbstprüfung grob fahrlässig missachtet wurde[401]. Es

---

[391] §§ 666, 675 BGB, zitiert auf S. 169.
[392] OLG Düsseldorf, 16. 12. 1999, GI 2000, S. 270; OLG Düsseldorf, 30. 10. 2007, GI 2009, S. 59; BGH, 10. 12. 2009, DB 2010, S. 159–162.
[393] BGH, 28. 09. 1995, NJW-RR 1996, S. 313.
[394] BGH, 04. 04. 1991, DStR 1991, S. 1329.
[395] BGH, 08. 05. 1984, VersR 1984, S. 663.
[396] OLG Düsseldorf, 12. 09. 1996, Stbg 1998, S. 80.
[397] OLG Koblenz, 10. 06. 1999, DStRE 2000, S. 331; BGH, 14. 12. 2000, NJW 2001, S. 826.
[398] BGH, 28. 09. 1995, NJW-RR 1996, S. 313.
[399] So für Rechtsanwälte: BGH, 10. 10. 1978, NJW 1979, S. 264.
[400] OLG Düsseldorf, 16. 06. 1982, VersR 1985, S. 92.
[401] So auch: Kuhls, Rdn. 19 zu § 68 StBerG.

muss somit eine erneute schuldhafte Pflichtverletzung des Beraters vorliegen[402].

Ein Sekundäranspruch ist zudem nur dann gegeben, wenn die pflichtwidrig unterlassene Belehrung ursächlich für die Verjährung des Primäranspruches ist[403]. Ein nach Beendigung des Auftragsverhältnisses erkannter Fehler führt nicht mehr zu einer Belehrungspflicht[404]. Auch eine schon entstandene Belehrungspflicht entfällt, wenn der Mandant vor Ablauf der Verjährung des Primäranspruchs durch einen Rechtsanwalt oder anderen Steuerberater beraten wird[405]; dies muss sich aber gerade auch auf die Regressfrage beziehen[406]. Im Ergebnis setzt der Sekundäranspruch also eine bewusste „weitere" Pflichtverletzung des Steuerberaters voraus[407]. Auch der Sekundäranspruch unterlag der Verjährung nach § 68 StBerG a. F.[408]. Der Fristbeginn ist grundsätzlich identisch mit dem Eintritt der Verjährung des Primäranspruchs[409].

> **Praxistipp**
>
> Eine Sekundärverjährung entfällt, wenn der StB den Fehler gar nicht erkannt hat und ihm dies auch nicht vorgeworfen werden kann!

3. Die Dauer der Verjährung

Die neue regelmäßige Verjährungsfrist beträgt drei Jahre[410]. Dieselben Grundsätze gelten für Prospekthaftungsansprüche gegen einen Steuerberater[411].

Allerdings ist die Kenntnis des Geschädigten – oder die grob fahrlässige Unkenntnis – von dem Sachverhalt Voraussetzung, um die Verjährung in

---

[402] BGH, 14. 05. 2009, DStRE 2009, S. 1152.
[403] BGH, 04. 04. 1991, DStR 1991, S. 1329; OLG Düsseldorf, 13. 02. 1997. GI 1998, S. 124.
[404] BGH, 01. 02. 1990, BB 1990, S. 733; OLG Celle, 06. 05. 2009, 3 U 294/08.
[405] BGH, 04. 04. 1991, DStR 1991, S. 1329; OLG Hamm, 17. 06. 1992, DStR 1993, S. 1724.
[406] BGH, 13. 04. 2006, DStRE 2007, S. 174.
[407] So ausdrücklich: BGH, 17. 07. 2008, DStR 2009, S. 134.
[408] BGH, 23. 05. 1985, NJW 1985, S. 2250.
[409] BGH, 08. 12. 1994, NJW 1995, S. 2108.
[410] § 195 BGB, zitiert auf S. 165.
[411] Siehe o. auf S. 35.

Gang zu setzen[412]. Eine rechtliche Bewertung des Sachverhaltes ist nicht notwendig[413]. Ansonsten beträgt die Frist nach Entstehung des Anspruches nunmehr gemäß § 199 Abs. 3 Nr. 1 BGB 10 Jahre, wenn keine Kenntnis des Geschädigten vorliegt[414].

Die Verjährungsfrist beginnt an dem Tag, der auf die Entstehung des Ersatzanspruches folgt und endet nach Ablauf von 3 Jahren zum Jahresende[415]. Dabei muss der Schaden nur „dem Grunde nach" entstanden sein; die konkrete Höhe braucht nicht bekannt zu sein[416]. Die Frist beginnt allerdings frühestens mit dem Zugang eines für den Mandanten nachteiligen Steuerbescheids, auch wenn der Berater eine Ausschlussfrist versäumt hat[417] oder eine fehlerhafte Vertragsberatung des StB Ursache für spätere nachteilige Steuerfestsetzungen war[418].

Bei einer Schadensverursachung ohne späteren belastenden Steuerbescheid muss sich für den geschädigten Mandanten der Schaden konkretisiert haben. So beginnt bei fehlerhafter Zuordnung des nicht sozialversicherungspflichtigen GmbH-Geschäftsführers die Verjährung mit der Bezahlung des ersten Sozialversicherungsbeitrages[419].

Bei der fehlenden Belehrung über die Entstehung von Säumniszuschlägen beginnt daher die Verjährung durch die Einforderung seitens des Finanzamtes[420].

Rät der Steuerberater fehlerhafterweise zu einer verdeckten Sacheinlage, beginnt die Verjährungsfrist erst, wenn die Gesellschaft die fortbestehende Bareinlageverpflichtung geltend macht[421].

Auch bei mehreren Beratungsfehlern beginnt die kenntnisabhängige Verjährungsfrist für jeden Beratungsfehler gesondert zu laufen[422].

---

[412] § 199 Abs. 3 Nr. 1 BGB, zitiert auf S. 165.
[413] BGH, 19. 03. 2008, BRAK-Mitt. 2008, S. 114.
[414] Vgl. insgesamt: Feiter, Verjährung von Regressansprüchen gegen StB, NWB 2006, S. 3133; § 199 Abs. 3 Nr. 1 BGB, zitiert auf S. 165.
[415] § 199 Abs. 1 BGB, zitiert auf S. 165.
[416] BGH, 23. 06. 2005, INF 2005, S. 771.
[417] BGH, 03. 11. 2005, DStR 2006, S. 443.
[418] BGH, 13. 12. 2007, DStRE 2008, S. 788.
[419] BGH, 29. 05. 2008, GI 2009, S. 47.
[420] BGH, 05. 03. 2009, DStRE 2009, S. 1028.
[421] BGH, 19. 05. 2009, DStR 2009, S. 1769.
[422] BGH, 09. 11. 2007, BRAK-Mitt. 2008, S. 59; anders bei einem Beratungsfehler, der sich in mehreren Veranlagungszeiträumen auswirkt: BGH, 12. 11. 2009, DStR 2010, S. 511.

Zulässig sind abändernde Vereinbarungen zur Erleichterung der Verjährung, insbesondere durch Abkürzung der Verjährungsfrist, allerdings nur für fahrlässige Pflichtverletzungen[423]; hingegen sind unzulässig Vereinbarungen, die unmittelbar zum völligen Ausschluss oder zur Erschwerung der Verjährung führen, wie beispielsweise der vor Fristablauf erklärte Verzicht auf die Verjährungseinrede[424].

Bei gemischten Sozietäten, bei denen interdisziplinär zusammengearbeitet wird[425], konnten sich je nach dem einschlägigen Berufsrecht auch unterschiedliche Verjährungsfristen ergeben[426]; dieses hat sich nach dem für alle Berater nunmehr identisch geregelten Verjährungsvorschriften nach Ablauf der Übergangszeit erledigt.

4. Die Hemmung der Verjährung

Nach Ablauf der Verjährungsfrist erlischt zwar der Ersatzanspruch gegen den Steuerberater nicht, diesem steht jedoch ein Leistungsverweigerungsrecht zu[427]. Der Steuerberater muss die Verjährung als Einrede ausdrücklich geltend machen.

Allerdings kann sich der Ablauf der Verjährung durch Hemmung verzögern. So ist die Verjährung gehemmt, solange Verhandlungen zwischen den Parteien geführt werden[428] oder solange die Leistung gestundet oder der Verpflichtete aus einem anderen Grund vorübergehend zur Verweigerung der Leistung berechtigt ist[429]. Beispielsweise können entsprechende Vereinbarungen getroffen werden, um die Entscheidung eines Rechtsstreites oder den Erlass eines Steuerbescheides oder einer Einspruchsentscheidung oder das Ergebnis einer Außenprüfung abzuwarten[430]. Bloße Anfragen des Mandanten – auch über eine zur Vermittlung gem. § 76 Abs. 2 Nr. 3 StBerG eingeschaltete Steuerberaterkammer – über eine even-

---

[423] § 202 Abs. 1 BGB; Verkürzung bis auf sechs Monate möglich nach BGH, 10. 05. 1990, NJW-RR 1991, S. 35; dies stellt nach BGH, 04. 06. 1987, MDR 1988, S. 24, eine sinngemäße Haftungsbeschränkung dar.
[424] BGH, 20. 01. 1976, NJW 1976, S. 2344.
[425] Siehe o. S. 29.
[426] LG Leipzig, 24. 06. 1999, GI 2000, S. 305; OLG Düsseldorf, 16. 12. 1999, GI 2000, S. 270.
[427] § 214 Abs. 1 BGB.
[428] OLG Düsseldorf, 03. 07. 2006, GI 2007, S. 54.
[429] §§ 203–205 BGB; § 203 BGB, zitiert auf S. 165.
[430] BGH, 26. 09. 1969, MDR 1970, S. 128.

tuelle Regresspflicht des Steuerberaters hemmen den Ablauf der Verjährung hingegen ohne weiteres nicht[431].

Die Verjährung beginnt außerdem bei Anerkenntnis des Beraters erneut[432]. Ein Anerkenntnis liegt auch vor, so eine Abschlagszahlung erfolgt oder eine Sicherheitsleistung erbracht wird. Dabei reicht ein Anerkenntnis dem Grunde nach aus; Einwendungen zur Höhe der anerkannten Forderung sind sodann weiterhin möglich.

Kein Anerkenntnis stellt die Aufforderung des Mandanten dar, den Ersatzanspruch geltend zu machen oder das Einschalten des Berufshaftpflichtversicherers. Dies gilt gleichermaßen für den Hinweis des Steuerberaters, dass dieser sich um die Regulierung durch die Versicherung bemüht[433]. Im Einzelfall können solche Erörterungen aber nach dem neuen Verjährungsrecht „Verhandlungen" i.S.v. § 203 BGB darstellen[434], die die Verjährung hemmen. Demgegenüber stellt ein verbindliches Vergleichsangebot zugleich ein Anerkenntnis dar[435] wie auch eine ausdrückliche Haftungsbestätigung gegenüber einem Dritten, beispielsweise dem Finanzamt oder Finanzgericht, wovon der Mandant Kenntnis erhält[436]. Auch die BHV kann verhandeln oder sogar – auch gegen die Ansicht des StB – die Schadensersatzpflicht anerkennen[437].

Gemäß § 204 Abs. 1 Nr. 1 BGB erfolgt die Unterbrechung der Verjährung durch Klage des Mandanten, aber auch durch Zustellung des Mahnbescheides[438], Anmeldung des Anspruchs bei Insolvenzen[439], bei Geltendmachung der Aufrechnung im Prozess, Streitverkündung oder Vornahme einer Vollstreckungshandlung[440]. Eine Klage, die zunächst einen anderen Grund für den behaupteten Schadensersatz nennt, unterbricht nicht die Verjährung[441]. Die Unterbrechung bewirkt, dass der Verjährungszeitraum erneut abgelaufen sein muss, bevor die Verjährungseinrede erfolgreich erhoben werden kann.

---

[431] Gräfe u. a., Tz. 953 m. w. N.; OLG Frankfurt/Main, 15. 08. 2008, GI 2009, S. 168.
[432] § 212 BGB.
[433] LG Tübingen, 30. 10. 1979, StB 1981, S. 127.
[434] § 203 BGB, zitiert auf S. 165.
[435] BGH, 28. 02. 1969, VersR 1969, S. 567.
[436] BGH, 15. 12. 1958, BB 1959, S. 354.
[437] BGH, 11. 06. 2006, Stbg 2007, S. 136.
[438] § 204 Abs. 1 Nr. 3 BGB.
[439] § 204 Abs. 1 Nr. 10 BGB.
[440] Vgl. § 204 Abs. 1 Nr. 5–9 BGB.
[441] BGH, 21. 03. 2000, INF 2000, S. 542.

Die Hemmung bewirkt hingegen nur, dass der Zeitraum während dieses Umstandes in die Verjährungsfrist nicht eingerechnet wird[442]. Diese Verlängerung wird unter Beachtung von § 203 S. 2 BGB genau berechnet und ist für den geschädigten Mandanten eine Falle, seinen Ersatzanspruch doch noch zu verlieren.

> **Praxistipp**
>
> Um keine Hemmung der Verjährung zu bewirken, sind entsprechende Anfragen des Mandanten nur nach vorheriger Abstimmung mit der BHV inhaltlich zu beantworten!

VI. Die Begrenzung von Ersatzansprüchen

Nach § 67a StBerG[443] haben die Angehörigen der steuerberatenden Berufe die Möglichkeit einer Haftungsbeschränkung. Dabei sind folgende Beschränkungsmöglichkeiten zu unterscheiden: die Haftungsbeschränkung in der Höhe und die Haftungsbeschränkung auf den handelnden Sozietätspartner[444].

1. Der Haftungsausschluss

Nicht erwähnt wird in dieser Vorschrift ein vollständiger Haftungsausschluss. So ist eine Haftung für eigenen Vorsatz nicht abdingbar[445] und nicht durch Vertragsvereinbarungen zu vermeiden.

Dem gegenüber kommt ein Ausschluss der Haftung für eigenes fahrlässiges Verhalten oder für jedes Verschulden von Erfüllungsgehilfen in Betracht[446]. § 43 Abs. 2 BOStB bestimmt zwar, dass der „Ausschluss der Haftung nicht zulässig" sei. Konkretisiert wird dies allerdings im Absatz 1 der Vorschrift, wonach Beschränkungsmöglichkeiten in Bezug auf den Ersatz eines fahrlässig verursachten Schadens durch § 67a StBerG oder andere Gesetze wie beispielsweise § 8 Abs. 2 PartGG gegeben sind[447].

---

[442] § 209 BGB.
[443] § 67a StBerG, zitiert auf S. 193.
[444] Ausführlich: BHStB-Späth, Fach I, 97–122.
[445] § 276 Abs. 3 BGB, zitiert auf S. 167.
[446] Arg. ex. § 278 S. 2 BGB; zitiert auf S. 167.
[447] § 67a StBerG, zitiert auf S. 193; § 8 PartGG, zitiert auf S. 202f.

2. Zulässige Haftungsbegrenzungen

§ 67a StBerG regelt seit Inkrafttreten aufgrund des 6. Steuerberatungsänderungsgesetzes im Jahre 1994 die Möglichkeiten der Haftungsbeschränkung[448]. Dabei ist die Haftungsbeschränkung „in der Höhe" von der Haftungsbeschränkung auf den „handelnden Sozietätspartner" zu unterscheiden. Auch kann die Länge der Verjährungsfrist durch Vereinbarung verkürzt werden, was im Ergebnis eine Haftungsbegrenzung darstellt.[449]

a) Haftungsbeschränkung auf Höchstbeträge

Nach § 67a Abs. 1 StBerG darf der Steuerberater den Schadensersatzanspruch des Mandanten beschränken. Dies kann durch eine schriftliche Vereinbarung im Einzelfall[450], unter bestimmten Voraussetzungen aber auch durch vorformulierte Vertragsbedingungen erfolgen[451].

In beiden Fällen ist eine Haftungsbeschränkung allerdings nur für Schadensersatzleistungen bei fahrlässig verursachten Schäden zulässig[452]. Bei einer schriftlichen Vereinbarung „im Einzelfall" muss die Haftungsbeschränkung durch ein gesondertes Schriftstück vereinbart werden. Der Schadensersatz darf auf einen Betrag bis zur Höhe der Mindestversicherungssumme begrenzt werden. Diese beträgt zur Zeit 250.000 €[453]. Der Berater sollte gerade bei komplizierten Sachverhalten auf eine solche Haftungsbeschränkung im Einzelfall achten: Gerade in Fällen des kurzfristig drohenden Fristablaufes, der Notwendigkeit des Beachtens ausländischen Steuerrechtes oder bei bislang nicht entschiedenen Rechtsfragen bietet sich eine solche Einzelvereinbarung an[454].

Schwierigkeiten bereitet die Abgrenzung einer „Einzelfallvereinbarung" von einer „vorformulierten Vertragsbedingung". Zwar obliegt dem Mandanten die Beweislast, falls dieser sich auf eine (unwirksame) vorformulierte Vertragsbedingung des Steuerberaters beruft; da zumeist aber der

---

[448] Ausführlich: Goez, Neue Möglichkeiten der Haftungsbeschränkung für Steuerberater, INF 1994, S. 623; Waselk, Wirksame Haftungsbegrenzungen, DStR 2006, S. 817; § 67a StBerG, zitiert auf S. 193.
[449] So ausführlich: BGH, 04.06.1987, MDR 1988, S. 24.
[450] Nickert, S. 60ff.; vgl. Muster auf S. 260.
[451] Vgl. Alvermann/Wollweber, Haftungsbegrenzungsvereinbarungen der StB, DStR 2008, S. 1707; vgl. Muster auf S. 263.
[452] § 276 Abs. 3 BGB, zitiert auf S. 167.
[453] § 52 Abs. 1 DVStB.
[454] Vgl. Gräfe u.a., Tz. 766.

Steuerberater entsprechende Unterlagen zur Haftungsbeschränkung bereit hält, spricht die allgemeine Lebenserfahrung häufig dafür, dass es sich um solche vorformulierten Vertragsbedingungen handelt.

> **Praxistipp**
>
> Schlägt der Steuerberater Haftungsbegrenzungen vor, sollte unbedingt die Mindestversicherungssumme von zurzeit 1.000.000,00 Euro vereinbart sein und die Vereinbarung zu Beginn des Vertragsverhältnisses oder später mit ausdrücklichem und nachweisbarem Antrag auf Vertragsänderung sowie Zustimmung des Mandanten abgestimmt ist!

Durch vorformulierte Vertragsbedingungen i.S.v. § 305 Abs. 1 BGB[455], so genannte allgemeine Auftrags- oder Geschäftsbedingungen, können Steuerberater ihre Haftung für einen fahrlässig verursachten Schaden auf den vierfachen Betrag der Versicherungssumme beschränken[456]. Dieser beträgt zur Zeit mindestens 1.000.000 €[457]. Bei einer entsprechenden Haftungsbeschränkung in den vorformulierten Auftragsbedingungen muss aber auch tatsächlich ein entsprechender Versicherungsschutz vorliegen[458].

> **Praxistipp**
>
> Gerade Berufsanfänger und Syndikus-Steuerberater im Bereich ihrer selbständigen (Neben-)Tätigkeit sollten unbedingt eine Haftungsbegrenzung vereinbaren, da die Mindestversicherungssumme schnell „ausgereizt" sein kann!

b) Haftungsbeschränkung auf den handelnden Sozietätspartner

Außerdem gibt § 67a StBerG im Absatz 2 die Möglichkeit, die persönliche Haftung durch vorformulierte Vertragsbedingungen auf das Mitglied der Sozietät zu beschränken, das das Mandat bearbeitet[459]. Dabei sind folgende Voraussetzungen zu beachten:

---

[455] Früher § 1 Abs. 1 AGB-Gesetz.
[456] Ausführlich: BHStB-Späth, Fach I, 47.
[457] § 52 Abs. 1 DVStB.
[458] § 67a Abs. 1 Nr. 2 StBerG, zitiert auf S. 193.
[459] Allg.: Nickert, S. 66 f.; Jungk, Haftungsrechtliche Probleme in der interprofessionellen Sozietät, AnwBl. 2009, S. 865, 867; vgl. Muster auf S. 262.

Die Haftungsbeschränkung auf den handelnden Sozietätspartner muss gesondert erfolgen, darf also keine anderen Erklärungen enthalten, der Sachbearbeiter muss namentlich bezeichnet werden und der Mandant muss die Erklärung gesondert unterschreiben.

Für Sozietäten, die die Haftung nicht auf den beratenden Sozietätspartner beschränken, gilt ansonsten die Regel, dass eine gesamtschuldnerische Haftung jedes einzelnen Sozietätspartner aufgrund von §§ 709, 714, 427, 431 BGB besteht[460]. Der Mandant kann also einen Sozietätspartner „seiner Wahl" in Regress nehmen; dies braucht nicht der Sozius zu sein, der das Mandat bearbeitet hat.

Bei Partnerschaften im Sinne des PartGG ist gesetzlich die Haftung auf den handelnden Partner beschränkt[461].

> **Praxistipp**
>
> Die Sozietät sollte prüfen, ob auch wegen der Haftungsbegrenzung auf den betreuenden Gesellschafter die Rechtsform der Partnerschaft nicht vorzuziehen ist!

c) Haftungsbegrenzung durch AGB

Aufgrund eines evidenten praktischen Bedürfnisses werden häufig allgemeine Geschäftsbedingungen oder allgemeine Auftragsbedingungen vereinbart[462]. Solche sind alle für eine Vielzahl von Verträgen vorformulierte Vertragsbedingungen, die eine Vertragspartei (Verwender), hier also der Steuerberater, der anderen Vertragspartei bei Abschluss eines Vertrages stellt[463]. Sie liegen nicht vor, wenn die Vertragsbedingungen im Einzelnen ausgehandelt sind; derartige individuelle Vertragsabreden haben Vorrang[464].

Verkannt wird häufig, dass eine wirksame Einbeziehung von AGB in den Vertrag erfordert, dass der Steuerberater schon bei Vertragsabschluss den Mandanten ausdrücklich auf diese hinweist und sie ihm zur Kenntnis gibt

---

[460] Siehe oben unter I.2.
[461] § 8 Abs. 2 PartGG, zitiert auf S. 202 f.
[462] Vgl. allg.: Burhoff, Mandatsbedingungen der Steuerberater und AGB-Gesetz, NWB 1992, S. 717–722.
[463] § 305 Abs. 1 BGB; zur „Vorformulierung" vgl. MK/Basedow, Rdn. 13–16 zu § 305 BGB.
[464] §§ 305 Abs. 1 S. 3, 305 b BGB; zur Abgrenzung von AGB zur Individualabrede vgl. MK/Basedow, Rdn. 5 zu § 305 b BGB.

sowie der Mandant sein Einverständnis für die Geltung erklärt[465]. Die schlichte Beifügung zu einer schon erstellten Bilanz – also lange nach Vertragsabschluss – oder zu einer sonstigen Leistung im nachhinein ohne vorherige Vereinbarung reicht regelmäßig nicht aus; nur ausnahmsweise kann in solchen Fällen – zumindest bei geschäftserfahrenen Personen – eine Wirkung für die Zukunft angenommen werden[466]. Auch ist erneut auf die Hinweispflicht bei Vorlage von Testaten, Bilanzen oder anderen Arbeitsergebnissen zur Vermeidung einer uneingeschränkten Haftung gegenüber Dritten (insbesondere Kreditinstitute) hinzuweisen[467].

Gemäß § 67a Abs. 1 Nr. 2 StBerG kann die Haftung durch AGB auf den vierfachen Betrag der Mindestversicherungssumme beschränkt werden[468], wenn für den einzelnen Schadensfall Versicherungsschutz in entsprechender Höhe besteht.

Unwirksam ist eine Haftungsbeschränkung gemäß § 309 Nr. 7 BGB, wenn der Schaden durch eine grob fahrlässige Pflichtverletzung des Steuerberaters oder seiner Mitarbeiter verursacht wird. Unwirksam wäre auch eine formularmäßige Einschränkung von Vertragspflichten, die für die Auftragserfüllung als wesentlich oder als übliche Nebenpflicht anzusehen ist. Mit solchen Klauseln braucht der Mandant in AGB nicht zu rechnen.

Praxistipp

Bei Vertragsabschluss ist sicherzustellen, dass der (neue) Mandant die AGB erhalten hat; ggf. sollte dies durch ein Bestätigungsschreiben über die Auftragsannahme unter erneuter Beifügung der AGB manifestiert werden!

d) Haftungsbegrenzung durch Verkürzung der Verjährungsfrist

Wenig von Steuerberatern genutzt, stellt sich doch die Haftungsbegrenzung durch Verkürzung der Verjährungsfrist als weitere „Selbstschutzmaßnahme" dar.

Klarzustellen ist, dass nicht nur die sinngemäße Haftungsbegrenzung wie beispielsweise auf die Höhe der Haftungssumme, sondern sich auch eine

---

[465] § 305 Abs. 2 BGB.
[466] Vgl. ausführlich Kuhls, Tz. 20 zu § 67a StBerG.
[467] Siehe S. 36.
[468] Siehe o. S. 92; § 67a StBerG, zitiert auf S. 193; Muster auf S. 263.

Die Begrenzung von Ersatzansprüchen

Abkürzung der Verjährungsfrist als Beschränkung der Haftung darstellen wird.[469]

Allerdings kann eine Verkürzung der Verjährungsfrist bei fehlender Kenntnis des Mandanten von seinem Anspruch wegen Verstoßes gegen § 307 Abs. 2 BGB regelmäßig nicht wirksam vereinbart werden[470]. Grundsätzlich ist ansonsten – bei Kenntnis – eine Verkürzung möglich[471], wobei die Rechtsprechung eine solche sogar auf bis zu sechs Monate zulässt[472]. Vorsicht ist allerdings bei der Ausformulierung im Hinblick auf die neuere Rechtsprechung geboten: Die Begrenzung muss neben der Fälligkeit des Anspruches insbesondere auch die „Kenntnis des Geschädigten" festlegen und diesem die Durchsetzung des Schadensersatzanspruches in angemessener Zeit ermöglichen[473].

Auch mag im Hinblick auf die deutliche Abweichung von den gesetzlichen Vorgaben[474] die Verkürzung der Verjährungsfrist in vorformulierten Vertragsbedingungen oder AGB kritisch gesehen werden, so dass es sich anbietet, insofern individuelle Klauseln mit dem (neuen) Mandanten zu vereinbaren.

> **Praxistipp**
>
> Wenn beispielsweise zur Haftungsbegrenzung auf den Mindestversicherungsvertrag eine individuelle Vereinbarung abgeschlossen wird, sollte auch eine „Verkürzung der Verjährung auf sechs Monate nach Fälligkeit und Kenntnis von dem Anspruch" mit dem Mandanten vereinbart werden!

Zur Vervollständigung ist anzumerken, dass jedenfalls durch Individualvereinbarungen auch die Verkürzung der Verjährung bei Unkenntnis des Mandanten von seinem Anspruch auf die Hälfte der 10-Jahres-Frist vereinbar sein dürfte. Aber auch insofern muss die Rechtsprechung weiter beobachtet werden.

---

[469] Vgl. zur Einordnung als „Haftungsbeschränkung": BGH, 04.06.1987, MDR 1988, S. 24.
[470] So bei einer Verkürzung auf nur 1 Jahr ohne Kenntnis des Mandanten: BGH, 22.02.1979, NJW 1979, S. 1550.
[471] § 202 Abs. 1 BGB.
[472] So ausdrücklich: BGH, 10.05.1990, NJW-RR 1991, S. 35.
[473] BGH, 02.07.1992, DStR 1993, S. 34; BGH, 02.07.1992, DStR 1993, S. 34; OLG Düsseldorf, 21.04.2009, S. 2219.
[474] Palandt-Heinrichs, Rdn. 16 zu § 202 BGB.

VII. Der Haftpflichtprozess

Kommt es zu einem Haftpflichtprozess[475], wird sich der Berater regelmäßig der Mithilfe seiner Berufshaftpflichtversicherung versichern[476]. Diese wird auch die Kosten eines versierten Rechtsanwaltes übernehmen.

Die Praxis zeigt, dass ein Steuerberater ohne entsprechende Hilfestellung vor dem Zivilgericht aufgrund seiner anderen Qualifikationen überfordert sein dürfte. Gerade die Abwehr eines Regresses aber ist wesentlich für die berufliche Zukunft: Häufig steht das Ansehen des Beraters bei seinen Mandanten und der interessierten Öffentlichkeit auf dem Spiel.

1. Die prozessualen Grundlagen

Das Regressverfahren gegen Steuerberater wird entsprechend der Schadenshöhe vor dem Amts- bzw. dem Landgericht (ab 5.000,00 €) am Wohnort oder am Ort der beruflichen Niederlassung des beklagten Steuerberaters durchgeführt.

Ist der Schaden bezifferbar, wird von dem (angeblich) geschädigten Anspruchsteller eine Leistungsklage auf Zahlung erhoben; ist – gerade bei drohendem Eintritt von der Verjährung[477] – der Schaden noch nicht bezifferbar, ist die richtige Klageart eine Feststellungsklage. Mit Letzterer wird begehrt, „festzustellen", dass aus einem bestimmten Sachverhalt der entstandene Schaden – ggf. zuzüglich Nebenkosten oder Kosten für vorprozessuale Korrespondenz sowie Zinsen ab Geltendmachung des Schadens – auszugleichen ist.

Ein Rechtsschutzbedürfnis für eine Feststellungsklage besteht aber nur dann, wenn tatsächlich der Schaden nicht berechenbar ist; allein die Komplexität der Schadensberechnung erlaubt es dem anspruchstellenden Kläger nicht, zur Vereinfachung eine Feststellungsklage zu erheben.

Andererseits kann das erkennende Gericht zwischen Anspruchsgrund und Anspruchshöhe durchaus per Urteil unterscheiden: Bleibt die Höhe der Forderung (noch) strittig, kann das Gericht vorab durch Zwischenurteil gemäß § 304 Abs. 1 ZPO über den Grund entscheiden. Dabei hat es auch über ein eventuelles Mitverschulden des Anspruchstellers mit zu entscheiden[478].

---

[475] Ausführlich: BHStB-Späth, Fach I, 182.
[476] Vgl. ausführlich unter D., S. 149 ff.
[477] OLG Düsseldorf, 29. 01. 2008, GI 2009, S. 127.
[478] BGH, 17. 10. 1991, NJW 1992, S. 307.

Vom Grundsatz her kann – wohl zumeist aus Kostenersparnisgründen – der anspruchstellende Kläger auch eine „Teilklage" erheben. Hier ist besonders sorgfältig zu prüfen, ob der verklagte Steuerberater nicht eine negative Feststellungsklage erheben soll[479], um feststellen zu lassen, dass auch hinsichtlich des übrigen (angeblichen) Schadens der Klage kein Erfolg beschieden ist, sei es mangels Pflichtverletzung oder mangels Kausalität, sei es wegen Verjährung oder anderer Gründe.

Der Steuerberater braucht sich nicht auf einen „Deal" mit dem Kläger einzulassen, wonach dieser im Falle der Abweisung der Teilklage zusagt, den Rest der Gesamtforderung nicht erneut geltend zu machen[480].

2. Die Darlegungs- und Beweislast

Grundsätzlich hat derjenige, der einen Regressanspruch gegen den Steuerberater geltend macht, die Grundlagen und die Höhe des Anspruchs substantiiert darzulegen und zu beweisen[481]. Das Vorbringen des Antragstellers ist somit auf seine innere „Schlüssigkeit" zu prüfen. Ist danach aufgrund des einseitigen Vorbringens des Mandanten der Tatbestand einer positiven Vertragsverletzung oder eines anderen Grundes für eine Haftung objektiv festzustellen, stellt sich dies aber aus Sicht des Beraters als falsch dar und er macht „erhebliche" Einwendungen, ist zur Erforschung des wahren Sachverhaltes Beweis zu erheben. Dann kommt es auf die Frage an, wer welche Vorgaben zu beweisen hat. Diese Beweislast hat erfahrungsgemäß im Zivilprozess oft prozessentscheidende Bedeutung[482].

Während der Tatbestand und der Ursachenzusammenhang zwischen Pflichtverletzung und Schaden von dem Antragsteller zu beweisen ist[483], muss regelmäßig der Steuerberater, soweit es um Schadensursachen in seinem Verantwortungsbereich geht, beweisen, dass ihn kein Verschuldensvorwurf trifft[484]. Im Einzelnen hat sich hier die Rechtsprechung im Laufe der Zeit dahingehend verfestigt, dass Anwaltsregress einerseits und Steuerberaterhaftung andererseits einheitlich betrachtet werden[485].

---

[479] Vgl. BGH, 05.07.1993, NJW 1993, S. 2609.
[480] OLG Hamm, 02.03.2006, 27 U 140/05.
[481] Nickert, S. 31.
[482] Vgl. bspw. für eine Entscheidung nach Beweislast: BGH; 05.02.2009, DStRE 2009, S. 966.
[483] BGH, 05.11.1992, NJW 1993, S. 734; Zugehör 2009, Tz. 58.
[484] BGH, 03.12.1992, BB 1993, S. 244 m.w.N.
[485] Vgl. ausführlich Späth, Rz. 635–664.

Ein Sonderfall ist der Schadensersatzanspruch wegen Versäumung einer Rechtsbehelfs- oder Rechtsmittelfrist. Dabei ist entscheidend, wie bei Einhaltung der Frist die Behörde oder das Gericht richtigerweise hätte entscheiden müssen. Hier entscheidet also das Zivilgericht als Regressrichter über die „richtige" Steuerfestsetzung[486].

Allerdings hat das Regressgericht regelmäßig eine ergangene Entscheidung der Finanzgerichte als „Fachgerichte" zugrunde zu legen[487].

Zu berücksichtigen ist hier, dass es im Verfahren vor dem Finanzamt oder dem Finanzgericht zwar keine „Beweislast", wohl aber eine „Feststellungslast" gibt. Das Risiko der Unaufklärbarkeit eines Sachverhaltes trägt im Ergebnis der Mandant. In solchen Fällen erscheint eine Anwendung von § 139 ZPO richtig, so dass eine gleichwohl verbleibende Unaufklärbarkeit zu Lasten des Anspruchstellers geht.

Trägt der Berater konkret vor, er habe zu einem Rechtsmittel geraten, muss der Mandant beweisen, dass eine solche Beratung nicht stattgefunden hat[488].

Während für die Grundlagen eines Schadensersatzanspruchs der „strenge Beweis" i.S.v. § 286 ZPO erforderlich ist, somit ein „Anscheinsbeweis" regelmäßig ausscheidet[489], gilt für die Höhe des Anspruchs eine „erleichterte Beweisführung" gemäß § 287 ZPO. Hingegen hat der Berater den Einwand eines mitwirkenden Verschuldens des Mandanten wiederum gemäß § 286 ZPO zu beweisen.

Als Beweismittel kommen Urkunden (z.B. Auftragsvereinbarung, Aktenvermerke, Schriftverkehr), Zeugen (Mitarbeiter des Steuerberaters oder des Mandanten), Augenschein (Besichtigung der Kanzlei) und Sachverständigenbeweis in Betracht. Gerade letzteres wird regelmäßig im Regressprozess angeboten. Bei der Bestellung sollte darauf geachtet werden, dass das Gericht einen sachkundigen (anderen Berufsangehörigen) Gutachter bestellt. Wegen der erheblichen Relevanz der Feststellungen des Sachverständigen hat regelmäßig jede Partei Anspruch gegenüber dem Regressgericht auf persönliche Befragung des Gutachters[490]. Auch kann die zu-

---

[486] BGH, 15.11.2007, BRAK-Mitt. 2008, S. 57; dabei hat das Regressgericht ggf. sogar zu prüfen, wie das Amtsgericht hypothetisch richtigerweise hätte entscheiden müssen: OLG Karlsruhe, 15.07.2008, GI 2009, S. 125.
[487] BGH, 05.03.2009, NJW 2009, S. 1422.
[488] BGH, 05.02.1987, NJW 1987, S. 1322; OLG Köln, 10.07.1991, Stbg 1992, S. 59.
[489] BGH, 20.03.2008, DStR 2008, S. 1306; BGH, 05.02.2009, DStRE 2009, S. 966; OLG Düsseldorf, 28.08.2009, DStR 2010, S. 355.
[490] BGH, 14.07.2009, AnwBl. 2009, S. 804.

ständige Steuerberaterkammer gem. § 76 Abs. 2 Nr. 7 StBerG mit der Erstellung des Gutachtens vom Gericht beauftragt werden[491].

Nur in Ausnahmefällen kommt darüber hinaus als Beweis – mangels anderer Beweismittel – die Parteivernehmung zum Zuge. Ein „Anscheinsbeweis" genügt möglicherweise im Einzelfall bei typischen Geschehensabläufen. Dabei wird von der Erfahrung ausgegangen, dass ein Mandant sich bei einer Beratung vernünftig verhält und rechtlich konsequent – somit „beratungskonform" – handelt[492]. Für die Ausnahme von dieser Regel wäre der Berater beweispflichtig: Dieser müsste besondere Umstände darlegen und Tatsachen nachweisen, die die konkrete Möglichkeit eines anderen als des erfahrungsgemäßen Sachverhaltsablaufes ergeben.

> **Praxistipp**
>
> Die BHV des Steuerberaters vermittelt im Regressrecht versierte Rechtsanwälte; wegen der Komplexität des (zumeist steuerrechtlich schwierigen) Themas ist die Beauftragung „irgendeines" Anwaltes äußerst gefährlich!

VIII. Berufsrechtliche Konsequenzen bei Steuerberaterregressen?

Zunächst ist darauf hinzuweisen, dass es sich bei einem insbesondere fahrlässig begangenen Fehler in der Mandatsbetreuung keineswegs auch gleichzeitig um eine Berufspflichtverletzung handeln muss.

Eine Berufspflichtverletzung setzt – neben der Verletzung der Vertragspflichten – einen zusätzlichen „disziplinären Überhang" voraus[493]; dabei soll nicht „bestraft" werden, sondern im Rahmen der Berufsaufsicht oder einer berufsgerichtlichen Entscheidung neben der Bewertung der Berufspflichtverletzung für die Vergangenheit auch die Belehrung für die Zukunft in den Vordergrund gestellt werden[494].

Allerdings kann im Hinblick auf einen erfolgten Fehler regelmäßig die zum Regress führende Fehlhandlung des Steuerberaters unter § 57 Abs. 1

---

[491] Kuhls/Goez, Rdn. 68–76 zu § 76 StBerG.
[492] BGH, 13. 11. 1997, WM 1998, S. 297.
[493] Auch bei strafgerichtlicher Verurteilung, bspw. bei Vorenthaltung von Sozialabgaben: LG Potsdam, 17. 11. 2008, NWB 2009, S. 3896.
[494] Kuhls/Goez, Rdn. 4 zu § 81 StBerG.

StBerG („Allgemeine Berufspflichten") subsumiert werden[495]. Nach dieser Vorschrift haben Steuerberater ihren Beruf eigenverantwortlich, gewissenhaft und verschwiegen auszuüben. Zu der Eigenverantwortlichkeit gehört es gerade, nicht ungeprüft Anweisungen des Mandanten Folge zu leisten, insbesondere, wenn diese in Richtung einer Steuerhinterziehung gehen können. Zur Gewissenhaftigkeit der Berufsausübung gehört es, eine entsprechende Büroorganisation vorzuhalten in Bezug auf Praxisräume, Mandanten- und Handakten, Fristenwahrung, Vertretungsregelung und nicht zuletzt der Fortbildungsverpflichtung[496] (nunmehr ausdrücklich ergänzend in § 57 Abs. 2a StBerG gesetzlich statuiert)[497]. Ebenfalls wäre ein Verstoß gegen die Pflicht zur „Gewissenhaftigkeit" der Berufsausübung, den Nachfolgeberater nicht über relevante Fragen zu informieren, bspw. über noch erfolgte ergänzende Erläuterungen von Arbeitsergebnissen gegenüber dem Finanzamt seitens des Vorberaters[498].

Bei den für die Berufsaufsicht zuständigen Steuerberaterkammern beschweren sich (vermeintlich) geschädigte Auftraggeber nicht nur im Hinblick auf eine zivilrechtliche Regulierung der Angelegenheit durch Vermittlung[499], sondern auch im Hinblick auf eine Überprüfung der Handlungen des Steuerberaters im Wege der Berufsaufsicht[500]. Die Steuerberaterkammern haben sodann ein entsprechendes Verfahren aufzunehmen; allerdings verweist hinsichtlich der Verfahrensvorschriften § 153 StBerG auf die entsprechenden Vorschriften der Strafprozessordnung. Nach § 154d StPO kann daher die Steuerberaterkammer – und wird dies auch regelmäßig tun – das berufsaufsichtliche Verfahren aussetzen, bis die zivilrechtliche Seite der Angelegenheit geklärt ist. Häufig wird sodann das Berufsaufsichtsverfahren mangels „disziplinären Überhanges" ohne weitere Maßnahme von der Kammer eingestellt werden.

In gravierenden Fällen wird allerdings sodann die Steuerberaterkammer weiter im Rahmen der Berufsaufsicht tätig werden. Als Verwaltungsmaßnahme steht ihr das Recht der Rüge bei Berufspflichtverletzungen geringeren Ausmaßes zu (§ 76 Abs. 2 Nr. 4 i.V.m. § 81 StBerG). Nach Anhörung des Berufsangehörigen wird der Vorstand der Steuerberaterkammer ent-

---

[495] § 57 Abs. 1 StBerG, zitiert auf S. 191.
[496] Kuhls/Maxl, Rdn. 153–165 zu § 57 StBerG;
[497] § 57 Abs. 2a StBerG, zitiert auf S. 191.
[498] LG Frankfurt/Main, 13.03.2009, DStR 2009, Heft 43, S. XII.
[499] „Vermittlungstätigkeit" der StBKa gem. § 76 Abs. 2 Nr. 3 StBerG.
[500] „Berufsaufsichtszuständigkeit" der StBKa gem. § 76 Abs. 1 und Abs. 2 Nr. 1 und Nr. 4 StBerG.

scheiden, ob eine Maßnahme überhaupt notwendig ist; gerade bei fahrlässig begangenen Berufspflichtverletzungen geringeren Ausmaßes wird eine Einstellung des Verfahrens, u. U. ergänzt um eine „missbilligende Belehrung"[501], erfolgen können. Rechtsmittel gegen eine zu Unrecht ergangene Belehrung ist die Anfechtungsklage beim Verwaltungsgericht[502].

Wird auf Rüge entschieden, kann der Berufsangehörige hiergegen gemäß § 81 Abs. 5 StBerG Einspruch einlegen und bei Zurückweisung des Einspruchs sodann gemäß § 82 StBerG Antrag auf berufsgerichtliche Entscheidung stellen.

Gefährlicher für den Steuerberater ist es, falls die Kammer entweder eine nicht geringe Schuld bei der Berufspflichtverletzung sieht oder aber sich nicht in der Lage sieht, den Sachverhalt ausreichend aufzuklären. Sodann wird der Vorstand der Steuerberaterkammer den Vorgang gemäß § 81 Abs. 1 2. Alt. StBerG an die Anschuldigungsbehörde zur Einleitung eines berufsgerichtlichen Ermittlungsverfahrens abgeben.

Das berufsgerichtliche Verfahren, beginnend mit dem Ermittlungsverfahren, ist ausführlich in den §§ 89 ff. StBerG geregelt. Zuständig für die Ermittlung und die Erhebung der Anschuldigung gegen den Berufsangehörigen ist die Staatsanwaltschaft einer eventuellen zweiten Instanz des Berufsgerichtsverfahrens (Oberlandesgericht), somit regelmäßig die Generalstaatsanwaltschaft einer Region (§ 113 StBerG).

Sollte die Anschuldigungsbehörde von einem hinreichenden Tatverdacht einer Berufspflichtverletzung ausgehen, wird sie eine Anschuldigung bei der ersten Instanz, einer speziellen Landgerichtskammer für Steuerberater- und Steuerbevollmächtigtensachen, erheben, wobei das Landgericht entsprechend der Niederlassung des Berufsangehörigen zuständig ist. Das Gericht kann das Verfahren – auch wegen Geringfügigkeit (§ 153 StBerG i. V. m. § 153 a StPO) einstellen oder eine Maßnahme erlassen. Als berufsgerichtliche Maßnahmen kommen – je nach Schwere der Berufspflichtverletzung – sodann gemäß § 90 StBerG eine Warnung, ein Verweis und/oder eine Geldbuße bis zu 50.000,00 €, sodann auch ein Berufsverbot für die Dauer von einem bis zu fünf Jahren und letztlich die Ausschließung aus dem Beruf in Betracht.

---

[501] Kuhls/Goez, Rdn. 41 zu § 76 StBerG.
[502] OVG Münster, 25. 06. 1991, NJW 1992, S. 1580; OVG Bremen, 06. 09. 1994, StB 1996, S. 195.

Gegen ein Urteil im Berufsgerichtsverfahren steht die Berufung beim zuständigen Oberlandesgericht, Senat für Steuerberater- und Steuerbevollmächtigtensachen, offen. Bei Vorliegen von Revisionsgründen oder bei dem Erkennen auf Ausschließung aus dem Beruf kann nach dem Urteil der zweiten Instanz der Bundesgerichtshof, Senat für Steuerberater- und Steuerbevollmächtigtensachen, angerufen werden.

> **Praxistipp**
>
> Sollte ein berufsrechtliches Verfahren, ob vor der Kammer oder sogar von der Generalstaatsanwaltschaft, durchgeführt werden, ist unbedingt ein versierter Verteidiger mit spezifischen Kenntnissen im Berufs- und Steuerrecht hinzuzuziehen!

C. Besondere Risiken des Steuerberaters aus dem Straf- und Insolvenzrecht

Nicht nur bei der Beteiligung an einer Steuerhinterziehung oder leichtfertigen Steuerverkürzung des Mandanten, sondern insbesondere auch in der Krise und Insolvenz des Auftraggebers bestehen erhöhte Haftungsgefahren und sogar die Gefahr der Strafbarkeit für den Steuerberater.

Im Folgenden wird hier im Hinblick auf das allgemeine Strafrecht auf besonders gefahrträchtige Situationen und im Hinblick auf die (drohende) Insolvenz aufgezeigt, dass auch in solchen Situationen Vermeidungsstrategien möglich sind.

I. Haftung des Steuerberaters aufgrund strafrechtlich relevanten Verhaltens

Insbesondere im Hinblick auf das Postulat, für den Mandanten die steuergünstigste Gestaltung zu finden[503], ist das Risiko des Überschreitens der zulässigen und rechtskonformen Grenzen in der steuerlichen Beratung gegeben.

Ist der Steuerberater Beteiligter an der Straftat des Mandanten, drohen ihm strafrechtliche Konsequenzen und die zivilrechtliche Haftungsfolge des § 71 AO[504].

1. Täter einer Steuerhinterziehung

Begeht der Mandant eine Steuerhinterziehung i.S.v. § 370 AO[505], so bestimmt § 71 AO, dass weitere Täter oder Teilnehmer an einer solchen Tat für die verkürzten Steuern und die zu Unrecht gewährten Steuervorteile sowie für die Zinsen nach § 235 AO haften.

Steuerberater können (Mit-)Täter bei einer Steuerhinterziehung sein bzw. werden. Auch wenn es sich um eine „fremdnützige" Steuerhinterziehung zu Gunsten des Mandanten handelt, kommt es auf den Einzelfall an, ob dem Steuerberater das „eigene Wissen und Wollen des Taterfolges" zugerechnet werden muss – und damit eine vorsätzliche Steuerhinterziehung.

---

[503] Seit BGH, 28.11.1966, BB 1967, S. 105; siehe o. S. 40.
[504] BFH, 07.03.2006, DStR 2006, S. 1037, m.w.N.; § 71 AO, zitiert auf S. 172.
[505] § 370 AO, zitiert auf S. 173.

Erkennt beispielsweise der Berater, dass die Buchführung des Auftraggebers Fehler aufweist und übernimmt er die fehlerhaften Werte in der Bilanz, kann die Grenze zur Steuerhinterziehung als Mittäter überschritten sein[506].

Anzumerken ist insofern, dass sich auch der Mitarbeiter des Steuerberaters in demselben Umfang strafbar machen kann, wenn dieser die Fehler des Mandanten erkannt hat.

Dennoch stellt die Mittäterschaft oder die Anstiftung zu einer Steuerhinterziehung die absolute Ausnahme dar[507].

2. Gehilfe bei einer Steuerhinterziehung

Häufiger sind die Fälle, in denen dem Steuerberater eine Beihilfe bei der Steuerhinterziehung des Mandanten vorgeworfen wird.

Nach § 27 StGB[508] wird als Gehilfe bestraft, wer vorsätzlich einem Anderen zu dessen vorsätzlich begangener rechtswidrigen Tat Hilfe geleistet hat. Es genügt, die Tat zu erleichtern, zu unterstützen oder zu fördern. Damit stellt jede Hilfeleistung gegenüber einem anderen, der eine Steuerhinterziehung erbringen will, eine Beihilfehandlung dar. Ein bloßes „Dabeisein" oder auch nur das Wissen von der Tat ist nicht ausreichend.

Allerdings Vorsicht: Durch zwar äußerlich neutrale Handlungen kann dennoch eine psychische Unterstützung des Mandanten erfolgen; auch dies kann als Beihilfehandlung gewertet werden.

Neben der generellen Strafbarkeit ist das Verdikt des § 71 AO[509] deutlich: (Auch) der Steuerberater haftet für sämtliche hinterzogenen Beträge und Zinsen[510].

Da Hintergrund der Steuerhinterziehung zwar nicht immer, aber recht häufig die fehlende Finanzkraft des Mandanten ist, verwirklicht sich hierdurch ein erhebliches Risiko, häufig nicht einmal ansatzweise kompensiert durch das erzielte Honorar.

---

[506] Wabnitz/Kummer, Handbuch des Wirtschafts- und Steuerrecht, § 18 Rdn. 54; BGH, 30. 06. 2005, wistra 2005, S. 380.
[507] Nickert, S. 124.
[508] § 27 StGB, zitiert auf S. 181.
[509] § 71 AO, zitiert auf S. 172.
[510] Vgl. BFH, 26. 08. 2002, BStBl. II 2003, S. 8.

3. Die leichtfertige Steuerverkürzung durch den Berater

Gar nicht so selten wirft allerdings auch die Finanzverwaltung dem Steuerberater vor, fremdnützig – für den Mandanten – eine leichtfertige Steuerverkürzung i. S. v. § 378 Abs. 1 AO begangen zu haben.

Grobe Fehler bei der Verbuchung im Rahmen der Finanzbuchhaltung des Mandanten, die bei überschlägiger Kontrolle oder Plausibilitätsberechnung vermeidbar gewesen wären, führen zur Einleitung entsprechender Verfahren. Vor Erlass eines entsprechendes Bußgeldbescheides allerdings hat die Finanzverwaltung der zuständigen Steuerberaterkammer Gelegenheit zur Äußerung zu geben (§ 411 AO); dies wird auch in Nr. 104 der Anweisungen für das Straf- und Bußgeldverfahren (Steuer) 2010 der Finanzverwaltung vorgegeben.

§ 378 Abs. 1 AO ist aber nicht einschlägig, wenn der Steuerberater die Steuererklärung seines Mandanten lediglich vorbereitet und diese von dem Steuerpflichtigen unterzeichnet und eingereicht wird. In einem solchen Fall fehlt es an „eigenen Angaben des Steuerberaters" gegenüber der Finanzverwaltung[511].

4. Vermeidungsstrategien

In der Beratungspraxis hat der Steuerberater daher bei Erkennen von Fehlern diese mit dem Mandanten abzuklären und richtigzustellen. Sind entsprechende steuerliche Erklärungen schon eingereicht, ist die Möglichkeit der Selbstanzeige zu prüfen. Ist auch diese Möglichkeit – beispielsweise wegen der fehlenden finanziellen Ausstattung des Mandanten zur kurzfristigen Nachentrichtung der hinterzogenen Steuerbeträge – nicht mehr gegeben, schützt den Berater eine entsprechende – im Hinblick auf die strengen Verschwiegenheitsverpflichtungen nach § 57 Abs. 1 StBerG, § 203 Abs. 1 StGB[512] – in Abstimmung mit dem Mandanten erfolgte Berichtigungsanzeige gegenüber der Finanzverwaltung.

Kann der Mandant nicht auf den Weg der „Steuerehrlichkeit" innerhalb kurzer Zeit zurückgeführt werden, muss der Berater im Hinblick auf seine Eigenverantwortung der Berufsausübung und zum Selbstschutz im Ergebnis das Mandant niederlegen. Genau dies fordert auch § 25 Abs. 3 BOStB.

---

[511] OLG Zweibrücken, 23. 10. 2008, GI 2009, S. 111; § 378 AO zitiert auf S. 176.
[512] Siehe o. S. 54.; § 57 StBerG, zitiert auf S. 191.; § 203 Abs. 1 StGB, auszugsweise zitiert auf S. 181.

Eine Rechtfertigung mit dem Hinweis, nach dem Willen des Auftraggebers gehandelt zu haben, gibt es für den Berater nicht.

> **Praxistipp**
>
> Natürlich ist die Mandatsbeendigung das letzte Mittel für den Steuerberater; zuvor sollte er versuchen, den Mandanten zur Rückkehr in die Steuerehrlichkeit zu bewegen und – ganz wichtig – dies detailliert und konsequent dokumentieren!

II. Haftung des Steuerberaters in der Krise und Insolvenz des Mandanten

Die Zahl der Insolvenzen in Deutschland steigt seit Jahren stetig an. So wird nach 29.291 Unternehmensinsolvenzen im Jahr 2008[513] erwartet, dass aufgrund der Wirtschaftskrise im Jahr 2009 bis zu 35.000 Unternehmensinsolvenzen erfolgen werden.

Daher wird die Frage einer beginnenden oder bestehenden Krise und der möglichen Insolvenz bei den Mandanten der Steuerberater immer wieder Thema sein. Hier drohen besondere Haftungsgefahren.

Zunächst ist nach der Feststellung der Ursachen einer drohenden Insolvenz in der Beratung mit dem Mandanten die (mögliche) Krisensituation des betreuten Unternehmens zu diskutieren. Die Grundzüge dieser Problematik sowie die zu vermeidende Beteiligung (Gehilfenschaft oder möglicherweise sogar Mittäterschaft) an Insolvenz- und insolvenzbegleitenden Straftaten werden daher im Folgenden dargestellt. Nur in Kenntnis der Rechtsfragen kann der Steuerberater eine Teilnahme an Delikten vermeiden, die sich aus einem fehlerhaften Verhalten des Mandanten bzw. des betreuten Unternehmens ergeben.

1. Ursachen der Insolvenz

Bei genauerer Betrachtung werden die Ursachen wirtschaftlicher Krisen eines Unternehmens deutlich.

Als Hauptursache ist regelmäßig die viel zu geringe Eigenkapitalausstattung zu nennen. Nach § 5 Abs. 1 GmbHG beträgt das Mindestkapital einer

---

[513] Quelle: Statistisches Bundesamt Deutschland, www.destatis.de.

GmbH lediglich 25.000 €. Nach § 7 Abs. 2 GmbHG ist allein der Nachweis notwendig, dass dieser Betrag zur Hälfte eingezahlt wurde. Die Gesellschaft kann nunmehr uneingeschränkt am Wirtschaftsleben teilnehmen. Es ist ohne Belang, ob der Geschäftsbetrieb ausschließlich durch Bank- oder Warenkredite ermöglicht wird oder ob die vorhandene Kapitaldecke für die geplanten geschäftlichen Aktivitäten überhaupt ausreicht. Dabei können schon geringfügige Zinsschwankungen oder unvorhergesehenen Absatzschwierigkeiten bei einem unterkapitalisierten Unternehmen zu wirtschaftlichen Belastungen bis hin zur Krise führen.

Auffällig ist auch die Branchenabhängigkeit der Eigenkapitalstruktur. So sind Unternehmen des verarbeitenden Gewerbes durchschnittlich mit 23 % Eigenkapital ausgestattet. Im Groß- und Einzelhandel beträgt die Quote nur noch 5,2 – 4,5 % und im Baugewerbe lediglich 5,8 %. Entsprechend hohe Anteile dieser Branchen finden sich auch bei den Unternehmensinsolvenzen. Besonders anfällig sind in diesem Zusammenhang neugegründete Unternehmen, wenn die staatlich geförderten Mittel verbraucht und wirtschaftlich bedingte Durststrecken zu überwinden sind.

Auch die GmbH & Co. KG bleibt von den Problemen der Unterkapitalisierung nicht unberührt. Wenngleich bei dieser Rechtsform das vorhandene Kapital im Allgemeinen über den Mindestbeträgen des § 7 Abs. 2 GmbHG liegt, benötigen diese Unternehmen doch einen erhöhten Liquiditätsbedarf, da sie regelmäßig einen größeren Geschäftsbetrieb unterhalten.

Neben der Unterkapitalisierung sind vor allem Managementfehler für Unternehmenskrisen verantwortlich. So werden insbesondere Umsatzausweitungen unsolide finanziert. Aber auch Neuinvestitionen und die Kalkulationspolitik gehen häufig an den Marktforderungen vorbei, weil die Ertrags- und Absatzmöglichkeiten falsch eingeschätzt werden.

2. Die Krisensituation

Zivilrechtliche und strafrechtliche Haftungsfragen im Insolvenzrecht sind auf das engste mit der Krise der Gesellschaft verbunden. So führt die Prüfung einzelner Anspruchsgrundlagen, insbesondere der §§ 43, 64 GmbHG[514] sowie zum Eigenkapitalersatzrecht, regelmäßig zur Frage, ob und vor allem zu welchem Zeitpunkt die Gesellschaft sich in der Krise befand. Gleiches gilt für die zentralen Strafvorschriften der §§ 283 ff StGB.

---

[514] §§ 43, 64 GmbHG, auszugsweise zitiert auf S. 199.

Die Gesellschaft befindet sich regelmäßig dann in der Krise, wenn sie insolvenzreif, das heißt, zahlungsunfähig oder überschuldet ist. So bestimmt sich auch nach den allgemeinen insolvenzrechtlichen Vorschriften, wann Zahlungsunfähigkeit oder Überschuldung vorliegen[515].

a) Zahlungsunfähigkeit

Der Begriff der Zahlungsunfähigkeit hat schon durch die am 01. Januar 1999 in Kraft getretenen Insolvenzordnung eine Legaldefinition gefunden, die heute in § 17 Abs. 2 InsO wie folgt bestimmt wird:

„Der Schuldner ist zahlungsunfähig, wenn er nicht in der Lage ist, die fälligen Zahlungspflichten zu erfüllen. Zahlungsunfähigkeit ist in der Regel gegeben, wenn der Schuldner seine Zahlung eingestellt hat."

Nicht mehr aufgenommen sind in die nunmehr geltende Legaldefinition der Zahlungsunfähigkeit, somit die Merkmale der Dauerhaftigkeit, der Wesentlichkeit und der Ernsthaftigkeit.

Der Gesetzgeber bezweckt durch den Verzicht auf diese Merkmale, dass Insolvenzanträge wesentlich früher gestellt werden, um im Interesse der Gläubiger die Vielzahl masseloser Insolvenzen zu vermeiden. Das Insolvenzverfahren soll also vorverlagert werden in eine Phase, in der die Liquidität des Schuldners noch nicht völlig aufgezehrt ist[516].

Einigkeit besteht jedoch, dass die Änderungen der neuen gesetzlichen Regelungen nicht zu einer völligen Aufgabe der bisherigen Definitionsmerkmale zwingen.

So soll es insbesondere auch nach der neuen gesetzlichen Regelung dabei bleiben, dass Zahlungsstockungen etwa wegen verspäteter Zahlung von Schuldnern des Schuldners noch keine Zahlungsunfähigkeit begründen. Auch liegt eine Zahlungsunfähigkeit dann nicht vor, bei der ein nur kurzfristiger Geldmangel umgehend durch eine Kreditaufnahme behoben werden kann. Als kurzfristig wird bislang ein Zeitraum von zwei bis höchstens drei Wochen angesehen. Um die Zahlungsstockung von der Zahlungsunfähigkeit abgrenzen zu können, ist somit auch weiterhin zu prüfen, wie lange das Unvermögen des Schuldners schon andauert, seine fälligen Geldschulden zu begleichen.

---

[515] §§ 17, 19 InsO, zitiert auf S. 178.
[516] Vgl. Gesetzesbegründung zum Regierungsentwurf zur InsO: BT-Drucksache 12/2443, S. 114.

Auch die Aufgabe des Kriteriums der „Wesentlichkeit" enthebt die Rechtspraxis nicht von der Notwendigkeit, Anhaltspunkte dafür zu finden, bei welchem Ausmaß an Unterdeckung von einer Überschuldung auszugehen ist. Klar dürfte sein, dass eine „Wesentlichkeit" nicht erst bei einer Unterdeckung von – wie bisher verlangt – 25 % vorliegt. Man wird dies nach der Gesetzesänderung bei einer Unterdeckung von 5 – 10 % annehmen müssen.

Das Amtsgericht Köln hat demnach die Abgrenzung der Zahlungsstockung zur Zahlungsunfähigkeit wie folgt vorgenommen[517]:

> „Eine bloße Zahlungsstockung kann in Abgrenzung zur Zahlungsunfähigkeit aufgrund des Wortlauts des § 17 Abs. 2 Satz 1 InsO nur angenommen werden, wenn der Schuldner nicht in der Lage ist, weniger als 5 % seiner fälligen Zahlungsverpflichtungen innerhalb einer Obergrenze von zwei Wochen zu erfüllen. Dies gilt unabhängig von den jeweiligen branchentypischen Umständen."

An der Entscheidung des Amtsgerichts Köln ist folgendes bemerkenswert: Häufig vergehen mehrere Wochen, ehe das Gericht über den Antrag auf Eröffnung des Insolvenzverfahrens entschieden hat. Es kann somit geschehen, dass in der Zwischenzeit die Zahlungsunfähigkeit wieder behoben und damit der Insolvenzgrund entfallen ist, – so auch in dem vom Amtsgericht Köln zu entscheidenden Fall. Das Amtsgericht lässt für diesen Fall eine (einseitige) Erledigungserklärung zu und entscheidet in entsprechender Anwendung des § 91 a ZPO über die Kosten des Rechtsstreits.

Durch die Neuregelung des § 17 Abs. 2 InsO[518] ändert sich jedoch nichts an den Indizien, an welchen die Zahlungsunfähigkeit festgemacht werden kann.

Beispielhaft können folgende Indizien genannt werden:
- Überschreitung der Zahlungsziele,
- Mahnungen der Gläubiger,
- Zahlungen mit ungedeckten Schecks,
- Mahnbescheide,
- Fruchtlos verlaufende Vollstreckungen,
- Kreditkündigungen durch Banken,
- Stundungs- und Vergleichsversuche,

---

[517] AG Köln, 09. 06. 2009, ZIP 1999, S. 1889 (1891).
[518] § 17 Abs. 2 InsO, zitiert auf S. 178.

- Nichtzahlung von Mieten und Löhnen,
- Nichtabführung von Sozialversicherungsbeiträgen und Steuern[519],
- Verkauf von betriebsnotwendigem Anlagevermögen[520].

Die praktische Zahlungseinstellung begründet die Vermutung der Zahlungsunfähigkeit, deren Nachweis durch die gesetzliche Neuregelung erleichtert wird. Der Schuldner hat nunmehr ggf. nachzuweisen, dass es sich entgegen dem Anschein der Zahlungsunfähigkeit lediglich um eine Zahlungsstockung handelt.

Weiterhin bleibt es dabei, dass die Befriedigung kleiner Verbindlichkeiten nicht die Zahlungsunfähigkeit beseitigt[521].

Durch die gesetzliche Neuregelung ist auch die Frage nicht aus der Welt geschafft, ob für die Zahlungsunfähigkeit immer auf eine Geldliquidität abzustellen oder auf das liquidierbare Vermögen zurückzugreifen ist, wenn dessen Liquidation kurzfristig erfolgen kann.

Es zeigt sich, dass sich trotz der nunmehr aufgenommenen gesetzlichen Definition in § 17 Abs. 2 InsO[522] im Einzelfall nach wie vor erhebliche Schwierigkeiten zur Begriffsbestimmung ergeben.

Um haftungsrechtlichen Problemen frühzeitig begegnen zu können, kann jedoch nur jedem Schuldner geraten werden, sein Unternehmen daraufhin zu prüfen, ob es tatsächlich noch liquide ist. Sofern sich ihm ernste Anhaltspunkte einer Krise zeigen, sollte er notfalls für die Aufstellung eines Liquiditätsstatusses sorgen[523].

Die ausdrückliche gesetzliche Regelung des am 27. 04. 1998 in Kraft getretenen Gesetzes zur Kontrolle und Transparenz im Unternehmensbereich bestimmt in § 91 Abs. 2 AktienG, allerdings nur für die Aktiengesellschaft, dass der Vorstand ein Überwachungssystem einzurichten hat, damit das Andauern von der Gesellschaft gefährdenden Entwicklungen früh erkannt wird.

Der Gesetzgeber selbst misst dieser Vorschrift aber ausdrücklich Ausstrahlungswirkung im Hinblick auf die Gesellschaften anderer Rechtsformen bei. In der Literatur wird daher die Frage aufgeworfen, wie sich diese Regelung auf die an einen GmbH-Geschäftsführer zu stellenden Anforde-

---

[519] Vgl. BGH, 09. 06. 2009, ZIP 2009, S. 1468.
[520] Vgl. Pape in Mohrbutter/Ringstmeier, § 2 Rn. 12.
[521] Vgl. Pape in Mohrbutter/Ringstmeier, § 2 Rn. 13.
[522] § 17 Abs. 2 InsO, zitiert auf S. 178.
[523] Pape in Mohrbutter/Ringstmeier, § 2 Rn. 16.

rungen auswirkt. Jedoch wird die Einrichtung eines solchen Frühsystems nur für große GmbH's ernsthaft gefordert werden dürfen. Denn zum einen sind kleine und mittlere Gesellschaften noch so überschaubar, dass es eines institutionalisierten Risikomanagementes nicht bedarf und zum anderen ist ein solches Management, dass die Geschäftsvorfälle systematisch auf ihre Verhältnisse von Chance und Risiko hin untersucht, so aufwändig, dass nur große Gesellschaften es sich leisten können.

b) Drohende Zahlungsunfähigkeit

Der Schuldner droht gem. § 18 Abs. 2 InsO zahlungsunfähig zu werden, wenn er voraussichtlich nicht in der Lage sein wird, die bestehenden Zahlungsverpflichtungen im Zeitpunkt der Fälligkeit zu erfüllen.

Gemäß § 18 Abs. 1 InsO kann – nicht muss – der Geschäftsführer bei einer nur drohenden Zahlungsunfähigkeit die Eröffnung des Insolvenzverfahrens beantragen. Der Vorteil für die Gesellschaft liegt darin, dass im Falle der Eröffnung des Insolvenzverfahrens die Gläubiger der Gesellschaft nicht mehr in das Gesellschaftsvermögen vollstrecken können.

Das Insolvenzverfahren wirkt sich also wie ein Schutzschirm für die Gesellschaft aus. Mit dem Eröffnungsgrund der drohenden Zahlungsunfähigkeit soll bereits im Vorfeld einer wirtschaftlichen Krise auf die rechtzeitige Eröffnung eines Insolvenzverfahrens hingewirkt werden, um die Chancen einer Sanierung zu erhöhen. Hierauf kann sich jedoch nur der Schuldner selbst berufen[524], der auf Verlangen des Gerichts einen Liquiditätsplan einreichen muss. Damit soll verhindert werden, dass Gläubiger den Schuldner schon im Vorfeld der Insolvenz durch einen Insolvenzantrag unter Druck setzen können.

c) Überschuldung

Wenngleich auch der Begriff der Überschuldung durch die Insolvenzordnung eine Legaldefinition erhalten hat, geben sich jedoch einzelfallbezogen eine Fülle von Detailfragen.

Nach § 19 Abs. 2 InsO[525] liegt Überschuldung vor, wenn das Vermögen des Schuldners die bestehenden Verbindlichkeiten nicht mehr deckt, es sei denn, die Fortführung des Unternehmens ist nach den Umständen über-

---

[524] § 18 Abs. 1 InsO, zitiert auf S. 178.
[525] § 19 Abs. 2 InsO, zitiert auf S. 178.

wiegend wahrscheinlich. Dies ist die bis zum 31.12.2010 geltende Fassung. Nach der ab dem 01.01.2011 geltenden Fassung dieser Vorschrift liegt Überschuldung dann vor, wenn das Vermögen des Schuldners die bestehenden Verbindlichkeiten nicht mehr deckt. Bei der Bewertung des Vermögens des Schuldners ist jedoch die Fortführung des Unternehmens zugrunde zu legen, wenn diese nach den Umständen überwiegend wahrscheinlich ist.

Die Überschuldung kommt als Eröffnungsgrund bei juristischen Personen[526], dem nicht rechtsfähigen Verein[527] und bei Gesellschaften ohne Rechtspersönlichkeit in Betracht, bei denen keiner der persönlich haftenden Gesellschafter eine natürliche Person ist[528].

Mit dem neuen legaldefinierten Überschuldungsbegriff ist der Gesetzgeber von der zuvor von Literatur und Rechtsprechung entwickelten zweistufigen Methode[529] abgerückt. Während es nach der zweistufigen Methode dem Geschäftsführer erlaubt sein konnte, sein Unternehmen trotz rechnerischer Überschuldung fortzuführen, wenn allein die Zukunftsprognose positiv war, will dies der Gesetzgeber mit der Regelung des § 19 Abs. 2 InsO vermeiden.

Der Geschäftsführer hat zur Feststellung der Überschuldung im Rahmen einer Überschuldungsbilanz die Aktiva und Passiva gegenüberzustellen. Grundsätzlich sind dabei die Aktiva mit dem Liquidationswert, das heißt, so anzusetzen, als würde zum Bilanzstichtag die Liquidation beschlossen und das Unternehmen in seinen einzelnen Bestandteilen veräußert werden[530]. Dabei ist folgendermaßen vorzugehen:

- Er hat im Falle einer Krise zunächst festzustellen, ob eine rechnerische Überschuldung vorliegt. Ist diese gegeben, so ist eine Fortführungsprognose zu erstellen[531].
- Ist die Fortführungsprognose negativ, so hat der Geschäftsführer in jedem Fall den Insolvenzantrag zu stellen. Insofern hat sich an der bisherigen Rechtslage nichts geändert.
- Ist die Zukunftsprognose hingegen positiv, so ist im Unterschied zu der bisherigen Rechtsprechung noch nicht die Frage beantwortet, ob ein

---
[526] § 19 Abs. 1 InsO, zitiert auf S. 178.
[527] § 11 Abs. 1, Satz 2 InsO.
[528] § 19 Abs. 3 InsO, zitiert auf S. 179, Hauptfall: GmbH & Co. KG.
[529] Uhlenbrock in Gottwald, § 6 Rn. 22.
[530] Pape in Mohrbutter/Ringstmeier, § 2 Rn. 22.
[531] § 19 Abs. 2 Satz 2 InsO, zitiert auf S. 178.

Insolvenzgrund i.S.v. § 19 Abs. 2 InsO gegeben ist oder nicht. Es ist vielmehr zu fragen, ob im Hinblick auf die positive Zukunftsprognose das Unternehmen anders zu bewerten ist und deshalb keine rechnerische Überschuldung vorliegt. Es ist somit in einem dritten Schritt eine weitere Überschuldungsbilanz zu erstellen, in der die Aktiva mit den Fortführungswerten anzusetzen sind. Maßgebend ist dafür die Ermittlung des für eine Veräußerung des gesamten Unternehmens zu erzielenden Unternehmenswertes einschließlich aller stillen Reserven und des „good will".

- Bleibt es trotz der positiven Zukunftsprognose dabei, dass eine Überschuldung vorliegt, so hat der Geschäftsführer im Unterschied zur bisherigen Rechtslage den Insolvenzantrag zu stellen.

Die Überschuldung tritt somit im Gegensatz zur bisherigen Rechtslage zu einem früheren Zeitpunkt ein.

Im Einzelfall kann die Feststellung der Überschuldung außerordentlich schwierig sein. Weder das GmbH-Gesetz noch die Insolvenzordnung geben Kriterien an die Hand, wie eine Feststellung zu erfolgen hat. Die von der Betriebswirtschaftslehre entwickelten Kriterien zur Feststellung der Überschuldung und insbesondere auch zur Fortführungsprognose sind im Einzelnen jedoch so kompliziert, dass einem durchschnittlichen Geschäftsführer und auch einem entsprechend geschulten Berater ein solches Spezialwissen nicht zugemutet werden kann.

Infolge dessen sind Kriterien entwickelt worden, die zumindest als Orientierungshilfe dienen können.

- Man ist sich einig, dass für die Feststellung der Überschuldung grundsätzlich weder die Handels- noch die Steuerbilanz maßgeblich ist[532]. Es ist eine davon zu unterscheidende eigenständige Überschuldungsbilanz aufzustellen. Sinn und Zweck liegt vor allem darin, der Gesellschaft die Berücksichtigung stiller Reserven zu ermöglichen. Dennoch sagt die Handelsbilanz insofern etwas zur Überschuldung aus, als der Geschäftsführer substantiiert darlegen muss, aufgrund welcher stillen Reserven trotz handelsbilanzieller Überschuldung keine rechnerische Überschuldung gegeben ist.
- Bei der Prüfung ist nach wie vor grundsätzlich zunächst von Liquidationswerten auszugehen.

---

[532] Uhlenbrock in Gottwald, § 6 Rn. 27.

- Ob die Verwertung des Unternehmens als Ganzes oder Einzelveräußerungswerte in Ansatz zu bringen sind, ist von den konkreten Veräußerungsmöglichkeiten abhängig zu machen. Im Zweifelsfall ist von Einzelerlösen auszugehen.
- Nicht in die rechnerische Prüfung mit einzubeziehen sind die Kosten der Gründung, der Kapitalbeschaffung und der Ingangsetzung der Gesellschaft.
- Sofern Patronatserklärungen Dritter zugunsten aller Gläubiger und nicht nur einzelner wirken, sind auch diese zu berücksichtigen.

Bei den AKTIVA des Unternehmens stellen sich folgende Probleme:
- Inwieweit kann die Einbeziehung des „Firmenwertes" erfolgen: Dieser wird jedenfalls nur dann in Ansatz zu bringen sein, wenn eine selbständige Verwertung möglich ist[533]. Unter „Firmenwert" ist in diesem Zusammenhang die wertmäßige Summe des technischen Know-how, der Qualität der Ware, des Rufs des Unternehmens, des Kundenstamms sowie des qualifizierten Mitarbeiterstamms zu verstehen. Die Berücksichtigung des Firmenwertes spielt insbesondere für junge Unternehmen eine Rolle, deren oftmals lediglich aus öffentlichen Mitteln bestehendes Startkapital schon nach kurzer Zeit verbraucht ist.
- Bei Forderungen kommt es darauf an, ob sie realisierbar und damit vollwertig sind. Künftige Forderungen, deren Entstehung durch das Insolvenzverfahren bedingt sind, insbesondere Insolvenzanfechtungslagen, sind nicht zu aktivieren.
- Aktiva sind aber die noch ausstehenden Einlagen auf das Stammkapital und von der Gesellschaft beschlossene Nachschüsse[534].
- Ansprüche, deren Realisierung gleichwertige Gegenansprüche auslösen würden, bleiben außer Betracht, so z. B. Ansprüche aus Darlehensversprechen[535].
- Keine Berücksichtigung in der Überschuldungsbilanz finden dingliche Sicherheiten oder Bürgschaften bzw. Garantieversprechen, selbst wenn sie im Insolvenzverfahren über das Vermögen des Schuldners eine gleichrangige Haftung begründen[536].

---

[533] Uhlenbrock in Gottwald, § 6 Rn. 29.
[534] Wie vor, Rn. 32.
[535] Wie vor, Rn. 32.
[536] Wie vor, Rn. 40.

Bei den PASSIVA ist in der Beratung auf Folgendes zu achten:
- Bei den Passivposten der Überschuldungsbilanz sind alle Verbindlichkeiten zu berücksichtigen, die im Falle eines Insolvenzverfahrens aus der Insolvenzmasse zu befriedigen wären. Es sind – anders als bei dem Zahlungsstatus – auch die noch nicht fälligen oder gestundeten Verbindlichkeiten, nicht jedoch Massekosten und sonstige Masseverbindlichkeiten[537], einzustellen.
- Bislang äußerst umstritten war die Frage der Bilanzierung kapitalersetzender Gesellschafterdarlehen. Es stellte sich die Frage, ob sie dem Eigenkapital der GmbH zuzurechnen sind, weil sie von den Darlehensgebern nicht zurückgefordert werden können, oder ob sie als Verbindlichkeit zu passivieren sind, weil die im Einzelfall fragliche Qualifizierung eines Darlehens als „kapitalersetzend" einen dem Gläubigerschutzzweck unvereinbaren Unsicherheitsmoment in die Frage der Insolvenzantragspflicht hineintragen würde[538].
- Eine Ausnahme von der Passivierungspflicht wurde bislang für die Fälle anerkannt, in denen der Gesellschafter hinsichtlich seines Rückforderungsanspruches einen Rangrücktritt erklärt hat.

d) Die Fortführungsprognose

Besondere Bedeutung kommt daher der notwendigerweise aufzustellenden Fortführungsprognose zu.

Bei der Fortführungsprognose stellt sich die Frage nach der zukünftigen Zahlungsfähigkeit des Unternehmens, also nach dessen Finanzkraft[539]. Unter Finanzkraft ist die Möglichkeit zu verstehen, sämtliche anfallenden Zahlungsverpflichtungen bei Fälligkeit zu erfüllen. Die Finanzkraft wird durch einen Zahlungsplan ermittelt. In diesem sind vertraglich zu leistende und geplante Auszahlungen sowie alle erwarteten bzw. geplanten Einzahlungen aus einer Innen- und Außenfinanzierung einzustellen, wobei alle nutzbaren Finanzquellen berücksichtigt werden können.

Eine wirtschaftliche Lebensfähigkeit besteht grundsätzlich, solange und soweit eine zumindest ausgeglichene Gewinn- und Verlustrechnungsplanung aufgestellt werden kann.

---

[537] Wie vor, Rn. 42.
[538] Wie vor, Rn. 51.
[539] Vgl. § 19 Abs. 2 S. 2 InsO; Müko/Drukarcyk, Rn. 84 ff. zu § 19 InsO.

Sofern der Geschäftsführer nicht in der Lage ist, einen dokumentierten Finanz- und Ertragsplan zu erstellen, so ist die Fortführungsprognose durch einen Sachverständigen nach der in der Betriebswirtschaftslehre herrschenden Ertragswertmethode zu ermitteln.

Wenngleich die Rechtsprechung in einer Vielzahl von Fällen nicht immer eine auf einen Finanzplan gestützte Prognose zur Finanzkraft des Unternehmens verlangt, so ist dem Unternehmer auf jeden Fall zu empfehlen, sich sachkundig beraten zu lassen. In der Krise muss sich daher ein Geschäftsführer notfalls auch neben seinem Steuerberater ergänzend von einem spezialisierten Wirtschaftsprüfer oder Rechtsanwalt beraten lassen, um ein schuldhaftes Zögern mit dem Antrag und damit seine persönliche Haftung ausschließen zu können[540].

3. Haftung wegen verspäteter Insolvenzantragstellung

Da die Rechtsformen der GmbH und der GmbH & Co KG zu den anfälligsten Gesellschaften für ein Insolvenzverfahren zählen, soll im Folgenden ein Überblick über das zentrale Problem des verspäteten Insolvenzantrages gegeben werden. Gerade hier ist der Steuerberater, der die wirtschaftlichen Grundlagen des Unternehmens zumeist am besten beurteilen kann, in der Beratung besonders gefordert, da auch er für „Insolvenzverschleppungsschäden" haftet[541].

a) Antragspflicht

Die neue Vorschrift des § 15a InsO[542] wurde mit Inkrafttreten des Gesetzes zur Modernisierung des GmbH-Rechts und zur Bekämpfung von Missbräuchen (MoMiG) zum 01.11.2008 eingeführt.

§ 15a InsO gilt nunmehr für alle juristischen Personen und Gesellschaften ohne Rechtspersönlichkeit. Die einzelnen Sonderregelungen werden durch diese Vorschrift ersetzt.

Gem. § 15a Abs. 1 InsO haben die Mitglieder des Vertretungsorgans oder die Abwickler ohne schuldhaftes Zögern den Insolvenzantrag zu stellen;

---

[540] OLG Düsseldorf, 20.02.2008, I-15 U 10/07; abzurufen über „juris", m.w.N.; Buchert/Weber, Stbg 2010, S. 61, 63.
[541] So ausdrücklich: LG Koblenz, 22.07.2009, Stbg 2009, S. 512; vgl. ausführl.: Kohlhaas, Haftung des StB für Insolvenzverschleppungsschäden, Steuerberater-Magazin 2009, S. 50f.; Pestke, Haftung des StB für Insolvenzverschleppungsschäden, Stbg 2009, S. 512f.
[542] § 15a InsO n.F., zitiert auf S. 177.

spätestens aber innerhalb von 3 Wochen nach Eintritt der Zahlungsunfähigkeit oder der Überschuldung der GmbH[543].

§ 26 Abs. 3 InsO bestimmt, dass derjenige, der zur Eröffnung des Insolvenzverfahrens einen Vorschuss geleistet hat, diesen von jeder Person, die entgegen den Vorschriften des Insolvenz- oder Gesellschaftsrechts den Antrag auf Eröffnung des Insolvenzverfahrens pflichtwidrig oder schuldhaft nicht gestellt hat, erstattet verlangen kann. Der Entlastungsbeweis ist dabei von der gegen die Vorschriften verstoßenden Person zu führen. Durch diese Vorschrift soll der Druck auf die Verantwortlichen nochmals erhöht werden, rechtzeitig einen Insolvenzantrag zu stellen.

Bezweckt wird durch die Antragspflicht die rechtzeitige Einleitung des Insolvenzverfahrens und damit der Schutz der Altgläubiger vor weiterer Verringerung der Haftungsmasse als auch der Neugläubiger vor Vertragsabschluss mit notleidenden Gesellschaften[544].

Sofern der Geschäftsführer seine Antragspflicht nach § 15a Abs. 1 InsO verletzt[545], hat die Gesellschaft gegen ihn gem. § 64 Satz 1 GmbHG einen Anspruch auf Ersatz des ihr dadurch entstandenen Schadens. Es handelt sich hier um einen Fall der Innenhaftung, der primär dem Schutz der Gläubiger der GmbH dient, die vor einer Masseschmälerung geschützt werden sollen. Dieser Anspruch verjährt erst in fünf Jahren[546].

Problematisch ist die Frage, wann die Antragsfrist des § 15a Abs. 1 InsO zu laufen beginnt. Es stellt sich die Frage, ob es auf den Zeitpunkt des Eintritts der Zahlungsunfähigkeit oder Überschuldung ankommt, oder ob der Zeitpunkt maßgeblich ist, zu dem der Geschäftsführer von der Krisensituation erfahren hat.

Zu dem vormals geltenden § 64 Abs. 1 GmbHG a.F. hat der BGH bereits mehrfach entschieden, dass es auf den Zeitpunkt der positiven Kenntnis von der Krisensituation durch den Geschäftsführer ankommt[547].

Vorteil dieser Rechtsprechung ist, dass möglichst viel Zeit für Sanierungsversuche zur Verfügung steht. Der Nachteil, nämlich die im Einzelfall erhebliche Minderung der potentiellen Insolvenzmasse, liegt jedoch auf der Hand.

---

[543] Siehe S. 111f.
[544] Siehe Regierungsentwurf zum MoMiG, S. 127; BGBl. 2008 I., S. 2026.
[545] § 15a Abs. 1 InsO, zitiert auf S. 177; § 64 GmbHG, zitiert auf S. 199.
[546] Vgl. § 64 S. 4 i.V.m. § 43 Abs. 4 GmbHG.
[547] Vgl. BGH, 09. 07. 1979, NJW 1979, S. 1823; BGH, 06. 06. 1994, NJW 1994, S. 2220.

In diesem Zusammenhang ist darauf hinzuweisen, dass die Pflicht zur Insolvenzantragstellung nicht schon dadurch entfällt, dass ein Gläubiger bereits einen Eröffnungsantrag gestellt hat, da dieser Antrag auch wieder zurückgenommen werden kann.

Die Antragspflicht entfällt auch nicht dadurch, dass Gläubiger den Geschäftsführer hiervon entbinden. Denn die Verpflichtung des § 15a Abs. 1 InsO[548] dient auch dem Schutz derer, die im Vertrauen auf die Zahlungsfähigkeit des Unternehmens mit diesem Geschäfte abschließen.

b) Sanierungsmöglichkeiten

Die Frist für die Stellung des Insolvenzantrages endet spätestens nach Ablauf von 3 Wochen. Bis dahin muss entweder der Insolvenzantrag gestellt oder der Insolvenzgrund (Zahlungsunfähigkeit oder Überschuldung) beseitigt sein. Der Geschäftsführer darf die 3-Wochenfrist nicht ausschöpfen, wenn etwaige Bemühungen um eine Sanierung des Unternehmens keine ernstlichen Aussichten auf Erfolg bieten.

Es kommt nicht darauf an, auf welche Weise die Beseitigung des Insolvenzgrundes erfolgt. Möglichkeiten sind die Kapitalerhöhung, freiwillige Zuschüsse der Gesellschafter, sowie Gläubigerverzichte unter gleichzeitiger Gewährung neuer Kredite. Diese genannten Möglichkeiten können sowohl die Zahlungsunfähigkeit als auch die Überschuldung beseitigen.

Zu beachten ist jedoch, dass sich Kredite Dritter u. U. ausschließlich auf die Zahlungsunfähigkeit, nicht aber auf die Überschuldung auswirken. Umgekehrt wirkt sich ein isolierter Forderungsverzicht möglicherweise gegen die Überschuldung, nicht aber gegen die Zahlungsunfähigkeit aus, sofern die betreffende Forderung nicht zugleich auch die Zahlungsunfähigkeit bewirkt.

Weiterhin muss der Insolvenzgrund nachhaltig beseitig worden sein. Sofern die Gesellschaft die Überschuldung bzw. die Zahlungsunfähigkeit nur kurzfristig beseitigt hat und eine Krisensituation sich in absehbarer Zeit wiederholt, ist der Insolvenzgrund nicht beseitigt. Als noch absehbarer Zeitraum dürfte hier eine Spanne von 3–4 Monaten gelten.

---

[548] § 15a Abs. 1 InsO, zitiert auf S. 177.

c) Masseschmälerung

Sofern der Geschäftsführer seiner Verpflichtung zur rechtzeitigen Stellung des Insolvenzantrages nicht nachkommt, haftet er der Gesellschaft gem. § 64 Satz 1 GmbHG auf Ersatz des Schadens, der dadurch entsteht, dass er noch Zahlungen leistet, die später der Insolvenzmasse nicht zur Verfügung stehen. Der Begriff der „Zahlungen" wird in diesem Zusammenhang weit ausgelegt.

Über den Wortlaut des § 64 Satz 1 GmbHG[549] hinaus erstreckt sich die Bestimmung auf alle die Masse schmälernden Maßnahmen, also auch auf Dienstleistungen und Warenlieferungen. Die Bestimmung dessen, was Zahlungen i.S.d § 64 Satz 1 GmbHG sind, hat von dem Zweck der Regelung her zu folgen. Nach diesem Zweck ist das Vermögen der Gesellschaft in einem Stand zur Zeit der Insolvenzreife zu erhalten. Die Gesellschaft soll von diesem Stand aus in einem geordneten Gesamtvollstreckungsverfahren abgewickelt werden.

Da tatsächlich eine Schmälerung der Masse vorliegen muss, sind folgende Tatbestände nicht von § 64 Satz 1 GmbHG gefasst:

- Zahlungen an absonderungsberechtigte Gläubiger bis zur Höhe des Sicherungsgegenstandes,
- Zahlungen mit vollwertigem Gegenwert,
- die Herausgabe von unter Eigentumsvorbehalt gelieferten Sachen,
- Zahlungen, die mit der Sorgfalt eines ordentlichen Geschäftsmannes vereinbar sind[550]. Hierbei handelt es sich insbesondere um Zahlungen, die der Abwendung höherer Schäden, etwa aufgrund sonst drohender sofortiger Betriebsstilllegung, dienen.

Folgende Beispiele verdeutlichen die Problematik einer Haftung nach § 64 Satz 1 GmbHG:

- Zahlung geschuldeter Umsatzsteuer an das Finanzamt nach Eintritt der Krisensituation[551]: Darin liegt ein einseitige Bevorzugung des Fiskus gegenüber anderen Gläubigern, da für die Zahlung der Umsatzsteuer keine Gegenleistung zur Masse gelangt.

---

[549] § 64 GmbHG, zitiert auf S. 199.
[550] § 64 Satz 2 GmbHG, zitiert auf S. 199.
[551] OLG Köln 09. 08. 1995, GmbH-Rundschau 1995, S. 828.

- Einreichung eines Kundenschecks auf ein debitorisch geführtes Geschäftskonto nach Eintritt der Krisensituation[552]: Der Insolvenzmasse wird in diesem Falle zu Gunsten der Befriedigung eines Gläubigers ein Betrag entzogen, der andernfalls zur teilweisen Befriedigung aller Insolvenzgläubiger zur Verfügung stünde. Vom Geschäftsführer kann verlangt werden, dass er in einer solchen Situation das noch vorhandene Vermögen zum Zwecke der ordnungsgemäßen Verteilung erhält, etwa durch Einrichtung eines neuen Kontos bei einer fremden Bank.
- Zahlung von vereinnahmten Kundengeldern für Arbeitnehmeranteile an die Krankenkasse[553]: Auch die Motivation sich einer strafrechtlichen Verfolgung nach § 266 a StGB zu entziehen[554], befreit nicht von der Haftung, die einbehaltenen Gelder für die Insolvenzmasse zu erhalten. Für die persönliche strafrechtliche Verfolgung müssten ggf. eigene Gelder aufgewendet werden.
- Haftung des Geschäftsführers, wenn er Verbindlichkeiten der überschuldeten GmbH begleicht, indem er eine von der Hausbank der GmbH gewährte Kreditlinie in Anspruch nimmt, wenn diese durch eine Globalzession abgesichert war[555]: Entscheidend ist, dass die Kreditaufnahme durch eine die Bank den anderen Gläubigern gegenüber bevorzugende Globalzession gesichert war. Die Bank konnte aufgrund der Globalzession der Masse vollwertige Forderungen entziehen, während die Ansprüche der vom Geschäftsführer nicht befriedigten Gläubiger im Zeitpunkt der Zahlungen des Geschäftsführers bereits nur noch den Wert von Konkurs-(Insolvenz-)forderungen hatten.
- Haftung des Geschäftsführers, der unter Eigentumsvorbehalt gelieferte Ware nach Eintritt der Krisensituation bezahlt, obwohl der Gesellschaft ein Zahlungsziel von 1 Monat eingeräumt war[556]: Ein solches Vorgehen sei mit der Sorgfalt eines ordentlichen Kaufmannes nicht vereinbar.

Zu beachten ist in diesem Zusammenhang der vom BGH bestätigte so genannte „Einwand des rechtmäßigen Alternativverhaltens". Das bedeutet, dass von der unstatthaften Zahlung, die der Geschäftsführer nach der

---
[552] OLG Hamburg, 21. 04. 1995, GmbH-Rundschau 1995, S. 521; BGH, 29. 11. 1999, ZIP 2000, S. 184.
[553] LG Hagen, 12. 11. 1996, GmbH-Rundschau 1997, S. 260; BGH, 08. 06. 2009, ZIP 2009, S. 1468.
[554] § 266 a StGB, zitiert auf S. 185 f.
[555] OLG Celle, 23. 04. 1997, GmbH-Rundschau 1997, S. 901.
[556] OLG Düsseldorf, 06. 05. 1999, NZG 1999, S. 1064.

Krise an einen Gläubiger erbringt, ein Abzug in Höhe der fiktiven Insolvenzquote vorzunehmen ist, die dem Gläubiger sowieso aus der Masse zu erbringen gewesen wäre. Der Insolvenzverwalter muss im Rahmen einer zivilprozessualen Durchsetzung des Anspruches die voraussichtliche Insolvenzquote von seinem Antrag abziehen oder ggf. eine Feststellungsklage erheben.

d) Verschulden

Sofern feststeht, dass der Insolvenzantrag nicht rechtzeitig innerhalb der Frist des § 64 Satz 1 GmbHG gestellt wurde[557], haftet der Geschäftsführer aus vermutetem Verschulden, wobei Fahrlässigkeit nach allgemeiner Meinung ausreicht. Wie bereits oben angesprochen, beginnt die Drei-Wochenfrist erst zu laufen, wenn der Geschäftsführer positive Kenntnis von der Überschuldung hat. Damit ist jedoch lediglich geklärt, dass unabhängig davon, wann die Überschuldung eingetreten ist, der Geschäftsführer ab Kenntniserlangung sich noch drei Wochen um eine Sanierung des Unternehmens bemühen kann, sofern nicht eine Sanierung von vorne herein ausgeschlossen ist. Dieser Umstand schließt nicht aus, dass dem Geschäftsführer der Vorwurf gemacht werden kann, er habe fahrlässig die Überschuldung nicht rechtzeitig erkannt. Dass Sanierungsbemühungen noch gerechtfertigt sind oder sogar geschuldet werden, schließt nicht aus, dass der Geschäftsführer sich der Gesellschaft bereits schadensersatzpflichtig gemacht hat.

Der Geschäftsführer ist verpflichtet, organisatorische Vorkehrungen zu treffen, die es ihm ermöglichen, die wirtschaftliche Entwicklung des Unternehmens ständig beobachten zu können[558].

Sobald sich erste Anzeichen einer Krise zeigen, ist er verpflichtet, sich anhand einer Überschuldungsbilanz einen Überblick über die Vermögensverhältnisse der Gesellschaft zu verschaffen. Sofern sich hiernach eine rechnerische Überschuldung herausstellt, muss er prüfen, ob für das Unternehmen eine positive Fortführungsprognose besteht. Im Zweifel hat er sich in einem solchen Fall des sachverständigen Rates eines Steuerberaters oder Rechtsanwalts zu bedienen.

Hat der Geschäftsführer noch nach Insolvenzreife Zahlungen i.S.d. § 64 Satz 1 GmbHG vorgenommen oder zugelassen, stellt sich die Frage, ob diese

---
[557] § 64 GmbHG, zitiert auf S. 199.
[558] Haas in Gottwald, § 92 Rn. 60.

mit der von ihm zu verlangenden Sorgfalt eines ordentlichen Geschäftsmannes[559] in Einklang zu bringen sind.

Dazu zählen:
- Leistungen, die nicht zu einer Schmälerung der Insolvenzmasse führen;
- Leistungen, die erforderlich sind, um den sofortigen Zusammenbruch der Gesellschaft zu verhindern;
- Leistungen, denen eine vollwertige Gegenleistung gegenüber steht, die aktuell zum Zeitpunkt der Leistung in das Gesellschaftsvermögen geflossen ist.

In allen Fällen trifft die Darlegungspflicht den Geschäftsführer.

Zum Verständnis der Schadensersatzpflicht des Geschäftsführers sind abschließend nochmals folgende drei Sachverhalte zu nennen, die voneinander zu unterscheiden sind:

- Der Vorwurf, nicht rechtzeitig und nachdrücklich genug die mögliche Sanierung der Gesellschaft eingeleitet zu haben: In diesem Fall verletzt der Geschäftsführer seine Pflichten aus § 43 GmbHG und ist ggf. zum Schadensersatz aus § 43 Abs. 2 GmbHG verpflichtet[560]. Einzelne Gläubiger können in diesen Anspruch der GmbH vollstrecken; in der Insolvenz gehört der Anspruch zur Masse. § 64 GmbHG ist von diesem Problemkreis nicht betroffen[561].
- Der Vorwurf, der Masse zugedachtes Vermögen in der Zeit zwischen Fristbeginn und Antragstellung pflichtwidrig vermindert zu haben: Dieser Sachverhalt betrifft, wie oben dargestellt, die Problematik des § 64 GmbHG.
- Der Vorwurf, entgegen den genannten Fristregeln den Insolvenzantrag verspätet gestellt zu haben: Auch dieser Vorwurf begründet einen originären Anspruch aus § 64 GmbHG.

4. Haftung als faktischer Geschäftsführer

In gleicher Weise wie der formell bestellte und im Handelsregister eingetragene Geschäftsführer haftet auch der faktische Geschäftsführer[562]. Dies

---

[559] § 43 Abs. 1 GmbHG, zitiert auf S. 199.
[560] § 43 GmbHG, zitiert auf S. 199.
[561] § 64 GmbHG, zitiert auf S. 199.
[562] Haas in Gottwald, § 92 Rn. 56; vgl. auch S. 145.

kann auch ein zuvor als steuerlicher Berater beauftragter Dritter oder ein Gesellschafter sein. Jedenfalls handelt es sich um eine Person, die nicht wirksam in das Amt bestellt wurde, jedoch die Ämterfunktion tatsächlich wahrnimmt. Anhaltspunkte hierfür sind:

- Bestimmung der Unternehmenspolitik
- Unternehmensorganisation
- Einstellung von Mitarbeitern
- Gestaltung der Geschäftsbeziehung zu Vertragspartnern
- Verhandlungen mit Kreditgebern
- Bestimmung der Gehaltshöhe
- Entscheidung der Steuerangelegenheiten
- Steuerung der Buchhaltung

Insbesondere der steuerliche Berater muss sich der Gefahr der Haftung als tatsächlicher und „faktischer" Geschäftsführer bewusst sein. In bestimmten (Krisen-) Situationen wünscht der Auftraggeber eine „leitende" Funktion des Beraters. Die Übernahme solcher Tätigkeiten sollte besonders sorgfältig geprüft werden.

III. Steuerberater und Insolvenzstraftaten

Nicht nur die Beratung in dem Bereich der Krise und Insolvenz des Mandanten ist schwierig. Leider ist auch die Gefahr der Mittäterschaft, häufiger noch der Teilnahme an Insolvenzstraftaten, gefährlich für den Berater.

1. Einführung

Die steigenden Insolvenzen haben einerseits hohe Zahlen an Arbeitsplatzverlusten zur Folge (die jedoch durch Unternehmensneugründungen zum Teil aufgefangen werden), andererseits entstehen den Gläubigern zusammengebrochener Unternehmen zum Teil erhebliche wirtschaftliche Nachteile aufgrund von Forderungsausfällen und des Verlustes von Kunden und Aufträgen. Im Zuge der wirtschaftlichen Bedeutung von Insolvenzen, gerade auch der materiellen Schäden, stellt sich regelmäßig nicht nur die Frage nach der zivilrechtlichen, insbesondere aber auch der strafrechtlichen Haftung der beteiligten Personen. In zunehmendem Maße sind davon auch die steuerlichen Berater betroffen.

Eine strafrechtliche Verfolgung dieser Delikte wird durch vielfach erstattete Strafanzeigen einzelner Gläubiger in Gang gesetzt. Häufig ist mit der Strafanzeige die Hoffnung verbunden, der Geschäftspartner werde infolge des Drucks der strafrechtlichen Verfolgung die bestehenden Verbindlichkeiten begleichen. Dies kann bei „überschaubaren" Vermögensschäden und entsprechender Bonität des Strafverfolgten durchaus auch ein erfolgversprechendes Vorgehen sein. Denn sofern die Begleichung bestehender Verbindlichkeiten nicht schon vor dem Abschluss eines strafrechtlichen Ermittlungsverfahrens erfolgt, besteht bei geringfügigen Vermögensdelikten die in der Praxis häufig angewandte Möglichkeit, eine Einstellung des Ermittlungsverfahrens gem. § 153 a StPO – allerdings unter der Auflage, den angerichteten Schaden wiedergutzumachen – zu erreichen.

Die weitaus größte Anzahl an Ermittlungs- und Strafverfahren wird jedoch durch die Meldungen der Zivilgerichte ausgelöst. Auf Grundlage der so genannten „Anordnung über Mitteilungen in Zivilsachen"[563] werden die Amtsgerichte in ihrer Funktion als Vollstreckungs- und Insolvenzgerichte verpflichtet, die zuständigen Staatsanwaltschaften über bestimmte Maßnahmen unverzüglich zu informieren. Dabei handelt es sich insbesondere um folgende Situationen:

- die Eröffnung eines Insolvenzverfahrens,
- die Ablehnung eines Antrages auf Eröffnung des Insolvenzverfahrens mangels Masse,
- die Anberaumung eines Termins zur Abgabe der eidesstattlichen Versicherung (§ 807 ZPO), soweit das Verfahren eine AG, eine KGaA, eine GmbH, eine OHG, eine KG oder eine Genossenschaft betrifft,
- die Abgabe der eidesstattlichen Versicherung, wenn eine der vorgenannten Gesellschaftsformen berührt ist.

Da die Eröffnung eines Insolvenzverfahrens oder die Abweisung eines Antrages mangels Masse noch keinen zu strafrechtlichen Ermittlungen verpflichtenden sog. Anfangsverdacht i.S.d. § 152 StPO begründen, stellt die Staatsanwaltschaft nach einer entsprechenden Mitteilung zunächst Vorermittlungen an und lässt sich die Insolvenzakten übersenden. Sofern sich aus der Akte konkrete Hinweise auf Straftaten ergeben, wird schließ-

---

[563] Die sog. „MiZi" ist eine bundesweit geltende Übereinkunft zwischen den Justizministern des Bundes und der Länder und ist zum 01. 06. 1967 erstmals in Kraft getreten, abrufbar unter „vwwb" und „juris.de/bswbund_29041998_1431R5721 2002.htm".

lich ein Strafverfahren eingeleitet, regelmäßig zunächst gegen den handelnden Geschäftsführer des Unternehmens. Stellt sich im Zug der Ermittlungen ein eigener Tatbeitrag des Steuerberaters heraus, wird auch gegen diesen ein Verfahren eingeleitet.

Anders verhält es sich in den Fällen der Abgabe einer eidesstattlichen Versicherung im Bereich juristischer Personen und Gesellschaften ohne Rechtspersönlichkeit. Hier besteht grundsätzlich schon ein hinreichender Anfangsverdacht i.S.d. § 152 StPO, da die Organe bzw. geschäftsführenden Gesellschafter infolge verschiedener gesetzlicher Bestimmungen verpflichtet sind, bei Überschuldung oder Zahlungsunfähigkeit einen Insolvenzantrag zu stellen[564]. Da der Abgabe einer eidesstattlichen Versicherung immer erfolglose Vollstreckungsversuche vorausgegangen sein müssen, liegen auch immer hinreichende Anhaltspunkte für einen Verstoß gegen diese Pflichten vor.

Darüber hinaus ergibt sich bei einem Antrag auf Abgabe der eidesstattlichen Versicherung oder einem Insolvenzantrag durch einen Sozialversicherungsträger regelmäßig der Verdacht des strafbaren Vorenthaltens von Sozialversicherungsbeiträgen gem. § 266a StGB[565].

Auffällig im Zusammenhang mit Unternehmenszusammenbrüchen ist die Strafgeneigtheit bei entsprechenden Vorgängen im Zusammenhang mit einer GmbH oder GmbH & Co. KG[566]. Diese Unternehmensformen führen nicht nur seit Jahren die Insolvenzstatistik an, auch hinsichtlich der Insolvenzstraftaten sind sie überdurchschnittlich oft vertreten. Unter Berücksichtigung aller Wirtschaftsstraftaten des § 74c GVG[567], sind in über 50 % der Fälle die genannten Gesellschaftsformen von strafrechtlichen Ermittlungen betroffen. Im Zusammenhang mit Insolvenzen kommt es dabei zu etwa 4.000 Ermittlungsverfahren gegen GmbH-Geschäftsführer. Die Kriminalstatistiken zu diesen Delikten sind jedoch sogar noch trügerisch. Allgemein wird insbesondere bei Gesellschaften mit beschränkter Haftung eine erhebliche Dunkelziffer an Straftaten angenommen. Man geht davon aus, dass bei bis zu 90 % aller Unternehmenskrisen, Unternehmensliquidationen und Unternehmensinsolvenzen Wirtschaftsstraftaten begangen werden. Dabei sind ernstgemeinte oder angebliche Sanierungsbemühun-

---

[564] Vgl. nunmehr § 15a InsO, zitiert auf S. 177.; früher: §§ 84 GmbHG, 92 Abs. 2 AktG, 98 Abs. 1 GenG, 130a, 177a HGB.
[565] § 266a StGB, zitiert auf S. 185f.
[566] Krekeler/Werner, Rn. 1351.
[567] Zuständigkeit der Wirtschaftsstrafkammer beim Landgericht.

gen oftmals mit allgemeinen (Insolvenz-) Straftaten verbunden. Man kann daher sagen, dass die Kriminalitätsanfälligkeit mit der Nähe zur Insolvenz proportional auffällig ansteigt.

Die Ursachen für das Begehen strafbewährter Handlungen liegen nicht zuletzt in der Angst, die Existenzgrundlage oder das erworbene gesellschaftliche Ansehen zu verlieren. So wird versucht, das Unternehmen als Basis des Lebensunterhalts mit allen Mitteln zu retten. Auffällig ist in diesem Zusammenhang das fehlende Unrechtsbewusstsein einer kriminellen Verhaltensweise vieler Geschäftsführer. Aber auch Unwissenheit und fehlerhafte oder unzureichende Beratung – leider auch durch steuerliche Berater – in der Krise, lassen die verantwortlichen Unternehmer häufig die strafrechtlichen Grenzen überschreiten.

Dies zu vermeiden, ist eine weitere (auch) dem steuerlichen Berater obliegende Aufgabe.

2. Begriffsbestimmung

Da die rechtliche und wirtschaftliche Beratung in der Krise des Unternehmens auch das Ziel haben muss, den Unternehmer vor der Begehung von Straftaten zu bewahren (und insbesondere auch als Berater nicht in strafrechtliche Fallen zu tappen), muss bedacht werden, dass in solchen Situationen nicht nur Insolvenzdelikte in Betracht kommen, sondern eine Reihe von weiteren Straftatbeständen existieren, die – anders als Insolvenzdelikte – nicht den Schutz der Gläubigergesamtheit, sondern den Schutz einzelner Gläubiger bezwecken.

Von einem „Insolvenzdelikt" (im engeren Sinne) spricht man dann, wenn eine bestimmte Strafvorschrift verletzt ist, die den Zweck verfolgt, die gleichmäßige Befriedigung aller Gläubiger mit Mitteln des Strafrechts zu sichern. Diese Strafnormen finden sich in den §§ 283 bis 283 d StGB[568].

Dieser Abschnitt „Insolvenzstraftaten" ist 1994 in das Strafgesetzbuch aufgenommen worden[569] und sodann zum 01.01.1999 in Kraft getreten. Rechtsgut der Insolvenzdelikte ist der Schutz der etwaigen Insolvenzmasse vor unwirtschaftlicher Verringerung, Verheimlichung und ungerechter Verteilung zum Nachteil der Gesamtgläubigerschaft[570]. Die einzelnen Delikte sind der Bankrott (§ 283 StGB), bei dem auch der Versuch und

---

[568] § 283 ff. StGB, zitiert auf S. 187 f.
[569] BGBl. I., S. 2911.
[570] Tröndle/Fischer, Tz. 3 vor § 283 StGB.

zahlreiche fahrlässige Begehungen unter Strafe gestellt sind; darüber hinaus wirkt sich ein besonders schwerer Fall des Bankrotts strafschärfend aus (§ 283a StGB), wenn aus Gewinnsucht gehandelt wird oder wissentlich viele Personen in die Gefahr des Verlustes ihrer dem Täter anvertrauten Vermögenswerte oder in wirtschaftliche Not gebracht werden.

Für den Steuerberater relevant werden kann auch das Delikt der „Verletzung der Buchführungspflicht" i.S.v. § 283b StGB.

§§ 283c und 283d StGB stellen sodann die Gläubiger- bzw. die Schuldnerbegünstigung unter Strafe. Die wesentlichen Grundzüge der wichtigsten Insolvenzdelikte werden nachstehend dargestellt.

Unter sog. „insolvenzbegleitenden Delikten" (oder auch Insolvenzdelikten im weiteren Sinne) ist jedes Verhalten zu verstehen, das im Zusammenhang mit einem Unternehmenszusammenbruch begangen wird. Besonders häufig in diesem Zusammenhang ist naturgemäß die „Steuerhinterziehung" oder „leichtfertige Steuerverkürzung". Ein weiteres regelmäßiges Begleitdelikt ist die Beitragsvorenthaltung i.S.v. § 266a StGB wie auch das Eingehen eines Betruges (§ 263 StGB) oder Kreditbetruges (§ 265b StGB)[571].

Naturgemäß können noch weitere strafrechtliche Delikte im Zusammenhang mit der Krise oder der Insolvenz des Mandanten durch diesen, in Einzelfällen auch durch den Berater, begangen werden: Zu denken wäre insbesondere an Urkundenfälschung (§ 267 Abs. 1 StGB) oder Veruntreuung fremder Gelder (§ 266 Abs. 1 StGB)[572].

3. Insolvenzstraftaten

Für den Steuerberater sind gerade im Hinblick auf die Vermeidung einer Täterschaft und Teilnahme die Grundkenntnisse der wesentlichen Insolvenzstraftaten wichtig. Dabei handelt es sich insbesondere um das strafbare „Bankrott" und die „Gläubigerbegünstigung". Für die weiteren Insolvenzstraftaten nach §§ 283 bis 283d StGB[573] kann ergänzend auf die einschlägigen Strafrechtskommentare Bezug genommen werden.

---

[571] §§ 263, 265b, 266a StGB, zitiert auf S. 182–186.
[572] § 266 Abs. 1 StGB, zitiert auf S. 185.
[573] §§ 283ff. StGB, zitiert auf S. 187–190.

a) Bankrotthandlungen

Mit dem Tatbestand des Bankrotts nach § 283 StGB werden zwei Ziele verfolgt. Einerseits werden Handlungen verboten, die eine Schmälerung ohne Gefährdung der Insolvenzmasse zur Folge haben. Die entsprechenden Tatbestände dienen der Erhaltung des Bestandes des Schuldnervermögens, das im Falle des Konkurses dem Zugriff der Gläubiger zur Verfügung steht.

Zum anderen enthält § 283 StGB Tatbestände, die die Eigeninformation des Kaufmanns über die Situation seines Unternehmens ermöglichen soll. Durch diese Tatbestände wird das Informationsinteresse des späteren Gemeinschuldners geschützt[574].

Dem Informationsinteresse dienen die Tatbestände in § 283 Abs. 1 Nr. 5 – Nr. 7 StGB. Für strafbar wird dort erklärt,

- Nr. 5 – die unterlassene oder unordentliche Führung von Handelsbüchern,
- Nr. 6 – die Verletzung von Aufbewahrungspflichten in Bezug auf Handelsbücher,
- Nr. 7 – die unterlassene oder unrichtige Erstellung von Bilanzen.

Die übrigen Tatbestände in § 283 Abs. 1 StGB sollen verhindern, dass das Vermögen des Gemeinschuldners in unzulässiger Weise verringert wird. Bei diesen Delikten nach den Nr. 1 bis 4 und Nr. 8 entsteht deshalb ein Sonderproblem, weil auch in der Krise des Unternehmens dessen Fortführung nicht gänzlich untersagt sein soll und weil bei jeder Unternehmensführung Vermögensrisiken entstehen müssen.

Diese Delikte erhalten demgemäß nur dann eine akzeptable Reichweite, wenn die noch zulässige Vermögensgefährdung durch Fortführung des Unternehmens von der strafbaren Schmälerung oder Gefährdung des Gemeinschuldnervermögens abgegrenzt wird.

Es geht damit praktisch um die Beschreibung des im Strafrecht generell akzeptierten erlaubten Risikos. Gesetz, Rechtsprechung und Literatur versuchen diese Abgrenzung mit Hilfe des Begriffs der Anforderung einer „ordnungsgemäßen Wirtschaft" vorzunehmen. Angesicht der generalklauselartigen Formulierung dieses Einschränkungskriteriums sind sichere Prognosen darüber, ob durch eine konkrete Handlung der Tatbestand erfüllt wird, in zahlreichen Fällen nicht möglich.

---

[574] Tröndle/Fischer, Rdn. 3–5 vor § 283 StGB.

Das Gesetz versucht diese Ungewissheit durch eine differenzierte „Vorsatz-Fahrlässigkeits-Kombination" abzumildern[575].
So macht sich gemäß § 283 Abs. 1 und Abs. 2 StGB[576] nur der strafbar, der sämtliche Merkmale der dort aufgeführten Tatbestände vorsätzlich verwirklicht. Da aber nach den Regeln über den Eventualvorsatz vorsätzliches Handeln bereits dann vorliegt, wenn der Täter die maßgeblichen Tatumstände ernsthaft für möglich hält und da andererseits das Urteil über das Vorhandensein dieser inneren Tatsache vom Gericht nach den Grundsätzen der freien Beweiswürdigung getroffen wird, darf die Bedeutung des Vorsatzerfordernisses in der Praxis nicht überschätzt werden.
Hinzu kommt, dass generell nach § 283 Abs. 4 Nr. 1 StGB in den Fällen des Absatzes 1 von § 283 StGB in Bezug auf die Merkmale der Krise auch Fahrlässigkeit und nach § 283 Abs. 4 Nr. 2 StGB in den Fällen des Absatzes 2 von § 283 StGB Leichtfertigkeit (als eine gesteigerte Form der Fahrlässigkeit) ausreichend ist.

b) Verletzung der Buchführungspflicht

Der Gesetzgeber statuiert als abstraktes Gefährdungsdelikt in § 283 b StGB[577] Verstöße gegen die Buchführungspflichten. Dies bedeutet, dass die Strafbarkeit schon der Krise vorgelagert wird: Täter dieses Deliktes im Vorfeld eines möglichen Bankrottes (vgl. dort § 283 Abs. 4 Nr. 1 StGB) ist derjenige, der Buchführungspflichten verletzt, die noch nicht in der Krise erfolgen oder von einem Täter begangen werden, der die eingetretene Krise ohne Fahrlässigkeit nicht kennt und der weder die Überschuldung noch die Zahlungsunfähigkeit vorsätzlich oder leichtfertig verursacht hat (bei Kenntnis wäre wiederum Bankrott, dort § 283 Abs. 2 bzw. Abs. 4 Nr. 2 oder Abs. 5 Nr. 2 StGB einschlägig).

Unter Strafe gestellt ist, wenn Handelsbücher nicht geführt werden oder so geführt bzw. verändert werden, dass die Übersicht über den Vermögensstand erschwert wird. Ferner wird bestraft, wer Handelsbücher oder sonstige Unterlagen, zu deren Aufbewahrung er nach Handelsrecht verpflichtet ist, vor Ablauf der gesetzlichen Aufbewahrungsfristen beiseite schafft, verheimlicht, zerstört oder beschädigt und dadurch die Übersicht über den Vermögensstand erschwert oder wer entgegen dem Handels-

---

[575] Vgl. Tröndle/Fischer, Rdn. 32–35 zu § 283 StGB
[576] § 283 StGB, zitiert auf S. 187f.
[577] § 283 b StGB, zitiert auf S. 188.

recht Bilanzen so aufstellt, dass die Übersicht über den Vermögensstand erschwert wird oder es unterlässt, die Bilanz seines Vermögens oder das Inventar in der vorgeschriebenen Zeit aufzustellen.

Im Hinblick auf die gerade dargestellte Nähe zu entsprechenden Straftaten in der Krise ist festzuhalten, dass § 283 b StGB eine subsidiäre Vorschrift ist und bei Konkurrenz hinter den Bankrott (§ 283 StGB) zurücktritt[578].

Insbesondere bei einem vorsätzlich mitwirkenden steuerlichen Berater hat die Rechtsprechung entschieden, dass eine Gehilfenschaft möglich ist[579]. Im Regelfall allerdings wird die Verletzung der Buchführungspflichten nur den Unternehmer bzw. Geschäftsführer der vor der Krise befindlichen Gesellschaft angelastet werden können.

c) Gläubigerbegünstigung

§ 283 c StGB[580] ist eine in der Praxis häufig übersehene Vorschrift und insbesondere für den steuerlichen Berater, der um die Realisierung seiner Honorarforderung besorgt ist, zu beachten.

> **Praxistipp**
>
> Lassen Sie sich als Steuerberater für notwendige Dienstleistungen konkret und direkt – mit genauer Bezeichnung der Tätigkeit – honorieren; solche „Bar-Geschäfte" erlaubt § 142 InsO[581]!

Der Tatbestand kann zunächst grundsätzlich nur begangen werden, wenn der Täter seine Zahlungsunfähigkeit kennt. Hierbei ist zweierlei zu beachten[582]:

- Einerseits muss die Zahlungsunfähigkeit tatsächlich vorliegen. Es reicht somit nicht aus, dass eine Überschuldung oder nur eine drohende Zahlungsunfähigkeit vorliegt. Insofern werden auch mit diesem Tatbestand alle Unsicherheiten aufgeworfen, die mit dem Begriff der Zahlungsunfähigkeit verbunden sind.

---

[578] Tröndle/Fischer, Rdn. 4 f. zu § 283 b StGB; §§ 283, 283 b StGB, zitiert auf S. 187 ff.
[579] LG Frankfurt, NStZ-RR 1999, S. 105; BGH, 24. 05. 2007, DStRE 2008, S. 169; bestätigt durch BVerfG 26. 06. 2008, NJW 2008, S. 3346.
[580] § 283 c StGB, zitiert auf S. 189.
[581] § 142 InsO, zitiert auf S. 180; eine Abtretung von Steuererstattungsansprüchen in der Krise wäre gem. §§ 129 ff. InsO anfechtbar.
[582] Vgl. Tröndle/Fischer, Rdn. 3 f. zu § 283 c StGB

- Zum anderen muss der Täter seine Zahlungsunfähigkeit kennen. Das bedeutet, er muss sicheres Wissen haben, ein Eventualvorsatz genügt nicht. Allerdings ist es nach verbreiteter Auffassung ausreichend, wenn der Täter diejenigen Umstände kennt, aus denen sich die Zahlungsunfähigkeit ergibt. Den Begriff selbst muss er nicht verstanden haben.

Weiterhin ist erforderlich, dass der Täter auf eine vorhandene Forderung leistet. Diese darf jedoch noch nicht fällig sein. Die zweite Variante besteht darin, dass für eine vorhandene – möglicherweise auch fällige – Forderung eine Sicherheit gewährt wird, auf die der Gläubiger keinen Anspruch hat.

Die Fälligkeit der Forderung richtet sich ausschließlich nach Zivilrecht.

In Bezug auf die Sicherheit ist zu beachten, dass auf sie auch dann kein Anspruch besteht, wenn ein solcher Anspruch erst nach Eintritt der Zahlungsunfähigkeit begründet wurde.

Aus denselben Gründen wird auch die in Kenntnis der Zahlungsunfähigkeit vorgenommene Schaffung einer Aufrechnungslage für tatbestandsmäßig gehalten.

Die in der Praxis ständig vorkommende und regelmäßig zur Verurteilung führende Konstellation besteht darin, dass insbesondere die rechtlichen und steuerlichen Berater des krisenbefangenen Unternehmens im Bemühen um Sicherung ihrer längst fälligen Honorarforderungen sich einzelne Forderungen des Unternehmens abtreten lassen oder an Erfüllung statt die Übereignung von Gegenständen des Unternehmens vereinbaren. Besonders beliebt scheint hier die Übereignung des Firmen-Pkw's zu sein.

In allen diesen Fällen handelt es sich beim Unternehmer, der diese Sicherheiten oder Befriedigungsmöglichkeiten entgegen der schuldrechtlichen Lage gewährt, um einen Fall der Gläubigerbegünstigung.

Beim steuerlichen Berater, der derartige Leistungen annimmt, besteht nach dem Prinzip der notwendigen Teilnahme Straflosigkeit, solange er sich auf die Annahme beschränkt. Sobald er jedoch darüber hinaus geht, also z. B. den Unternehmer auch nur dazu auffordert oder auch nur darin bestärkt, eine solche Leistung an ihn zu gewähren, endet der Bereich der straflosen notwendigen Teilnahme. Es liegt in diesen Fällen entweder eine Anstiftung oder (psychische) Beihilfe zur Gläubigerbegünstigung vor.

4. Insolvenzbegleitende Straftaten

Obwohl die Tatbestände der sog. insolvenzbegleitenden Delikte nicht speziell auf das Handeln in der Krise des Unternehmens zugeschnitten sind, werden sie doch nach ständiger praktischer Erfahrung regelmäßig gerade im Umfeld der Insolvenz begangen. Dies erscheint umso bedenklicher, als diverse Möglichkeiten bestehen, durch sachgerechte Beratung das strafrechtliche Risiko des Unternehmers in der Krise zu verringern. Dass dies vielfach nicht geschieht, ist darauf zurückzuführen, dass in der Unternehmenskrise der wirtschaftliche Berater – und damit insbesondere der Steuerberater des Unternehmens – gefordert ist, der häufig über die strafrechtlichen Fallstricke, insbesondere dieser Delikte, nicht hinreichend informiert ist.

Im Folgenden sollen die am häufigsten verwirklichten Straftatbestände skizziert und einzelne praktisch bedeutsame Umstände hervorgehoben werden.

In diesem Zusammenhang kommt es insbesondere häufig zur Steuerhinterziehung, fast regelmäßig zur Beitragsvorenthaltung, gelegentlich leider auch zu einem Betrug bzw. einem Kreditbetrug.

a) Steuerhinterziehung

Der Tatbestand der Steuerhinterziehung nach § 370 Abs. 1 AO[583] setzt voraus, dass der Täter – es muss sich keineswegs um den Steuerpflichten handeln, sondern kann bspw. auch der Steuerberater sein – der Finanzverwaltung über steuerlich erhebliche Tatsachen unrichtige oder unvollständige Angaben macht oder die Finanzverwaltung pflichtwidrig über steuerlich erhebliche Tatsachen nicht aufklärt. Dadurch (Kausalität) muss eine Steuerverkürzung eintreten.

Entscheidend zu berücksichtigen ist hier, dass die schlichte Nichtzahlung geschuldeter Steuern den Tatbestand nicht erfüllt. Deswegen beschreibt der Begriff der „Steuerverkürzung" als tatbestandsmäßiger Erfolg der Steuerhinterziehung nicht das Ausbleiben des Zahlungseinganges bei der Finanzbehörde. Nach der Definition des § 370 Abs. 4 AO liegt eine Steuerverkürzung dann vor, wenn Steuern nicht, nicht rechtzeitig oder nicht in voller Höhe festgesetzt werden.

---

[583] § 370 AO, zitiert auf S. 173.

Im Normalfall erfolgt die Steuerfestsetzung durch Steuerbescheid[584]. Dabei ist es nach § 370 Abs. 4 AO gleich, ob der Steuerbescheid endgültig, vorläufig oder unter dem Vorbehalt der Nachprüfung ergeht.

Weitestgehend bekannt ist, dass die unrichtige oder unvollständige Steuererklärung den Straftatbestand der Steuerhinterziehung verwirklicht. Verbreitet Unklarheit besteht in der Praxis jedoch über die zweite Variante: der Steuerhinterziehung durch „Unterlassen"[585].

Hier besteht das Täterverhalten in einem schlichten „Nicht-Tätigwerden", d. h. der Nichtabgabe der Steuererklärung. Dieses Unterlassen muss allerdings pflichtwidrig sein. Dabei sind zwei Aspekte zu beachten.

Täter kann hier nur sein, wer zur Abgabe einer Steuererklärung verpflichtet ist[586]. Das ist grundsätzlich derjenige, der Steuern schuldet. Diese Steuerabgabepflicht beschränkt sich jedoch nicht auf den eigentlichen Steuerschuldner, sondern umfasst auch diejenigen, die nach den §§ 34, 35 AO für den Steuerschuldner handeln[587].

Pflichtwidrig ist das Unterlassen dann, wenn die Erklärung nicht spätestens bis zu demjenigen Zeitpunkt bei der Finanzverwaltung eingeht, die das einzelne Steuergesetz vorschreibt. Für den Fall, dass eine solche spezielle Regelung fehlt, greift § 149 Abs. 2 AO. Danach ist im Übrigen eine Steuererklärung spätestens fünf Monate nach dem Veranlagungszeitraum – bzw. einem gesetzlich bestimmten Zeitpunkt – abzugeben.

Das Problem der Steuerhinterziehung gestaltet sich bei der Umsatzsteuer sowie den meisten sonstigen Verbrauchssteuern in anderer Weise. Im Folgenden soll das am Beispiel der Umsatzsteuervoranmeldung beschrieben werden.

Nach dem Umsatzsteuergesetz (UStG) ist im Regelfall die monatliche Umsatzsteuervoranmeldung bis zum 10. des Folgemonats abzugeben. Nach Verstreichen dieses Tages liegt bereits eine pflichtwidrige Nichtabgabe von Steuererklärungen vor. Der Tatbestand ist vollständig erfüllt. An dieser Stelle ist auf eine in der Praxis verbreitete Fehlvorstellung hinzuweisen: Die so genannte Schonfrist in § 240 Abs. 3 AO betrifft allein die Verhängung von Säumniszuschlägen und ändert nichts an der Tatsache, dass

---

[584] § 155 Abs. 1 AO.
[585] § 370 Abs. 1 Nr. 2 AO, zitiert auf S. 173.
[586] Vgl. BGH, 14. 12. 2005, wistra 2006, S. 433.
[587] Vgl. BGH, 21. 11. 2000, HFR 2001, S. 543; §§ 34, 35 AO, auszugsweise zitiert auf S. 171.

die Pflichtwidrigkeit des Unterlassens in § 370 Abs. 1 Nr. 2 AO am 10. des Folgemonats stattfindet.

Bis zu diesem Punkt entspricht die Regelung vollständig derjenigen, die § 370 AO für die so genannten Festsetzungssteuern trifft[588].

Der wichtigste Unterschied ergibt sich jedoch auf der Seite der Steuerverkürzung. Die Definition der Steuerverkürzung gilt gem. § 370 Abs. 4 AO auch für denjenigen Fall, in dem eine Steueranmeldung einer Steuerfestsetzung unter dem Vorbehalt der Nachprüfung gleichsteht.

Sofern die Steueranmeldung nach Ablauf des maßgeblichen Zeitpunktes bei der Finanzverwaltung eingeht, liegt in dieser verspätet abgegebenen Steueranmeldung zugleich eine Selbstanzeige nach § 371 AO[589]. Diese befreit von Strafe jedoch nur dann, wenn die Steuer innerhalb der von der Finanzverwaltung gesetzten Frist nachgezahlt wird. Bleibt diese Nachzahlung aus, dann hilft auch die Selbstanzeige nicht weiter. Es verbleibt bei der Strafbarkeit (vgl. § 371 Abs. 3 AO).

In der Praxis zeigt sich immer wieder, dass es dem Unternehmer vor allem bei der Umsatzsteuer sinnlos erscheint, dann noch Umsatzsteuervoranmeldungen abzugeben, wenn bereits feststeht, dass wenige Tage oder Wochen später ein Insolvenzantrag gestellt wird und schon aus diesem Grunde eine Zahlung nicht erfolgen kann. Der Unternehmer muss in dieser Situation darauf hingewiesen werden, dass auch in diesem Falle die Abgabe der Umsatzsteuervoranmeldung zu erfolgen hat, damit er sich nicht wegen einer Steuerhinterziehung strafbar macht.

Ansonsten erfüllt die Nichtabgabe oder verspätete Abgabe der Umsatzsteuervoranmeldung den vollständigen Tatbestand der vollendeten Steuerhinterziehung. Die strafbefreiende Wirkung bei letzterer Alternative tritt ja nur dann ein, wenn die Steuer innerhalb der von der Finanzverwaltung gesetzten (regelmäßig relativ kurzen) Frist nachgezahlt wird. Da nun aber in der Unternehmenskrise die Liquidität zur Bezahlung der Umsatzsteuerschuld nicht vorhanden ist, verbleibt es in vielen Fällen bei der Strafbarkeit wegen Umsatzsteuerhinterziehung.

Diese Risiken sind nur dadurch vermeidbar, dass die Umsatzsteuervoranmeldung genau bis zum 10. des Folgemonats wirklich abgegeben wird. In einer solchen Situation kommt es dann auf die Zahlung der Steuern als Voraussetzung einer Steuerhinterziehung nicht mehr an.

---

[588] § 370 AO, zitiert auf S. 173.
[589] Kohlmann, § 370 AO Rn. 321; § 371 AO, zitiert auf S. 174f.

Gleiches gilt für die Umsatzsteuerjahreserklärung; auch sie wird in Form einer Umsatzsteueranmeldung abgegeben. Bei den meisten anderen Verbrauchssteuern finden sich ebenfalls dem § 168 AO entsprechende Regelungen, wonach eine Steueranmeldung einer Steuerfestsetzung unter Vorbehalt der Nachprüfung gleichsteht. Die vorgenannten Grundsätze gelten sodann auch in diesen Fällen.

b) Beitragsvorenthaltung

Für die Unternehmen erweist sich in der Praxis regelmäßig als besonders gefährlich der Tatbestand des Vorenthaltens von Teilen des Arbeitsentgeltes nach § 266a StGB[590]. Das hat seinen Grund darin, dass – zumindest in § 266a Abs. 1 StGB – die Pflichtwidrigkeit nicht darin besteht, dass Erklärungen unterlassen werden, sondern sich in der bloßen Nichtzahlung erschöpft.

§ 266a Abs. 1 StGB betrifft die Nichtabführung von Arbeitnehmeranteilen zur Sozialversicherung. Der Absatz 2 behandelt das Nichtabführen der Arbeitgeberanteile. Der Absatz 3 betrifft das Nichtabführen sonstiger Teile des Arbeitsentgeltes.

Bei grobem Eigennutz der Verwendung gefälschter Belege oder das Ausnutzen eines bösgläubigen Amtsträgers sieht Abs. 4 eine Strafschärfung vor.

Im Übrigen wird im Absatz 5 der Arbeitnehmerbegriff erweitert. In § 266a Abs. 6 StGB ist eine Spezialregelung normiert, die in etwa der steuerstrafrechtlichen Selbstanzeige des § 371 AO entspricht[591].

Da § 266a Abs. 1 StGB ein Unterlassungsdelikt enthält, ist eine Strafbarkeit nur dann gegeben, wenn am Fälligkeitszeitpunkt die Fähigkeit zur Zahlung bestand. War der Unternehmer gänzlich zahlungsunfähig, scheidet eine Strafbarkeit aus[592].

Der Begriff der „Zahlungsunfähigkeit" in diesem Zusammenhang wird in der Praxis jedoch vielfach falsch angewandt. So wird zur Verteidigung regelmäßig vorgetragen, dass die Begleichung der Beiträge gar nicht möglich war, da schon eine Zahlungsunfähigkeit des Unternehmens vorlag. Hierbei wird sich oft auf den Bericht bzw. das Gutachten des (vorläufigen)

---

[590] § 266a StGB, zitiert auf S. 185f.
[591] § 371 AO, zitiert auf S. 174.
[592] Tröndle/Fischer, § 266a StGB, Rdn. 15; s. o. S. 108 ff.

Insolvenzverwalters gestützt, der sich mit dem tatsächlichen Eintritt der Zahlungsunfähigkeit des Unternehmens auseinandersetzt. So wird dann ausgeführt, dass seitens dieser gutachterlichen Feststellungen das Unternehmen zum Zeitpunkt der Fälligkeit der Sozialversicherungsbeiträge der Arbeitnehmer zahlungsunfähig war und somit ein Fall der Unmöglichkeit vorliegen würde.

Hierbei wird jedoch verkannt, dass die betriebswirtschaftliche Analyse der Zahlungsunfähigkeit sowie die Analyse der Zahlungsunfähigkeit anhand von äußeren Umständen, die so genannte „kriminalistische Analyse" der Zahlungsunfähigkeit und deren Ergebnisse, nicht damit gleichzusetzen sind, dass keinerlei liquide Mittel (Kassenguthaben, Bankguthaben, bzw. nicht ausgeschöpfte Kreditlinien) im Unternehmen vorhanden waren. So stellt die Rechtsprechung darauf ab[593], dass dem in diesem Falle Beklagten die Zahlung der Arbeitnehmeranteile im maßgeblichen Fälligkeitszeitraum tatsächlich möglich gewesen war, da der Kreditrahmen des Geschäftskontos des Unternehmens bei der Bank noch nicht ausgeschöpft war und zur Begleichung der Forderung der Kasse ausgereicht hätte, so dass dem Beklagten die Begleichung der Beiträge bei normgemäßem Verhalten jedenfalls aus finanziellen Gründen nicht unmöglich war.

Von diesem Grundsatz wird in der Praxis regelmäßig eine Ausnahme diskutiert[594]. Diese betrifft den Fall, dass der Unternehmer vor dem 15. des Monats genügend liquide Mittel hatte, sie aber für andere Zwecke ausgegeben hatte. Hier wird teilweise die Auffassung vertreten, dass die Begleichung anderer Verbindlichkeiten in strafrechtlicher Sicht als ein Fall angesehen werden müsse, in dem sich der Verpflichtete handlungsunfähig gemacht hat. Im allgemeinen Strafrecht wird dieses Verhalten als „ommissio libera in causa" bezeichnet und führt dazu, dass tatbestandsmäßiges Unterlassen am Fälligkeitszeitpunkt auch dann angenommen wird, wenn zum Fälligkeitszeitpunkt tatsächlich keine Handlungsmöglichkeit mehr bestand.

Dieser Auffassung werden erhebliche Bedenken entgegen gebracht, weil mit Hilfe einer solchen Konstruktion ein dem Insolvenzrecht fremder Vorrang der Sozialversicherungsbeiträge vor allen anderen Verbindlichkeiten eingeräumt wird. Es liegen demgegenüber obergerichtliche Entscheidun-

---

[593] BGH, 21. 01. 1997, BGHZ 134, S. 304, 307; NJW 1998, 18. 11. 1997, S. 1306.
[594] Tröndle/Fischer, § 266a, Rdn. 15b.

gen vor, die die Übertragung der vorgenannten Auffassung auf die Voraussetzungen des § 266a Abs. 1 StGB ablehnen[595].

Ein weiteres Problem in der Krise stellt die erhöhte Anforderung an Überwachungspflichten dar. Es ist daher von der weiteren Auslegung bei der „Zahlungsunfähigkeit" auszugeben.

In einem anderen Urteil des BGH[596] hatte sich dieser mit der Überwachungspflicht eines Geschäftsführers zu beschäftigen. In dem diesem Verfahren zugrundeliegenden Sachverhalt hatte die Gesellschaft in den streitbefangenen Monaten zwei Geschäftsführer, wobei einer der Geschäftsführer nicht am Ort der Gesellschaft ansässig war. Dieser erhielt – auch in den strittigen Monaten – von dem Chefbuchhalter der GmbH bzw. dem Mitgeschäftsführer die telefonische Auskunft, dass die Beitragszahlungen erfolgt sind. Gleichzeitig war ein immer größer werdender finanzieller Engpass im Unternehmen gegeben. In der Gesellschaft war intern für die Abführung der Sozialversicherungsbeiträge eine Arbeitsteilung vereinbart worden.

Der BGH hat insofern festgestellt, dass auch ein „bedingter Vorsatz" ausreichend ist[597]. Der nicht ortsansässige Geschäftsführer habe trotz der Vorstellung der Möglichkeit der Beitragsvorenthaltung – was letztendlich durch die Telefonanrufe zum Ausdruck kam – diese billigend in Kauf genommen und nicht im erforderlichen Umfang auf die Erfüllung der Ansprüche der Sozialversicherungsträger auf Abführung der Arbeitnehmerbeiträge hingewirkt. Das Urteil führt weiter aus, dass bei mehreren Geschäftsführern jeden die Pflicht zur Geschäftsführung trifft. Dieser kann sich der jeweilige Geschäftsführer nicht durch interne Zuständigkeitsregelungen entziehen, wozu insbesondere die Erfüllung der öffentlich-rechtlichen Verpflichtung in Form der Abführung der Sozialversicherungsbeiträge gehört. Es verbleiben insbesondere Überwachungspflichten auch des „anderen" Geschäftsführers, die Veranlassung zum Eingreifen geben sollten, wenn Anhaltspunkte dafür bestehen, dass die Erfüllung durch den intern zuständigen Geschäftsführer nicht mehr gewährleistet ist. Der „andere" Geschäftsführer hätte sich nach Eintritt eines immer größer werdenden finanziellen Engpasses nicht mehr auf telefonische Informationen seines Mitarbeiters und des Mitgeschäftsführers verlassen dür-

---
[595] OLG Celle, 29. 11. 1995, wistra 1996, S. 114; OLG Düsseldorf, 18. 06. 1993, NJW RR 1993, S. 1448; § 266a Abs. 1 StGB, zitiert auf S. 185f.
[596] BGH, 09. 01. 2001 – VI ZR 407/99 – NJW 2001, 969–971.
[597] BGH, 09. 01. 2001 – VI ZR 407/99 – sog. „dolus eventualis".

fen. So hätte er sich bei der zuständigen Bank rückversichern müssen, ob die Zahlungen auch tatsächlich erfolgt sind.

Das Urteil stellt damit deutlich die erhöhte Überwachungspflicht des Geschäftsführers in der Krise dar.

In diesem Zusammenhang hatte das OLG Hamburg[598] die Frage zu klären, ob das Nichtausführen eines Überweisungsauftrages seitens der Bank einen GmbH-Geschäftsführer im Hinblick auf das Nichtabführen entlasten kann oder ob er auf die Ausführung der Überweisung hätte drängen müssen.

Die Fragestellung wurde eindeutig dahin beurteilt, dass der Geschäftsführer die Bank intensiv darauf hätte hinweisen müssen, dass er sich strafbar macht, wenn eine entsprechende Überweisung nicht erfolgt. Auch sei es nicht ausreichend, dass ein Rechtsanwalt eingeschaltet wurde, der sich um die entsprechenden Zahlungen bemühen sollte, da dieser ebenfalls die nötige Nachhaltigkeit, die Bank zur Überweisung zu drängen, nicht nachweisen konnte.

Der Vollständigkeit halber ist anzumerken, dass sich nach § 266a Abs. 3 StGB auch derjenige Arbeitgeber strafbar macht[599], der Teile des Arbeitsentgeltes einbehält, um sie an Dritte abzuführen, dies jedoch nicht tut und eine entsprechende Mitteilung an den Arbeitnehmer unterlässt.

c) Betrug

Aufgrund des komplizierten Deliktsaufbaues des Betrugstatbestandes in § 263 StGB[600] sind folgende kurze praktische Hinweise notwendig:

Es entspricht gängiger Praxis, dass immer dann, wenn der Unternehmer in der Krise Aufträge an Lieferanten oder Handwerker erteilt, nach denen diese vorleistungspflichtig sind, die Staatsanwaltschaften dann wegen Betruges ermitteln, wenn wegen der inzwischen eingetretenen Insolvenz eine Begleichung der Lieferanten- und Handwerkerrechnungen nicht (mehr) erfolgt.

Dieser Ansicht der Staatsanwaltschaft liegt folgende, von der Rechtsprechung der Obergerichte akzeptierte Konstruktion zugrunde[601]:

---

[598] OLG Hamburg, 08. 09. 1999, GmbHR 2000, S. 185 ff.
[599] § 266a Abs. 3 StGB, zitiert auf S. 186.
[600] § 263 StGB, zitiert auf S. 182.
[601] BGH, 22. 10. 1981, wistra 1982, S. 66 f.; OLG Düsseldorf, 17. 03. 1993, NJW 1993, S. 2694.

Sofern der Unternehmen den Zustand der Krise kannte, war ihm klar, dass die Ansprüche der Vertragspartner des Unternehmens in der Zukunft gefährdet sein würden[602]. Die Vorleistung stellt dann bereits eine schadensgleiche Vermögensgefährdung dar, die zur Annahme eines Betruges führt.

Eine Befreiung aus diesem Risiko ist nicht ganz einfach:

Sicherlich keine Lösung stellt es dar, bei Aufträgen, die in der Krise erteilt wurden, Vorauszahlungen zu leisten, da in einem solchen Falle Leistungen erbracht werden, auf die der Gläubiger zu dieser Zeit keinen Anspruch hatte. Sofern die Krise in der Zahlungsunfähigkeit besteht, handelt es sich dann um den Fall einer „Gläubigerbegünstigung" nach § 283 c StGB[603] – und somit eines echten „Insolvenzdeliktes". Will man also in einer solchen Situation dem strafrechtlichen Vorwurf entgehen und trotzdem versuchen, den Betrieb weiterzuführen, dann verbleiben nur wenige – in sich leider auch noch fragwürdige – Möglichkeiten:

- Man kann den wohl nur theoretischen Versuch unternehmen, den Auftrag unter Hinweis auf die Krise zu erteilen, da in einer solchen Mitteilung keine Täuschungshandlung zu sehen wäre. Dass auf diese Weise der Betrieb praktisch nicht weitergeführt werden kann, liegt auf der Hand: Der Lieferant oder Handwerker wird nicht mehr leisten.
- Man kann andererseits auch bei Abschluss des Vertrages Vorleistungen gegen Hergabe von Bankbürgschaften des Auftragnehmers vereinbaren. Erfolgt die Vorauszahlung ohne eine solche vertragliche Vereinbarung, kommt der Tatbestand der Gläubigerbegünstigung in Betracht. Aber auch dies wird der Vertragspartner kaum akzeptieren.
- Etwas anders ist die Lage bei Handwerkerleistungen. Werden bei ihnen Sicherheiten nach § 648a BGB auch für künftige Forderungen gestellt, entfällt die Vermögensgefährdung des vorleistenden Handwerkers und damit der Betrugstatbestand.

> **Praxistipp**
>
> Hier kann häufig nur noch die rechtzeitige Antragstellung auf Insolvenzeröffnung seitens des Steuerberaters angeraten werden!

---

[602] Vgl. mit weiteren Beispielen: Tröndle/Fischer, Rdn. 19f. zu § 263 StGB.
[603] § 283c StGB, zitiert auf S. 189.

d) Kreditbetrug

Nach § 265 b StGB[604] wird u. a. bestraft, wer im Zusammenhang mit einem Antrag auf Gewährung, Belassung oder Veränderung der Bedingungen eines Kredites für einen Betrieb über wirtschaftliche Verhältnisse unrichtige oder unvollständige Unterlagen, namentlich Bilanzen, Gewinn- und Verlustrechnungen, Vermögensübersichten oder Gutachten vorlegt oder schriftlich unrichtige oder unvollständige Angaben macht, die für den Kreditnehmer vorteilhaft und für die Entscheidung über einen solchen Antrag erheblich sind.

Die Besonderheit des Kreditbetrugs liegt darin, dass der Tatbestand bereits dann erfüllt ist, wenn unrichtige oder unvollständige Angaben über krediterhebliche Umstände gemacht werden. Es kommt hingegen nicht darauf an, ob der Kredit gewährt oder verlängert wurde. Die Vollendung tritt bereits mit der Mitteilung der unrichtigen oder unvollständigen Angaben ein.

Eine wesentliche Einschränkung erfährt § 265 b StGB jedoch dadurch, dass nur **schriftliche** Erklärungen den Tatbestand erfüllen.

Das bedeutet, dass der Unternehmer in der Krise stets dann ein beträchtliches Strafbarkeitsrisiko nach § 265 b StGB eingeht, wenn er dem Kreditinstitut gegenüber schriftliche Angaben macht, von denen später die Strafverfolgungsbehörden auch nur zu behaupten brauchen, sie seien unvollständig gewesen. Über das Maß an notwendiger Vollständigkeit besteht nämlich kaum irgendeine sichere Erkenntnis.

IV. Weitere Beratungskonflikte für den Steuerberater in der Krise des Mandanten

Die Krise eines Unternehmens stellt regelmäßig eine Herausforderung an die rechts- und wirtschaftsberatenden Berufe dar. Auf Steuerberater- und Wirtschaftsprüferseite darf dabei jedoch nicht übersehen werden, dass sich die Sanierungsberatung zum einen teilweise als unzulässige Rechtsdienstleistung und damit als Verstoß gegen das Rechtsdienstleistungsgesetz darstellen kann; zum anderen besteht die Gefahr einer strafbaren Beteiligung an entsprechenden Handlungen des Mandanten.

---

[604] § 265 b StGB, zitiert auf S. 184 f.

1. Unzulässige „Rechtsdienstleistung" in der Krise

Unter Rechtsdienstleistung i.S.d. seit dem 01.07.2008 in Kraft getretenen RDG fällt jede Tätigkeit in konkreten fremden Angelegenheiten, sobald sie eine besondere rechtliche Prüfung des Einzelfalls erfordert, nicht aber eine Aktivität, die sich z.b. auf die Wiedergabe oder die bloße schematische Anwendung von Rechtsnormen beschränkt[605]; solche Dienstleistungen sind stets erlaubnisfrei[606].

Keine Erlaubnis benötigt damit ein Steuerberater, der

- seine Mandanten über rechtliche Hintergründe allgemein aufklärt, z.B. in einem Mandantenrundbrief[607],

- bei einem Vertragsabschluss mitwirkt, z.B. auf der Basis einer umfassenden Vollmacht und unter Verwendung von Musterverträgen ohne individuelle Elemente für den Mandanten ein Anlageobjekt erwirbt (derartige Vereinbarungen waren nach bisherigem Recht bis Mitte 2008 als nach § 134 BGB nichtige Rechtsgeschäfte einzustufen)[608].

Gerade hier ist aber auf die zukünftige Rechtsprechung zur Abgrenzung zur unbefugten Rechtsdienstleistung zu achten!

Rechtsdienstleistungen sind nach dem RDG dann erlaubt, wenn sie als „Nebenleistung" zum Berufs- und Tätigkeitsbild oder zur vollständigen Erfüllung der mit der Haupttätigkeit verbundenen Pflichten gehören[609]. Der Steuerberater kann seine Mandanten also – allerdings nur als „Nebenleistung" –[610]

- nicht nur über die steuerrechtliche Seite einer Unternehmensgründung beraten; ihm ist es auch erlaubt, Gesellschafts- und Geschäftsführerverträge – gemeinsam mit einem Notar/Rechtsanwalt – mit zu entwerfen;

- umfassend in Sanierungs- oder Insolvenzfragen beraten, sofern sich ein Unternehmen in der Krise befindet;

---

[605] Dreyer/Lamm/Müller, Rdn. 40 zu § 2 RDG; s.o. S. 77.
[606] Vgl. BVerfG, 15.01.2004, NJW 2004, S. 672.
[607] Generelle Hinweise in Mandantenrundschreiben entlasten allerdings nicht in Bezug auf konkreten Beratungspflichten gegenüber dem Mandanten, vgl. OLG Düsseldorf, 29.01.2008, GI 2009, S. 127; s.o. S. 40.
[608] Vgl. BGH, 25.04.2006, NJW 2006, S. 1952.
[609] § 5 RDG, zitiert auf S. 203.
[610] Ausführlich zu den Definitionen: Dreyer/Lamm/Müller, Rdn. 16f zu § 5 RDG; vgl. Buchert/Weber, Außersteuerliche Pflichten des StB bei GmbH in Insolvenznähe, Stbg 2010, S. 61, 62.

– als ergänzende Beratungshilfe über Gestaltungsmöglichkeiten bei der Erb-, Vermögens- oder Unternehmensnachfolge individuell informieren[611].

Es reicht dabei aus, dass die Tätigkeit eine zum Tätigkeitsbild oder zur vollständigen Erfüllung der Vertragspflichten gehörende Nebenleistung darstellt. Die Rechtsdienstleistung darf nach ihrem Gewicht und ihrer Bedeutung nicht im Mittelpunkt des Leistungsangebotes stehen. Sie muss überdies zum Berufsbild gehören. Die Klärung der Frage, welche Rechtsdienstleistungen im konkreten Fall noch als Nebenleistungen anzusehen sind, überlässt das RDG im Ergebnis aufgrund der im RDG statuierten Bewertungskriterien der Rechtsprechung. Prüfungsmaßstab ist neben Umfang und Inhalt einer Tätigkeit sowie ihrer Bedeutung für den Rechtsuchenden, ob hierfür die umfassende rechtliche Ausbildung des Rechtsanwaltes oder seine besondere Pflichtenstellung im Rechtssystem erforderlich ist, oder ob die juristische Qualifikation des nichtanwaltlichen Dienstleisters ausreicht.

In diesem Zusammenhang ist die Sanierungsprüfung – wie soeben dargestellt – für sich keine unzulässige Rechtsdienstleistung, sondern ausschließlich als wirtschaftliche Beratungstätigkeit zu werten.

Die Grenze wird jedoch überschritten, wenn der Steuerberater oder Wirtschaftsprüfer mit den Gläubigern des Unternehmens im Rahmen eines Sanierungsversuches Verhandlungen führt, um deren Zustimmung zu einem außergerichtlichen Vergleich zu erhalten. Jedoch ist es auch hier häufig eine Wertungsfrage, ob im Einzelfall die wirtschaftsbesorgende Tätigkeit derart im Vordergrund steht, dass im Einzelfall andere Maßstäbe anzulegen sind. Die rechtsdienstleistende Tätigkeit einer Schuldnerberatungsstelle oder einer geeigneten Person (was wiederum auch ein steuerlicher Berater sein kann) nach § 305 InsO bei der außergerichtlichen Schuldenregulierung im Rahmen einer Insolvenz von Verbraucher und Kleingewerbetreibenden ist hingegen ausdrücklich erlaubt.

Im Ergebnis hat somit das RDG gerade für die Angehörigen der steuerberatenden Berufe eine Erweiterung der rechtlichen Beratung gebracht; die Einzelheiten sind aber noch unbestimmt und werden erst zukünftig von der Rechtsprechung geklärt werden. Jedenfalls muss Vorsicht angemahnt werden: Bei einer unzulässigen Rechtsbesorgung stellt sich regelmäßig der Beratungsvertrag als nichtig i. S. v. § 134 BGB dar, es entfällt fast immer der Gebührenanspruch, aber es wird nach § 823 Abs. 2 BGB i. V. m. § 5 RDG[612]

---

[611] Dreyer/Lamm/Müller, Rdn. 41 zu § 5 RDG.

in vollem Umfang gehaftet – und dass bei grob fahrlässigen Verstößen gegen das RDG ohne Haftpflichtversicherungsschutz.

> **Praxistipp**
>
> In Zweifelsfällen bei Rechtsbesorgungen immer einen selbständig von dem Mandanten zu beauftragenden Rechtsanwalt hinzuziehen!

2. Strafbare Handlungen des Beraters in der Krise

Die Nähe des Beraters zu strafbaren Handlungen im Umfeld der Krise liegt auf der Hand. Der Unternehmer, der sich in der Krise befindet, wendet sich zunächst regelmäßig an den bislang auch betreuenden Steuerberater oder Rechtsanwalt. Von diesem Zeitpunkt an treten neben das Ziel, dem Mandanten in bestmöglicher Weise zu beraten, häufig auch eigene wirtschaftliche Interessen, da nicht selten noch offene Honorarforderungen bestehen. Der Berater will zudem das Mandat nicht verlieren und sich außerdem einen Klienten sichern.

Aus dieser Interessenlage heraus ergeben sich insbesondere folgende – in der Praxis am häufigsten anzutreffende – Risiken, sich strafbar zu machen.

a) Der Steuerberater als Täter von Insolvenzdelikten

Täterschaftliches Handeln eines Steuerberaters im Bereich der Insolvenzdelikte kommt insbesondere bei den Buchführungs- und Bilanzdelikten, also den §§ 283 Abs. 1 Nr. 5 u. Nr. 7 sowie 283b StGB[613], in Betracht.

Wie oben dargestellt, gelangt man hier über die Anwendung des § 14 Abs. 2 Nr. 2 StGB unmittelbar zur Täterschaft, auch des Beraters.

In diesen Fällen macht sich der Steuerberater strafbar, wenn er die Buchhaltungsaufgaben eigenverantwortlich übernimmt, diese aber schlecht ausführt, d.h., er die Führung der Handelsbücher unterlässt oder sie so führt oder verändert, dass die Übersicht über den Vermögensstand des Unternehmens erschwert wird. Hier ist zu beachten, dass der Steuerberater in diesem Falle gehalten ist, vorkontierte Belege selbst erneut zu prüfen und festzustellen, ob die Grundsätze der ordnungsgemäßen

---

[612] § 823 Abs. 2 BGB, zitiert auf. S. 170; § 5 RDG, zitiert auf S. 203.
[613] §§ 283, 283b StGB, zitiert auf S. 187ff.; s. o. S. 128ff.

Buchführung eingehalten worden sind. Dieser Verpflichtung wird erfahrungsgemäß in der steuerberatenden Praxis sehr häufig nicht nachgekommen.

Eine weitere Gefahr besteht in der Überschreitung der Bilanzierungsfristen. Hier herrscht verbreitet die irrtümliche Vorstellung sich gegen den strafrechtlichen Vorwurf der verspäteten Bilanzerstellung damit entgegentreten zu können, dass von Seiten der Finanzbehörde eine Fristverlängerung zur Abgabe der Jahressteuererklärung gewährt wurde. Hierbei wird aber übersehen, dass die existierenden handelsrechtlichen Bilanzierungsfristen nicht verlängert werden können. Entsprechende Entschuldigungsversuche bleiben somit für ein Strafverfahren unbeachtlich. Das Insolvenzstrafrecht stellt ausschließlich auf handelsrechtliche Grundsätze ab. Diese müssen unabhängig von den steuerlichen Vorschriften beachtet werden. Aus strafrechtlicher Sicht ist es daher unerheblich, ob der Berater angesichts der Zahl seiner Mandate überhaupt in der Lage ist, für alle von ihm betreuten Unternehmen innerhalb der handelsrechtlich vorgesehenen Zeitspanne Bilanzen zu erstellen.

Hat nun der Steuerberater die vorgenannten Pflichten übernommen und kann ihnen allein deshalb nicht nachkommen, weil der Mandant die erforderlichen Unterlagen nicht beibringt, kann er sich der strafrechtlichen Verantwortlichkeit nur dadurch entziehen, dass er das Mandat niederlegt.

In diesem Zusammenhang ist zu beachten, dass das Zurückbehalten von Mandantenunterlagen aufgrund von Honorarrückständen ebenfalls strafrechtliche Risiken birgt. Der Steuerberater setzt sich in diesem Falle der Gefahr aus, wegen Steuerhinterziehung verfolgt zu werden, wenn der Mandant mangels vorhandener Unterlagen nicht in der Lage war, seinen steuerlichen Pflichten nachzukommen.

Darüber hinaus besteht auch die Gefahr eines Bankrott- bzw. Buchführungsdeliktes durch Unterlassen, da der steuerliche Berater durch die Übernahme der Erfüllung der handelrechtlichen Pflichten auf dem Gebiet der Buchführung bzw. Bilanzierung eine Garantenstellung i.S.d. § 13 Abs. 1 StGB übernommen hat[614]. Aus dieser Garantenstellung heraus muss er für die Erfüllung dieser Pflichten einstehen. Wird dies dadurch verhindert, dass er eine Bilanzierung durch die Vorenthaltung der notwendigen Unterlagen unmöglich macht, begeht er ein vorsätzliches oder ggf. fahrlässiges Unterlassungsdelikt. Ein Zurückbehaltungsrecht i.S.d. § 273

---

[614] § 13 StGB, zitiert auf S. 180 f.

BGB[615] besteht an Buchhaltungsunterlagen wegen der besonderen, über den Bereich des Mandatsverhältnisses weit hinausreichenden Informationsfunktion dieser handelsrechtlichen Aufzeichnungen nicht. Die einzige Möglichkeit für den Berater, Honorarforderungen zu sichern, besteht darin, sich Vorschüsse zahlen zu lassen. Die ihm vorgelegten Unterlagen müssen in jedem Fall herausgegeben werden.

Im Rahmen täterschaftlichen Verhaltens ist abschließend noch auf die strafrechtlichen Gefahren hinzuweisen, die ein Berater eingeht, wenn sein Engagement den üblichen Pflichtenkreis übersteigt und er somit in die Rolle des faktischen Geschäftsführers gerät. Hier kommen, neben den vorgenannten Bilanzdelikten, vor allem das Verschieben von Vermögensgegenständen auf so genannte „Auffanggesellschaften" und auch die Gläubigerbegünstigung in Betracht, letztere insbesondere in Fällen der intensiven Verhandlungen mit Gläubigern unter der Prämisse, für das Nachfolgeunternehmen im Gegenzug zur Befriedigung bestehender Ansprüche Kreditmittel zu sichern.

Der Steuerberater ist aber nicht notwendig Alleintäter. Auch eine mittäterschaftliche Strafbarkeit nach § 25 Abs. 2 StGB kommt in Betracht[616]. Nicht notwendig, ist es, dass der Steuerberater dabei sämtliche, den objektiven Tatbestand erfüllende Handlungen bzw. das Unterlassen in eigener Person erfüllt. Entscheidend für eine mittäterschaftliche Haftung ist, dass das gesamte Delikt von einem gemeinsamen Tatplan getragen ist, der Steuerberater hierzu einen Tatbeitrag geleistet hat und ein eigenes Interesse an dem Taterfolg hat.

Häufig wird aber anstelle einer mittäterschaftlichen Tatbegehung eine mittelbar täterschaftliche Tatbegehung in Betracht kommen. Dies wird insbesondere bei Beratungsfehlern in Betracht kommen.

Mittelbarer Täter ist, wer die Straftat durch einen anderen begeht, also nicht selbst die Tatbestandsmerkmale (oder jedenfalls nicht alle) verwirklicht, sondern sich dazu eines „Werkzeugs", des sog. Tatmittlers, bedient, der selbst weder Täter noch Mittäter ist. Voraussetzung ist zum einen in der Regel ein „Defizit" des Vordermannes, zum anderen die überlegene, die Handlung des Tatmittlers steuernde Stellung des Hintermanns als mittelbarer Täter[617].

---

[615] § 273 BGB, zitiert auf S. 168 f.
[616] § 25 Abs. 2 StGB, zitiert auf S. 181.
[617] Tröndle/Fischer, Rdn. 3 zu § 25 StGB.

Zu beachten ist jedoch, dass der Berater immer auch tauglicher Täter der Tat sein muss. Beispielsweise kann eine Steuerhinterziehung durch Unterlassen nur von einer Person verwirklicht werden, die Steuerpflichtiger i.S.d. §§ 34, 35 AO ist[618], ein fehlerhaft beratender Steuerberater also nicht.

b) Der Steuerberater als Teilnehmer an Insolvenzdelikten

Eine Teilnahme des Beraters kann in der Form der Anstiftung oder der Beihilfe vorliegen, mit Strafe bedroht gem. §§ 26, 27 StGB[619].

Anstiftung begeht derjenige, der einen anderen vorsätzlich zu dessen vorsätzlich begangener Tat bestimmt, also bei diesem einen Entschluss hervorruft, eine Straftat zu begehen. Eine solche Handlung ist im gesamten Spektrum der Insolvenzdelikte nach den §§ 283ff StGB denkbar[620]. Insbesondere kommt hier die Beratung des Unternehmers dahingehend in Betracht, Vermögensbestandteile durch fingierte oder rückdatierte Sicherungsübereignungen beiseite zu schaffen.

Beihilfe begeht derjenige, der einem anderen vorsätzlich zu einer vorsätzlich begangenen Straftat Hilfe leistet. Ausreichend ist hier, dass die Hilfestellung den Haupttäter in irgendeiner Weise unterstützt. Der Rahmen eines strafbaren Verhaltens ist hier also wesentlich weiter gesteckt als der bei der Anstiftung.

So leistet beispielsweise ein Berater Beihilfe, wenn er in Kenntnis der wahren Umstände fingierte Sicherungsübereignungsvereinbarungen konzipiert oder ein Verschieben von Vermögenswerten mit Hilfe von rückdatierten Treuhandverträgen gewährleistet.

Hier wird schon deutlich, in welchen Konflikt der Berater geraten kann, wenn er gefordert ist, die Mandanteninteressen einerseits und die rechtlichen Möglichkeiten andererseits optimal umzusetzen. An dieser Stelle ist festzuhalten, dass die bloße rechtliche bzw. steuerlich objektive Beratung strafrechtlich grundsätzlich nicht relevant ist. Allerdings ist dem Berater zur Vorsicht zu raten, wenn der Mandant die ihm erteilten Ratschläge zum Begehen von Straftaten ausnutzen will. In einem solchen Fall muss er jedenfalls dann von seiner Beratertätigkeit Abstand nehmen, wenn das Handeln des Unternehmers ausschließlich darauf abzielt, eine strafbare

---

[618] §§ 34, 35 AO, auszugsweise zitiert auf S. 171.
[619] §§ 26f. StGB, zitiert auf S. 181.
[620] §§ 283ff StGB, zitiert auf S. 187ff.

Handlung zu begehen und der Berater sich auch dessen bewusst ist. Nach der BGH-Rechtsprechung verliert in einem solchen Fall das Tun des Beraters stets den – ansonsten straflosen – Alltagscharakter. Es wird in diesem Fall als Solidarisierung mit dem Täter zu deuten sein. Eine Abgrenzung hierzu wird von der höchstrichterlichen Rechtsprechung wie folgt vorgenommen:

„Weiß der Berater nicht, wie der von ihm geleistete Beitrag vom Haupttäter verwendet wird und hält er es lediglich für möglich, dass seine Beratung zur Begehung einer Straftat genutzt wird, so ist seine Leistung regelmäßig noch nicht als strafbare Beihilfeleistung zu bewerten."

Die Ausführungen zeigen, dass die konkrete Einordnung solcher Sachverhalte in strafrechtlich relevante oder irrelevante Unterstützungsbeiträge einzig und allein Einzelfall bezogen erfolgen kann.

> **Praxistipp**
>
> Dem Berater bei der Krisenberatung ist in jedem Fall zu raten, aufgrund bestimmter Angaben im Beratungsgespräch die Strafgeneigtheit seines Mandanten zu beurteilen. Denn sobald ihm bewusst ist, dass seine Beratung eine strafrechtliche Tat fördert, macht er sich wegen Beihilfe strafbar.

D. Die Berufshaftpflichtversicherung

Aufgrund der ständig gestiegenen Anforderungen an den Berater kommt es leider immer häufiger zu Haftungsfällen[621]. § 67 StBerG verpflichtet daher alle selbständigen Steuerberater und Steuerbevollmächtigte, sich gegen die aus ihrer Berufstätigkeit ergebenden Haftpflichtgefahren angemessen zu versichern[622]. Entsprechende Verpflichtungen zum Abschluss von Berufshaftpflichtversicherungen bestehen auch für Wirtschaftsprüfer und Rechtsanwälte[623].

I. Allgemeines

Mit dieser Pflicht zur Unterhaltung einer Berufshaftpflichtversicherung hat der Gesetzgeber sichergestellt, dass ein durch fehlerhafte Beratung entstandener Schaden zumindest zu einem finanziellen Ausgleich des Mandanten führt; gleichzeitig dient diese Verpflichtung auch dem Ansehen des Berufsstandes und der Förderung des Vertrauens in die Berufsangehörigen, da jedem Mandant das Vorliegen des Versicherungsschutzes bewusst sein dürfte. Es handelt sich um eine gesetzliche Pflichtversicherung, der sich kein selbständig tätiger Angehöriger der steuerberatenden Berufe entziehen kann. Sie ist Pflichtversicherung i.S.v. § 113 Abs. 1 VVG[624]. Die Versicherungspflicht besteht auch, wenn gem. § 46 Abs. 2 Nr. 6 StBerG eine Kanzlei nur im Ausland unterhalten wird[625].

1990 wurde der Umfang der Versicherung und die Überwachung durch die ‚Verordnung über die Berufshaftpflichtversicherung der Steuerberater, Steuerbevollmächtigten und Steuerberatungsgesellschaften' festgeschrieben[626]; diese wurde als §§ 51–57 in die DVStB eingefügt[627].

Mit der am 01.09.1997 erlassenen Berufsordnung der Bundessteuerberaterkammer wurde die Pflicht zur Unterhaltung einer Berufshaftpflichtversicherung konkretisiert: § 42 BOStB wiederholt zunächst den Gesetzes-

---

[621] Vgl. Späth, Empfehlungen zum Berufshaftpflichtversicherungsschutz von StB und WP, INF 1999, S. 598; Gräfe/Brügge, A. I.1.
[622] § 67 StBerG, zitiert auf S. 193.
[623] § 54 WPO; § 51 BRAO.
[624] Vgl. im Einzelnen: Meixner, Praktische Auswirkungen der VVG-Reform auf Schadensfälle im Bereich der StB-Haftung, DStR 2009, S. 607.
[625] So für RA: BGH, 24.11.1997, DStR Kammer-Report Heft 18, 1998, S. IV.
[626] BGBl. 1990 I, S. 847.
[627] Verordnung vom 19.8.1991, BGBl. 1991 I, S. 1797.

text[628], wonach selbständige Steuerberater gegen die aus ihrer Berufstätigkeit sich ergebenden Haftpflichtgefahren angemessen versichert sein müssen. Unter bestimmten Voraussetzungen sind Angestellte und als freie Mitarbeiter tätige Steuerberater in der Haftpflichtversicherung des Mandatsträgers eingeschlossen. Für die Einzelheiten wird auf die schon erwähnten Vorschriften der DVStB verwiesen.

Gesetzliche Grundlage des Versicherungsvertrages ist das Versicherungsvertragsgesetz. Für das Versicherungsverhältnis zwischen dem Berufsangehörigen als Versicherungsnehmer und dem Versicherer gelten die „Allgemeinen Bedingungen für die Vermögensschaden-Haftpflichtversicherung von Angehörigen der wirtschaftsprüfenden sowie wirtschafts- und steuerberatenden Berufe – AVB –" und außerdem die von der Versicherungsaufsichtsbehörde genehmigten „Besonderen Bedingungen". Das versicherte Risiko wird durch eine „Risikobeschreibung zur Vermögensschaden-Haftpflichtversicherung für Steuerberater und Steuerbevollmächtigte" des jeweiligen Versicherungsunternehmens ergänzt. Seit dem 01.08.1996 ist der Umfang des Versicherungsschutzes neu in den „Allgemeinen Versicherungsbedingungen" bestimmt worden, wobei nicht unerhebliche Ausschlüsse vom Versicherungsschutz beseitigt wurden[629]. In jüngerer Zeit ist bspw. noch das Setzen einer Ausschlussfrist für das Geltendmachen eines Schadens – in Abweichung der gesetzlichen Regeln – für unwirksam erklärt worden[630].

Über die wesentlichen Grundsätze, die bei Abschluss und während der Dauer des Versicherungsvertrages sowie insbesondere im Schadensfall beachtet werden müssen, unterrichten die Empfehlungen der Bundessteuerberaterkammer zur Berufshaftpflichtversicherung[631].

---

[628] Die BOStB wird derzeit von der Satzungsversammlung überarbeitet; insbesondere Vorschriften, die lediglich den Gesetzestext wiederholen, sollen zukünftig entfallen.
[629] Ausführlich: Späth, Änderungen und Erweiterungen der Deckung aus der Berufshaftpflichtversicherung für Steuerberater, INF 1997, S. 759–763; Nickert, S. 140 ff.
[630] OLG Düsseldorf, 21.04.2009, DStR 2009, S. 2219.
[631] Abgedruckt im ‚Berufsrechtlichen Handbuch' unter Fach I.5.2.2. (Stand Juli 2009).

> **Praxistipp**
>
> Bei wachsendem Kanzleiumfang – und bei Annahme von neuen größeren Mandaten – ist regelmäßig, spätestens einmal im Jahr, zu prüfen, ob der Versicherungsschutz ausreicht oder eine Erhöhung der Versicherungssumme notwendig wird![632]

Durch die Reform des VVG zum 01. 07. 2008 wurden der Versicherung in §§ 6 und 7 VVG erweiterte Beratungs- und Informationspflichten auferlegt[633]. Nunmehr ist der Versicherer verpflichtet, dem Versicherungsnehmer die Vertragsbestimmungen einschließlich seiner AVB und bestimmte Auskünfte nach der neuen Informationspflichtenverordnung noch vor dessen Vertragsabschluss zur Kenntnis zu bringen.

II. Die VVG-Vorgaben

1. Die gesetzlichen Mindestvoraussetzungen

Die gesetzliche Vorgabe in § 67 StBerG verlangt eine „angemessene" Versicherung[634]. Dabei muss die Mindestversicherungssumme zurzeit für den einzelnen Versicherungsfall 250.000 € betragen[635]. Die Verpflichtung zum Abschluss der Mindestversicherungssumme verstößt auch bei Kanzleien mit geringem Praxisaufwand weder gegen das Übermaßverbot noch gegen den Gleichheitssatz des Art. 3 Abs. 1 GG[636].

Ein Selbstbehalt ist in Höhe von bis zu 1.500 € zulässig. Für Steuerberater, die als Wirtschaftsprüfer bestellt sind, gilt die Regelung für Wirtschaftsprüfer[637], wonach ein Selbstbehalt von 2.500 € noch für zulässig erachtet wird.

Bei Vereinbarung einer Jahreshöchstleistung für alle in einem Versicherungsjahr verursachten Schäden muss diese mindestens 1.000.000 € betragen[638].

---

[632] Vgl. das Berechnungsmuster für die Bestimmung der Versicherungssumme auf S. 264; zu den Rechtsgrundlagen vgl. Gräfe/Brügge, S. 1–8.
[633] Meixner, Praktische Auswirkungen der VVG-Reform auf Schadensfälle im Bereich der StB-Haftung, DStR 2009, S. 607.
[634] § 67 StBerG, zitiert auf S. 193.
[635] § 52 Abs. 1 DVStB, zitiert auf S. 195.
[636] Nds. FG, 03. 09. 1996, NWB 1996, S. 4106.
[637] § 54 DVStB, zitiert auf S. 196 f.
[638] § 52 Abs. 3 DVStB, zitiert auf S. 195.

Diese Beträge erscheinen nur auf den ersten Blick recht hoch: Bei sog. „Serienschäden" kann recht schnell die Haftungshöchstsumme erreicht werden und sodann die persönliche Haftung des Steuerberaters zu seiner eigenen Einstandspflicht führen. Solche Serienschäden liegen vor, wenn der Steuerberater durch den gleichen fachlichen Fehler den Auftraggeber wiederholt schädigt. Zumindest große Kanzleien sollten sich durch eine entsprechende Erweiterung der Haftungshöchstsumme für Serienschäden absichern[639].

Davon zu unterscheiden sind mehrere Versicherungsverstöße aufgrund eines sich wiederholenden Fehlers. Beispielsweise liegt ein solcher vor, wenn ein Steuerberater in Verkennung des Steuertatbestandes in mehreren aufeinanderfolgenden Jahren bei Abgabe der Jahressteuererklärung seines Mandanten nicht darauf hinweist, dass wegen einer neben der freiberuflichen Tätigkeit ausgeübten gewerblichen Tätigkeit die gesamte Tätigkeit gewerbesteuerpflichtig ist[640]. Bei dieser Fallgestaltung liegen mehrere Schadensfälle vor. Da der Berater in jedem Jahr bei jeder Veranlagung die Pflicht hat, erneut zu prüfen, ob die Veranlagung ordnungsgemäß erfolgt, begeht er in solchen Fällen jedes Mal eine erneute Pflichtverletzung. Daher ist regelmäßig kein „Dauerverstoß" anzunehmen, der nur als einheitlicher Haftpflichtfall angesehen wird und möglicherweise aufgrund des ersten „Teilaktes" schon verjährt sein könnte, sondern ein jeweils sich wiederholender neuer Haftpflichtfall[641]. Dies muss aber im Einzelfall genau geprüft werden.

2. Der versicherungspflichtige Personenkreis

Die gesetzliche Versicherungspflicht besteht entgegen dem Wortlaut von § 67 Satz 1 StBerG[642] nicht nur für selbständige Steuerberater und Steuerbevollmächtigte, sondern für alle Berufsangehörige[643], auch für Steuerberatungsgesellschaften in jeder Rechtsform (§ 72 Abs. 1 i.V.m. § 49 Abs. 1 StBerG)[644]. Allerdings ist danach zu unterscheiden, ob der Berufsangehörige eine eigene Versicherung abzuschließen hat oder ob er in die Haftpflichtversicherung eines anderen Berufsangehörigen eingeschlossen wird.

---

[639] Gräfe u. a., Rdn. 796.
[640] BGH, 15. 05. 1991, StB 1991, S. 334.
[641] Vgl. BGH, 18. 12. 1997, EWiR 1998, S. 301.
[642] § 67 StBerG, zitiert auf S. 193.
[643] Ausführlich: Kuhls, Rdn. 3 ff zu § 67 StBerG.
[644] § 72 Abs. 1 StBerG, zitiert auf S. 194.

Selbständige Steuerberater haben der Verpflichtung zur Unterhaltung einer entsprechenden Berufshaftpflichtversicherung durch Abschluss eines eigenen Vertrages nachzukommen. Die Versicherung ist während der Dauer der Bestellung als Steuerberater oder Steuerbevollmächtigter bzw. Anerkennung als Steuerberatungsgesellschaft aufrechtzuerhalten. Die Versicherungspflicht beginnt mit der Bestellung als Steuerberater. Das gilt auch, wenn der Berufsangehörige keine Berufstätigkeit ausübt oder keine berufliche Niederlassung begründet hat[645]. Die Zusage einer BHV wird die zuständige Steuerberaterkammer schon im Bestellungsverfahren anfordern[646].

Die Versicherungspflicht einer Steuerberatungsgesellschaft beginnt mit der Anerkennung. Aber schon im Anerkennungsverfahren wird die seit dem 7. StBÄndG 2000 zuständige Steuerberaterkammer als Anerkennungsbehörde die vorläufige Deckungszusage eines Versicherers anfordern[647].

Nach § 58 StBerG angestellte Steuerberater müssen in die Versicherung ihres Arbeitgebers eingeschlossen werden. Hierfür ist eine entsprechende Meldung an den Versicherer notwendig. Die entsprechenden Aufwendungen des Arbeitgebers stellen – anders als bei Rechtsanwälten[648] – keinen steuerpflichtigen Arbeitslohn dar, da der Angestellte keine Verpflichtung zur Unterhaltung einer „eigenen" Berufshaftpflichtversicherung hat[649]. Allerdings hat der angestellte Steuerberater im Rahmen seiner Pflicht zur gewissenhaften Berufsausübung sicherzustellen, dass eine Einbeziehung in die Versicherung erfolgt ist. Betreut der angestellte Steuerberater außerhalb des Anstellungsverhältnisses eigene Mandate, ist er als selbständiger Steuerberater tätig und somit zum Abschluss einer eigenen Berufshaftpflichtversicherung verpflichtet.

Ausschließlich als freie Mitarbeiter für Auftraggeber gemäß § 3 StBerG (andere Steuerberater, Wirtschaftsprüfer oder Rechtsanwälte bzw. entsprechende Gesellschaften) tätige Steuerberater werden ebenfalls in die Berufshaftpflichtversicherung des Auftraggebers eingeschlossen[650]. Dies

---

[645] BGH, 16. 05. 2000, INF 2000, S. 607.
[646] § 40 Abs. 3 Nr. 3 StBerG; § 55 Abs. 1 DVStB.
[647] § 50 Abs. 6 StBerG; § 55 Abs. 2 DVStB, zitiert auf S. 198.
[648] BFH, 26. 07. 2007, BStBl. II 2007, S. 892.
[649] BMF-Schreiben an den Deutschen Steuerberaterverband v. 25. 08. 2009, NWB 2009, S. 2875.
[650] Teil 1, C., § 13 AVB; vgl. Nr. 24 der Buka-Hinweise, Berufsrechtliches Handbuch, 5.2.2.

ist durch namentliche Benennung gegenüber dem Versicherer sicherzustellen. Wird ein freier Mitarbeiter außerhalb dieser Tätigkeit für eigene Auftraggeber tätig, bleibt er – wie der angestellte Steuerberater – zum Abschluss einer eigenen Berufshaftpflichtversicherung verpflichtet[651].

> **Praxistipp**
>
> Bei der BHV ist sicherzustellen, dass alle Berufsangehörigen, die mitarbeiten, namentlich mitgeteilt wurden und die Anzahl sonstiger Mitarbeiter ebenfalls der BHV bekannt sind!

3. Der Versicherungsumfang

Versicherungsschutz wird in Form der Befriedigung begründeter und der Abwehr unbegründeter Schadensersatzansprüche gewährt[652]. Somit hat der Versicherer auch die Kosten einer eventuellen gerichtlichen Auseinandersetzung wegen eines solchen Haftpflichtanspruchs zu übernehmen. Außerdem ist die Haftung für die Mitarbeiter des Steuerberaters (Erfüllungs- bzw. Verrichtungsgehilfen) mit umfasst.

Der Versicherungsschutz umfasst neben den originären Tätigkeiten der Berufsangehörigen gemäß § 33 StBerG auch die vereinbaren Tätigkeiten i. S. v. § 57 Abs. 3 Nr. 2 u. 3 StBerG[653]. Hierzu zählen die betriebswirtschaftliche Beratung und Prüfungen, die Erstellung von Gutachten, Bilanzanalysen u. ä., Tätigkeiten im Zusammenhang mit der Lohnabrechnung, der Funktion als nicht geschäftsführender (verwaltender) Treuhänder, die Wahrnehmung fremder Vermögensinteressen wie beispielsweise die Unternehmens- oder Wirtschaftsberatung, die Tätigkeit als Insolvenz- oder Vergleichsverwalter o. ä. oder auch die Wahrnehmung des Amtes als Testamentsvollstrecker, Pfleger bzw. Vormund wie auch treuhänderische Tätigkeiten.

Bei der Beratung über das Abgabenrecht fremder Staaten besteht nur eingeschränkt ein Versicherungsschutz. So besteht ein Risikoausschluss für Haftpflichtansprüche, die vor ausländischen Gerichten geltend gemacht werden oder aus der Verletzung oder Nichtbeachtung ausländischen Rechts. Dies gilt jedoch nicht für die Beratung oder Vertretung im Abgabenrecht von Staaten des europäischen Wirtschaftsraumes oder der Tür-

---

[651] § 51 Abs. 2 DVStB.
[652] Teil 1, § 3 Abs. 2 S. 1 AVB.
[653] §§ 33, 57 Abs. 3 StBerG, zitiert auf S. 190 f.

kei, soweit die zugrunde liegenden Tätigkeiten im In- oder Ausland, nicht jedoch über eine ausländische Niederlassung oder Beratungsstelle, geleistet worden sind[654].

Wird ein Berufsangehöriger als amtlich bestellter Vertreter tätig, ist er für die Vertretertätigkeit bei dem Vertretenen mitversichert, soweit er nicht durch seine eigene Versicherung Deckung erhält. Generell ist bei Haftpflichtansprüchen gegen einen Steuerberater, der als Praxisabwickler oder Praxistreuhänder tätig wird[655], hingegen dessen eigene Berufshaftpflichtversicherung einstandspflichtig.

Eine Rechtsdienstleistung und -besorgung ist geschützt, solange die Grenzen erlaubter Tätigkeit gewahrt bzw. diese lediglich unbewusst überschritten werden[656].

Ausgeschlossen vom Versicherungsschutz sind Haftpflichtansprüche bei vorsätzlich durch den Steuerberater verursachten Schäden[657]. Der Versicherer haftet lediglich bei (auch grober) Fahrlässigkeit des versicherten Steuerberaters[658]. Allerdings macht eine solche wissentliche Pflichtverletzung den Nachweis erforderlich, dass der Steuerberater seine Pflichten positiv gekannt und sie zutreffend gesehen hat; beispielsweise kann ein solcher Verstoß bei Fristversäumnis gegeben sein[659].

Vom Schutz der Versicherung werden auch Risiken aus unternehmerischer oder gewerblicher Tätigkeit, unabhängig, ob diese erlaubt oder unerlaubt waren, nicht erfasst. Hierzu zählen Tätigkeiten als Aufsichtsrat, Vorstand oder Beirat privater Unternehmen oder auch als deren Syndikus[660]. Grundsätzlich wird der Versicherungsschutz auch durch Nr. 4.3. der erwähnten „Besonderen Versicherungsbedingungen" der AVB bei unvereinbaren Tätigkeiten i.S.v. § 57 Abs. 4 StBerG[661] (gewerbliche Tätigkeiten, Tätigkeiten als Arbeitnehmer, soweit diese nicht durch §§ 58 f. StBerG zugelassen sind) ausgeschlossen.

---

[654] Nr. 4.1. der „Besonderen Bedingungen" der AVB (BBR-S).
[655] §§ 59, 69, 145 StBerG, § 70 StBerG, § 71 StBerG.
[656] Gräfe/Brügge, S. 137 f.; s. o. S. 77.
[657] § 276 Abs. 2 BGB in Verbindung mit § 103 VVG; § 276 BGB, zitiert auf S. 167.
[658] BGH, 15. 12. 1970, VersR 1971, S. 239.
[659] Vgl. Kuhls, Rdn. 32 zu § 67 StBerG m.w.N.
[660] Seit April 2008 gem. § 58 Nr. 5a StBerG in eingeschränktem Maße zugelassen; vgl. Goez, Die Neuregelung des Steuerberatungsgesetzes durch das 8. StBÄndG, DB 2008, S. 971, 973 f.
[661] § 57 Abs. 4 StBerG, zitiert auf S. 191 f.

Darüber hinaus wird der Versicherer leistungsfrei, falls die fällige erste Prämie nicht rechtzeitig gezahlt wird. Dies gilt wiederum nicht, falls die Prämie erst zu einem späteren Zeitpunkt eingefordert und sodann unverzüglich bezahlt wurde. Auch bleibt in der Außenwirkung gegenüber einem geschädigten Dritten die Leistungspflicht des Versicherers aus einer vorläufigen Deckungszusage unberührt.

Häufiger ist der Fall, dass eine „Folgeprämie" nicht rechtzeitig gezahlt wird. Hierbei wird der Versicherer erst dann von der Leistung gegenüber einem Dritten befreit, wenn nach Fristsetzung (2 Wochen)[662] die Prämie nicht bezahlt wurde und der Versicherungsnehmer auf die Folgen hingewiesen wurde. Üblich ist in einem solchen Falle auch eine Mitteilung an die Berufskammer. Die Berufskammer hat in einem solchen Fall nicht nur ein Berufsaufsichtsverfahren[663] einzuleiten, sondern insbesondere auch den Widerruf der Bestellung als Steuerberater bzw. in Bezug auf die Anerkennung als Steuerberatungsgesellschaft auszusprechen[664], so der Versicherungsschutz nicht nach einer kurzen, von der Kammer zu setzenden Frist wieder hergestellt wird[665].

> **Praxistipp**
>
> Auch zur eigenen Absicherung ist sicherzustellen, dass die BHV-Prämie bezahlt wird; bei Streit mit der BHV ist ggf. „unter Vorbehalt" zu zahlen, so dass keine Versicherungslücken auftreten können!

4. Der Schadensfall

Im Schadens- bzw. im Versicherungsfall haftet der Versicherer grundsätzlich stets nur im Verhältnis zu dem versicherten Steuerberater. Allerdings wurde mit § 115 VVG nun ein Direktanspruch des Versicherungsnehmers gegen den Versicherer eingeführt[666]. Voraussetzung dafür bei der Vermögensschadenshaftpflichtversicherung ist jedoch die Insolvenz des Versicherungsnehmers oder dessen unbekannter Aufenthaltsort.

Der Versicherer kann nur nach Einschaltung durch diesen und nur mit dessen Einverständnis im Verhältnis zu dem geschädigten Mandanten

---

[662] § 38 Abs. 1 VVG.
[663] § 76 StBerG; vgl. auch S. 99 ff. und 160 ff.
[664] §§ 46 Abs. 2 Nr. 3, 55 StBerG.
[665] Zur „Rückwärtsdeckung" vgl. Teil 1, § 2 AVB; Gräfe/Brügge, S. 172–176.
[666] § 115 VVG, zitiert auf S. 204 f.

tätig werden[667]. Sobald er allerdings offiziell als Versicherer mit dem Versicherungsfall befasst ist, gilt tatsächlich und vertragsrechtlich ausschließlich die Versicherung als bevollmächtigt, alle zur Beilegung oder Abwehr des Anspruchs zweckmäßig erscheinenden Erklärungen im Namen des Steuerberaters abzugeben. Dies gilt sogar bei entgegenstehender Ansicht des Beraters[668].

Allerdings ist das Anerkenntnis- und Abtretungsverbot weggefallen[669]. Der Steuerberater wäre nunmehr berechtigt, beispielsweise den Freistellungsanspruch gegen die Versicherung an den geschädigten Mandanten abzutreten, so dass dieser direkt von der Versicherung Zahlung verlangen und gegebenenfalls direkt gegen diese klagen kann.

Zum Anerkenntnis ist anzuführen, dass die Versicherung im Gegensatz zum Steuerberater selbst an ein solches natürlich nicht gebunden ist, da der Steuerberater hierdurch nicht die Befugnis haben soll, die Versicherung zugunsten eines Dritten zu belasten (unzulässiger Vertrag zu Lasten Dritter). Hier ist also Vorsicht geboten, da übereilte Handlungen vermutlich weitreichende Nachteile zur Folge haben.

Der Versicherungsnehmer hat dem Versicherer innerhalb einer Woche die Tatsachen anzuzeigen[670], die seine Verantwortlichkeit gegenüber einem Dritten zur Folge haben könnten (Schadensfall). Diese Anzeige an die Versicherung stellt auch keineswegs im Verhältnis zu dem angeblich Geschädigten ein „Verhandeln" – und damit einen Hemmungstatbestand für die Verjährungseinrede – dar[671]. Nach der gegebenen Definition ist ein Versicherungsfall schon dann anzunehmen, wenn ein angeblicher Verstoß Haftpflichtansprüche zur Folge haben könnte.

Darüber hinaus ist – auch wenn zuvor schon der Versicherungsfall selbst angezeigt worden ist – eine Anzeige unverzüglich zu erstatten, wenn gegen den Versicherungsnehmer ein Anspruch gerichtlich geltend gemacht, Prozesskostenhilfe beantragt oder ihm gerichtlich der Streit verkündet wird. Dies gilt auch, wenn gegen den Versicherungsnehmer wegen des den Anspruch begründenden Schadensereignisses ein Ermittlungsverfahren eingeleitet wird.

---

[667] §§ 100, 106 VVG.
[668] BGH, 11. 10. 2006, Stbg 2007, S. 136.
[669] §§ 105 VVG.
[670] Teil 1, § 5 Abs. 2 AVB; ausführlich: Gräfe/Brügge, S. 396 f.
[671] OLG Frankfurt/Main, 15. 08. 2008, GI 2009, S. 168.

Auch ist der Steuerberater verpflichtet, nach Möglichkeit für die Abwendung und Minderung des Schadens zu sorgen. Dabei hat er die Weisungen des Versicherers zu befolgen.

Vor der VVG-Reform hatte der Versicherungsnehmer noch von sich aus sämtliche gefahrerhebliche Umstände offenzulegen[672]. Nunmehr ist er nach § 19 VVG nur noch nach direkter Anfrage der Versicherung zur Auskunft verpflichtet. Wenn es zu keiner konkreten Anfrage in Textform kommt, besteht auch keine Auskunftspflicht.

Anders als noch im früheren Recht besteht bei einer Obliegenheitsverletzung des Versicherungsnehmers nicht mehr die Gefahr, dass der Versicherungsschutz komplett wegfällt. Nach § 28 Abs. 2 VVG kommt es nur dann zu einer Leistungsfreiheit des Versicherers[673], wenn der Versicherungsnehmer seine Obliegenheit vorsätzlich verletzt hat[674]. Im Fall einer grob fahrlässigen Verletzung der Obliegenheit ist der Versicherer berechtigt, seine Leistung in einem der Schwere des Verschuldens des Versicherungsnehmers entsprechenden Verhältnis zu kürzen; die Beweislast für das Nichtvorliegen einer groben Fahrlässigkeit trägt der Versicherungsnehmer. Das Vorliegen grober Fahrlässigkeit wird also zunächst vermutet.

Abweichend von Absatz 2 ist der Versicherer zur Leistung verpflichtet, soweit die Verletzung der Obliegenheit weder für den Eintritt oder die Feststellung des Versicherungsfalles noch für die Feststellung oder den Umfang der Leistungspflicht des Versicherers ursächlich ist[675]. Dies gilt nicht, wenn der Versicherungsnehmer die Obliegenheit arglistig verletzt hat[676].

Die vollständige oder teilweise Leistungsfreiheit des Versicherers nach § 28 Absatz 2 VVG bei Verletzung einer nach Eintritt des Versicherungsfalles bestehenden Auskunfts- oder Aufklärungsobliegenheit hat zur Voraussetzung, dass der Versicherer den Versicherungsnehmer durch gesonderte Mitteilung in Textform auf diese Rechtsfolge hingewiesen hat.

Bei einem Schadensfall trägt der Steuerberater eigene Gebühren selbst. Diese werden bis zu 10 % der Haftpflichtsumme angerechnet[677].

---

[672] Vgl. Meixner, Praktische Auswirkungen der VVG-Reform auf Schadensfälle im Bereich der StB-Haftung, DStR 2009, S. 607.
[673] § 28 Abs. 2 VVG, zitiert auf S. 204.
[674] Ausführlich zu den Rechtsfolgen: Gräfe/Brügge, S. 404 ff.
[675] OLG Köln, 21. 08. 2007, GI 2008, S. 92; § 28 Abs. 3 VVG.
[676] § 28 Abs. 3 S. 2 VVG.
[677] Teil 1, § 3 Abs. 2 Nr. 4 AVB.

Darüber hinaus kann ein Selbstbehalt zwischen Versicherung und Steuerberater vereinbart sein, der entweder als ein fester Betrag (höchstens 1.500 €) für den einzelnen Schadensfall vereinbart wird oder als prozentual gestaffelter Selbstbehalt gestaltet ist, in dem von den ersten 5.000 € der Haftpflichtsumme 10 %, vom Mehrbetrag bis 50.000 € 2,5 %, in jedem Fall allerdings mindestens 50 € übernommen werden müssen. Insgesamt dürfen die angerechneten Gebühren und die Selbstbeteiligung zusammen den Betrag von 2.500 € nicht übersteigen[678].

Bei der beruflichen Zusammenarbeit ist im Hinblick auf die Versicherungssumme insofern besondere Vorsicht geboten: Sind beispielsweise die Sozien verschieden hoch jeweils gesondert versichert, würde nach § 12 AVB im Schadensfall nur die Durchschnittsleistung aus den Beträgen, die die Versicherer aus jeder einzelnen Police zu erbringen hätten, zur Verfügung stehen[679].

Dabei würde die BHV lediglich bis zu dem Durchschnittsbetrag aller Versicherungen Zahlungen leisten[680].

Demgemäß ist bei jeder Zusammenarbeitsform darauf zu achten, eine ausreichende und einheitliche Versicherungssumme zu vereinbaren.

Ist ein Anspruch aus dem Versicherungsvertrag beim Versicherer angemeldet worden, ist die Verjährung bis zu dem Zeitpunkt gehemmt, zu dem die Entscheidung des Versicherers dem Anspruchsteller in Textform zugeht.

Für die Verjährungsfrist selber gelten die allgemeinen Regelungen des § 195 ff. BGB[681]. Nach § 14 Abs. 1 VVG sind Geldleistungen des Versicherers fällig mit der Beendigung der zur Feststellung des Versicherungsfalles und des Umfanges der Leistung des Versicherers notwendigen Erhebungen. Entsprechend beginnt die Verjährung regelmäßig mit Beendigung der aufgrund der Schadensanzeige getroffenen Feststellungen der Versicherung.

Die Versicherung hat nicht mehr die Möglichkeit, den Deckungsschutz für den Fall auszuschließen, dass sie den Versicherungsnehmer auf eine

---

[678] Vgl. Nr. 14 der Buka-Hinweise, Berufsrechtliches Handbuch, I, 5.2.2; zu verschiedenen Selbstbehaltsvereinbarungen bei StB: Gräfe/Brügge, S. 266.
[679] Buka, Hinweise zur Berufshaftpflichtversicherung, Nr. 16 Abs. 3, Berufsrechtliches Handbuch, I. Fach 5.2.2.
[680] Beispielsfall bei Gräfe u. a., Tz. 45.
[681] §§ 195 ff. BGB auszugsweise zitiert auf S. 165.

gerichtliche Geltendmachung des Deckungsschutzes innerhalb von sechs Monaten nach Ablehnung verweist.

Kommt es allerdings zwischen dem versicherten Steuerberater und seiner Berufshaftpflichtversicherung zu einem Deckungsprozess, ist dieser gegenüber der BHV dadurch geschützt, dass das zwischen der Versicherung und dem StB entscheidende Gericht im Deckungsprozess an die Entscheidung aus dem Regressverfahren zwischen dem Mandanten und dem StB gebunden ist[682].

Praxistipp

Bei eventuellen Schäden umgehend – lieber zu früh als zu spät – mit der BHV schriftlich Kontakt aufnehmen. Diese wird – auch aus Eigeninteresse – materiell und prozessual Hilfestellung leisten!

III. Die Überwachung durch die Berufskammer

Die gesetzlichen Vorgaben sehen insbesondere zum Schutz der Auftraggeber vor, dass die regionalen Steuerberaterkammern im Hinblick auf das Bestehen einer Berufshaftpflichtversicherung entsprechend von dem Berufsangehörigen wie auch von der Versicherung informiert werden müssen. Bei Verletzungen des Vorhaltens einer entsprechenden Berufshaftpflichtversicherung kann die Steuerberaterkammer erhebliche berufsrechtliche Maßnahmen ergreifen.

1. Informationspflichten

Der Steuerberater ist als Versicherungsnehmer (§§ 55, 56 DVStB) wie auch der Berufshaftpflichtversicherer gemäß § 53 Abs. 2 DVStB verpflichtet[683], der für den jeweiligen Berufsangehörigen zuständigen regionalen Steuerberaterkammer den Beginn, das Ende und jede Veränderung des jeweiligen Versicherungsvertrages anzuzeigen. Die Steuerberaterkammer ist die für diese Pflichtversicherung zuständige Stelle nach § 117 Abs. 2 VVG[684].

Die Versicherung wird insbesondere die Beendigung des Versicherungsverhältnisses umgehend anzeigen: Gegenüber dem geschädigten Mandanten entfaltet nämlich die Beendigung des Versicherungsverhältnisses mit

---

[682] BGH, 28. 09. 2005, DStR 2006, S. 158.
[683] §§ 55, 56, 53 Abs. 2 DVStB, zitiert auf S. 195, 197f.
[684] § 117 Abs. 2 VVG, zitiert auf S. 205.

dem Berater erst Wirkung nach Ablauf eines Monates nach Eingang der entsprechenden Anzeige des Versicherers bei der Steuerberaterkammer[685]. Die Haftung des Versicherers ist in einem solchen Fall auf die vorgeschriebene Mindestversicherungssumme beschränkt. Gegenüber dem Geschädigten bleibt außerdem der vereinbarte Selbstbehalt mit dem Berufsangehörigen außer Betracht[686].

Mit Inkrafttreten des 8. StBÄndG ist § 67 StBerG in der Form ergänzt worden[687], dass die Steuerberaterkammern nunmehr Anspruchstellern zur Geltendmachung von Schadensersatzansprüchen auf Antrag Auskunft über den Namen, die Adresse und die Versicherungsnummer der Berufshaftpflichtversicherung des Steuerberaters zu geben haben; eingeschränkt wird dieses allerdings insofern, als der Steuerberater kein überwiegendes schutzwürdiges Interesse an der Nichterteilung der Auskunft haben darf[688]. Eine vergleichbare Regelung findet sich in § 51 Abs. 6 BRAO für Rechtsanwälte. Analog wird diese Vorschrift dann anzuwenden sein und in Betracht kommen, falls sich der Anspruch gegen einen ehemaligen Steuerberater richtet, der zur Zeit der Pflichtverletzung noch bestellt war[689].

Allerdings kann eine Auskunft nicht mehr erteilt werden, wenn schon nach dem eigenen Vorbringen des Mandanten gegenüber der Steuerberaterkammer die Schlüssigkeit des Anspruches nicht ausreichend vorgetragen wird und „nicht einmal im Bereich des Möglichen" liegt[690].

Damit ist eine erhebliche Besserstellung des anspruchstellenden geschädigten Mandanten gegeben, da bis zu dieser Gesetzesänderung nach § 45 Abs. 3 DVStB a. F. Auskünfte über die Berufshaftpflichtversicherung als personenbezogene Daten von der Steuerberaterkammer nicht erteilt werden durften.

---

[685] § 117 Abs. 2 VVG.
[686] §117 Abs. 3 VVG.
[687] § 67 StBerG, zitiert auf S. 193.
[688] Vgl. Goez, Die Neuregelung des Steuerberatungsgesetzes durch das 8. StBÄndG, DB 2008, S. 971, 974.
[689] Gehre/Koslowski, Rdn. 15 zu § 67 StBerG.
[690] LG Stuttgart, 17. 06. 2008, 6 K 399/08.

2. Sanktionsmöglichkeiten

Bekanntermaßen hat die Steuerberaterkammer gemäß § 76 Abs. 1 StBerG die Erfüllung der beruflichen Pflichten des Steuerberaters zu überwachen. Dabei hat sie insbesondere darauf zu achten, dass die Berufsangehörigen ihrer Verpflichtung zum Abschluss und zur Unterhaltung einer lückenlosen Berufshaftpflichtversicherung nachkommen (§ 67 StBerG i.V. m. § 51 ff. DVStB)[691]. Auch ist das Unterhalten einer BHV Voraussetzung für die Zulassung als Steuerberater.

a) Berufsaufsichtliches Vorgehen der StBKa

Wird der Steuerberaterkammer bekannt, dass ein Verstoß gegen diese Pflicht zur Unterhaltung einer entsprechenden Berufshaftpflichtversicherung vorliegt, wird sie nach Anhörung umgehend ein berufsaufsichtliches Verfahren einleiten.

Im Rahmen der Überwachung der Erfüllung der Berufspflichten wird die Kammer die aus ihrer Sicht notwendigen Maßnahmen ergreifen.

Ein recht häufiger Fall ist die Unterbrechung des (vollständigen) Berufshaftpflichtversicherungsschutzes durch Nichtzahlung der Anschlussprämien bei dem Berufshaftpflichtversicherer. Erfährt die Steuerberaterkammer hiervon, wird sie nicht nur den Berufsangehörigen anhalten, umgehend nachträglich die Prämien zu entrichten und den Versicherungsschutz wieder herzustellen, sondern auch eine berufsaufsichtliche Ahndung vornehmen.

Eingeschränkt ist der Versicherungsschutz dadurch, dass bei Schadensentstehung in der Phase der Nichtzahlung der Prämie und Kenntnis des Steuerberaters von dem Schadenseintritt während dieser Phase die Haftpflichtversicherung eventuelle Schadensersatzleistungen von dem Steuerberater zurückfordern kann. Auch in diesem Fall wird die Steuerberaterkammer eine angemessene berufsaufsichtliche Ahndung vornehmen.

Möglicherweise kann die Ahndung bei noch im Rahmen von geringem Verschulden anzusiedelnden Verletzungen der Berufshaftpflichtversicherungspflicht durch eine Berufsaufsichtsmaßnahme wie insbesondere der Rüge[692] erfolgen; im Regelfall wird hier aber durch den Vorstand der zuständigen Regionalkammer der Antrag auf Einleitung eines berufsge-

---

[691] § 67 StBerG, §§ 51 ff DVStB, zitiert auf S. 194 f.
[692] § 81 StBerG.

richtlichen Verfahrens bei der zuständigen Staatsanwaltschaft an dem Oberlandesgericht – regelmäßig somit die Generalstaatsanwaltschaft – gestellt werden[693].

Im Rahmen eines berufsgerichtlichen Verfahrens muss – auch wenn zwischenzeitlich der Versicherungsschutz wieder hergestellt worden ist[694] – der Berufsangehörige mit ganz erheblichen Sanktionen rechnen[695]. Gemäß § 90 Abs. 1 StBerG kommen Warnung, Verweis, Geldbuße bis zu 50.000,00 €, zeitweise Ausschließung bis zu fünf Jahren und endgültige Ausschließung aus dem Beruf[696] in Betracht. Handelt es sich um eine wiederholte Berufspflichtverletzung, stellt gerade dieser Bereich einen Grund für das zuständige Berufsgericht dar, auf Ausschließung aus dem Beruf zu erkennen. Regelmäßig wird bei wiederhergestelltem Versicherungsschutz und Erstpflichtverletzung des Berufsangehörigen die Angelegenheit mit einem Verweis und gleichzeitig einer Geldbuße (vgl. § 90 Abs. 2 StBerG) geahndet werden.

b) Verwaltungsrechtliches Vorgehen der StBKa

Daneben besteht für den der Pflicht zur Unterhaltung einer angemessenen Berufshaftversicherung nicht genügenden Berater die Gefahr, dass parallel ein Verwaltungsverfahren eingeleitet wird. Die Steuerberaterkammer wird prüfen, ob die Voraussetzungen nach § 46 Abs. 2 Nr. 3 StBerG[697] vorliegen und die Bestellung des Berufsangehörigen als Steuerberater zu widerrufen ist, weil die vorgeschriebene Haftpflichtversicherung gegen die Gefahren aus der Berufstätigkeit nicht unterhalten wird.

Bei fehlendem Versicherungsschutz hat die Steuerberaterkammer keinen Ermessensspielraum und muss sogar die Bestellung widerrufen[698]. Allerdings ist der Widerruf durch die Steuerberaterkammer zurückzunehmen, falls vor Bestandskraft des Widerrufs der lückenlose Versicherungsschutz wiederhergestellt bzw. für die Zukunft Versicherungsschutz geschaffen wird[699]. Hintergrund ist, dass in diesem Verwaltungsverfahren der Wider-

---

[693] §§ 81 Abs. 1 Satz 1 2. Alt., 115 StBerG.
[694] BGH, 17. 10. 1988, Stbg 1989, S. 128; Gehre/Koslowski, Rdn. 4 zu § 67 StBerG.
[695] BGH, 29. 11. 1993, DStR 1994, S. 409.
[696] Vgl. aber zur Möglichkeit der Wiederbestellung nach 8 Jahren: § 48 Abs. 1 Nr. 2 StBerG.
[697] § 46 Abs. 2 Nr. 3 StBerG, zitiert auf S. 190.
[698] Kuhls/Willerscheid, Rdn. 17 zu § 46 StBerG.
[699] BGH, 18. 06. 2001, NJW 2001, S. 3131.

ruf der Zulassung nur künftig drohende Vermögensschäden begegnen soll, nicht hingegen solche Vermögensschäden mehr verhindert werden können, die auf einer bereits in der Vergangenheit liegenden Pflichtverletzung beruhen. In diesem Fall verbleibt aber die Berufspflichtverletzung und damit die Möglichkeit der Steuerberaterkammer, im Rahmen der Berufsaufsicht gegen den Berufsangehörigen vorzugehen.

Erfolgt ein Widerruf der Bestellung des Steuerberaters oder der Anerkennung der Steuerberatungsgesellschaft, ist dies – ohne Widerspruchsverfahren – durch Klage bei dem für den Sitz des Betroffenen zuständigen Finanzgericht überprüfbar[700].

Praxistipp

Gerade bei Fehlern bei der Prämienüberweisung muss schnellstens gehandelt und die ausstehende Zahlung umgehend vorgenommen werden! Kommt es tatsächlich zu einer Information der Versicherungsgesellschaft an die Steuerberaterkammer, muss unverzüglich Kontakt mit dieser aufgenommen werden und neben der Bereinigung der versicherungsrechtlichen Situation im Vorfeld eines berufsgerichtlichen oder Widerrufsverfahren der Grund für diesen Umstand plausibel dargelegt werden!

---

[700] Sonderzuständigkeit des FG für Steuerberatungsangelegenheiten gem. § 33 Abs. 1 Nr. 3 FGO.

E. Die wesentlichen gesetzlichen Normen

Im Text wurden zahlreiche Normen angesprochen, die in dem Zusammenhang von Regress- und Strafverfahren wie auch bei der Beratung während der Krise und Insolvenz des Mandanten zu beachten sind. Im Folgenden werden die regelmäßig genannten Vorschriften im Text, teilweise beschränkt auf die hier notwendigen Absätze, wiedergegeben.

I. Bürgerliches Gesetzbuch – BGB –

§ 195 Regelmäßige Verjährungsfrist

Die regelmäßige Verjährungsfrist beträgt drei Jahre.

§ 199 Beginn der regelmäßigen Verjährungsfrist und Höchstfristen

(1) Die regelmäßige Verjährungsfrist beginnt mit dem Schluss des Jahres, in dem

1. der Anspruch entstanden ist und
2. der Gläubiger von den den Anspruch begründenden Umständen und der Person des Schuldners Kenntnis erlangt oder ohne grobe Fahrlässigkeit erlangen müsste.

...

(3) Sonstige Schadensersatzansprüche verjähren

1. ohne Rücksicht auf die Kenntnis oder grob fahrlässige Unkenntnis in zehn Jahren von ihrer Entstehung an und

...

§ 203 Hemmung der Verjährung bei Verhandlungen

Schweben zwischen dem Schuldner und dem Gläubiger Verhandlungen über den Anspruch oder die den Anspruch begründenden Umstände, so ist die Verjährung gehemmt, bis der eine oder der andere Teil die Fortsetzung der Verhandlungen verweigert. Die Verjährung tritt frühestens drei Monate nach dem Ende der Hemmung ein.

§ 249 Art und Umfang des Schadensersatzes

(1) Wer zum Schadensersatz verpflichtet ist, hat den Zustand herzustellen, der bestehen würde, wenn der zum Ersatz verpflichtende Umstand nicht eingetreten wäre.

(2) Ist wegen Verletzung einer Person oder wegen Beschädigung einer Sache Schadensersatz zu leisten, so kann der Gläubiger statt der Herstellung den dazu erforderlichen Geldbetrag verlangen. Bei der Beschädigung einer Sache schließt der nach Satz 1 erforderliche Geldbetrag die Umsatzsteuer nur mit ein, wenn und soweit sie tatsächlich angefallen ist.

§ 253 Immaterieller Schaden

(1) Wegen eines Schadens, der nicht Vermögensschaden ist, kann Entschädigung in Geld nur in den durch das Gesetz bestimmten Fällen gefordert werden.

(2) Ist wegen einer Verletzung des Körpers, der Gesundheit, der Freiheit oder der sexuellen Selbstbestimmung Schadensersatz zu leisten, kann auch wegen des Schadens, der nicht Vermögensschaden ist, eine billige Entschädigung in Geld gefordert werden.

§ 254 Mitverschulden

(1) Hat bei der Entstehung des Schadens ein Verschulden des Beschädigten mitgewirkt, so hängt die Verpflichtung zum Ersatz sowie der Umfang des zu leistenden Ersatzes von den Umständen, insbesondere davon ab, inwieweit der Schaden vorwiegend von dem einen oder dem anderen Teil verursacht worden ist.

(2) Dies gilt auch dann, wenn sich das Verschulden des Beschädigten darauf beschränkt, dass er unterlassen hat, den Schuldner auf die Gefahr eines ungewöhnlich hohen Schadens aufmerksam zu machen, die der Schuldner weder kannte noch kennen musste, oder dass er unterlassen hat, den Schaden abzuwenden oder zu mindern. Die Vorschrift des § 278 findet entsprechende Anwendung.

§ 273 Zurückbehaltungsrecht

(1) Hat der Schuldner aus demselben rechtlichen Verhältnis, auf dem seine Verpflichtung beruht, einen fälligen Anspruch gegen den Gläubiger, so kann er, sofern nicht aus dem Schuldverhältnis sich ein anderes ergibt, die geschuldete Leistung verweigern, bis die ihm gebührende Leistung bewirkt wird (Zurückbehaltungsrecht).

(2) Wer zur Herausgabe eines Gegenstands verpflichtet ist, hat das gleiche Recht, wenn ihm ein fälliger Anspruch wegen Verwendungen auf den Gegenstand oder wegen eines ihm durch diesen verursachten Schadens

zusteht, es sei denn, dass er den Gegenstand durch eine vorsätzlich begangene unerlaubte Handlung erlangt hat.

(3) Der Gläubiger kann die Ausübung des Zurückbehaltungsrechts durch Sicherheitsleistung abwenden. Die Sicherheitsleistung durch Bürgen ist ausgeschlossen.

§ 276 Verantwortlichkeit des Schuldners

(1) Der Schuldner hat Vorsatz und Fahrlässigkeit zu vertreten, wenn eine strengere oder mildere Haftung weder bestimmt noch aus dem sonstigen Inhalt des Schuldverhältnisses, insbesondere aus der Übernahme einer Garantie oder eines Beschaffungsrisikos zu entnehmen ist. Die Vorschriften der §§ 827 und 828 finden entsprechende Anwendung.

(2) Fahrlässig handelt, wer die im Verkehr erforderliche Sorgfalt außer Acht lässt.

(3) Die Haftung wegen Vorsatzes kann dem Schuldner nicht im Voraus erlassen werden.

§ 278 Verantwortlichkeit des Schuldners für Dritte

Der Schuldner hat ein Verschulden seines gesetzlichen Vertreters und der Personen, deren er sich zur Erfüllung seiner Verbindlichkeit bedient, in gleichem Umfang zu vertreten wie eigenes Verschulden. Die Vorschrift des § 276 Abs. 3 findet keine Anwendung.

§ 280 Schadensersatz wegen Pflichtverletzung

(1) Verletzt der Schuldner eine Pflicht aus dem Schuldverhältnis, so kann der Gläubiger Ersatz des hierdurch entstehenden Schadens verlangen. Dies gilt nicht, wenn der Schuldner die Pflichtverletzung nicht zu vertreten hat.

(2) Schadensersatz wegen Verzögerung der Leistung kann der Gläubiger nur unter der zusätzlichen Voraussetzung des § 286 verlangen.

(3) Schadensersatz statt der Leistung kann der Gläubiger nur unter den zusätzlichen Voraussetzungen des § 281, des § 282 oder des § 283 verlangen.

§ 311 Rechtsgeschäftliche und rechtsgeschäftsähnliche Schuldverhältnisse

(1) Zur Begründung eines Schuldverhältnisses durch Rechtsgeschäft sowie zur Änderung des Inhalts eines Schuldverhältnisses ist ein Vertrag zwischen den Beteiligten erforderlich, soweit nicht das Gesetz ein anderes vorschreibt.

(2) Ein Schuldverhältnis mit Pflichten nach § 241 Abs. 2 entsteht auch durch
1. die Aufnahme von Vertragsverhandlungen,
2. die Anbahnung eines Vertrags, bei welcher der eine Teil im Hinblick auf eine etwaige rechtsgeschäftliche Beziehung dem anderen Teil die Möglichkeit zur Einwirkung auf seine Rechte, Rechtsgüter und Interessen gewährt oder ihm diese anvertraut, oder
3. ähnliche geschäftliche Kontakte.

§ 611 Vertragstypische Pflichten beim Dienstvertrag

(1) Durch den Dienstvertrag wird derjenige, welcher Dienste zusagt, zur Leistung der versprochenen Dienste, der andere Teil zur Gewährung der vereinbarten Vergütung verpflichtet.

(2) Gegenstand des Dienstvertrags können Dienste jeder Art sein.

§ 613 Unübertragbarkeit

Der zur Dienstleistung Verpflichtete hat die Dienste im Zweifel in Person zu leisten. Der Anspruch auf die Dienste ist im Zweifel nicht übertragbar.

§ 627 Fristlose Kündigung bei Vertrauensstellung

(1) Bei einem Dienstverhältnis, das kein Arbeitsverhältnis im Sinne des § 622 ist, ist die Kündigung auch ohne die in § 626 bezeichnete Voraussetzung zulässig, wenn der zur Dienstleistung Verpflichtete, ohne in einem dauernden Dienstverhältnis mit festen Bezügen zu stehen, Dienste höherer Art zu leisten hat, die auf Grund besonderen Vertrauens übertragen zu werden pflegen.

(2) Der Verpflichtete darf nur in der Art kündigen, dass sich der Dienstberechtigte die Dienste anderweit beschaffen kann, es sei denn, dass ein wichtiger Grund für die unzeitige Kündigung vorliegt. Kündigt er ohne solchen Grund zur Unzeit, so hat er dem Dienstberechtigten den daraus entstehenden Schaden zu ersetzen.

Bürgerliches Gesetzbuch – BGB –

§ 631 Vertragstypische Pflichten beim Werkvertrag

(1) Durch den Werkvertrag wird der Unternehmer zur Herstellung des versprochenen Werkes, der Besteller zur Entrichtung der vereinbarten Vergütung verpflichtet.

(2) Gegenstand des Werkvertrags kann sowohl die Herstellung oder Veränderung einer Sache als auch ein anderer durch Arbeit oder Dienstleistung herbeizuführender Erfolg sein.

§ 663 Anzeigepflicht bei Ablehnung

Wer zur Besorgung gewisser Geschäfte öffentlich bestellt ist oder sich öffentlich erboten hat, ist, wenn er einen auf solche Geschäfte gerichteten Auftrag nicht annimmt, verpflichtet, die Ablehnung dem Auftraggeber unverzüglich anzuzeigen. Das Gleiche gilt, wenn sich jemand dem Auftraggeber gegenüber zur Besorgung gewisser Geschäfte erboten hat.

§ 665 Abweichung von Weisungen

Der Beauftragte ist berechtigt, von den Weisungen des Auftraggebers abzuweichen, wenn er den Umständen nach annehmen darf, dass der Auftraggeber bei Kenntnis der Sachlage die Abweichung billigen würde. Der Beauftragte hat vor der Abweichung dem Auftraggeber Anzeige zu machen und dessen Entschließung abzuwarten, wenn nicht mit dem Aufschub Gefahr verbunden ist.

§ 666 Auskunfts- und Rechenschaftspflicht

Der Beauftragte ist verpflichtet, dem Auftraggeber die erforderlichen Nachrichten zu geben, auf Verlangen über den Stand des Geschäfts Auskunft zu erteilen und nach der Ausführung des Auftrags Rechenschaft abzulegen.

§ 667 Herausgabepflicht

Der Beauftragte ist verpflichtet, dem Auftraggeber alles, was er zur Ausführung des Auftrags erhält und was er aus der Geschäftsbesorgung erlangt, herauszugeben.

§ 675 Entgeltliche Geschäftsbesorgung

(1) Auf einen Dienstvertrag oder einen Werkvertrag, der eine Geschäftsbesorgung zum Gegenstand hat, finden, soweit in diesem Untertitel nichts Abweichendes bestimmt wird, die Vorschriften der §§ 663, 665 bis 670, 672

bis 674 und, wenn dem Verpflichteten das Recht zusteht, ohne Einhaltung einer Kündigungsfrist zu kündigen, auch die Vorschriften des § 671 Abs. 2 entsprechende Anwendung.

(2) Wer einem anderen einen Rat oder eine Empfehlung erteilt, ist, unbeschadet der sich aus einem Vertragsverhältnis, einer unerlaubten Handlung oder einer sonstigen gesetzlichen Bestimmung ergebenden Verantwortlichkeit, zum Ersatz des aus der Befolgung des Rates oder der Empfehlung entstehenden Schadens nicht verpflichtet.

§ 823 Schadensersatzpflicht

(1) Wer vorsätzlich oder fahrlässig das Leben, den Körper, die Gesundheit, die Freiheit, das Eigentum oder ein sonstiges Recht eines anderen widerrechtlich verletzt, ist dem anderen zum Ersatz des daraus entstehenden Schadens verpflichtet.

(2) Die gleiche Verpflichtung trifft denjenigen, welcher gegen ein den Schutz eines anderen bezweckendes Gesetz verstößt. Ist nach dem Inhalt des Gesetzes ein Verstoß gegen dieses auch ohne Verschulden möglich, so tritt die Ersatzpflicht nur im Falle des Verschuldens ein.

§ 831 Haftung für den Verrichtungsgehilfen

(1) Wer einen anderen zu einer Verrichtung bestellt, ist zum Ersatz des Schadens verpflichtet, den der andere in Ausführung der Verrichtung einem Dritten widerrechtlich zufügt. Die Ersatzpflicht tritt nicht ein, wenn der Geschäftsherr bei der Auswahl der bestellten Person und, sofern er Vorrichtungen oder Gerätschaften zu beschaffen oder die Ausführung der Verrichtung zu leiten hat, bei der Beschaffung oder der Leitung die im Verkehr erforderliche Sorgfalt beobachtet oder wenn der Schaden auch bei Anwendung dieser Sorgfalt entstanden sein würde.

(2) Die gleiche Verantwortlichkeit trifft denjenigen, welcher für den Geschäftsherrn die Besorgung eines der im Absatz 1 Satz 2 bezeichneten Geschäfte durch Vertrag übernimmt.

II. Abgabenordnung – AO –

§ 33 Steuerpflichtiger

(1) Steuerpflichtiger ist, wer eine Steuer schuldet, für eine Steuer haftet, eine Steuer für Rechnung eines Dritten einzubehalten und abzuführen hat, wer eine Steuererklärung abzugeben, Sicherheit zu leisten, Bücher und

Aufzeichnungen zu führen oder andere ihm durch die Steuergesetze auferlegte Verpflichtungen zu erfüllen hat.

...

§ 34 Pflichten der gesetzlichen Vertreter und der Vermögensverwalter

(1) Die gesetzlichen Vertreter natürlicher und juristischer Personen und die Geschäftsführer von nicht rechtsfähigen Personenvereinigungen und Vermögensmassen haben deren steuerliche Pflichten zu erfüllen. Sie haben insbesondere dafür zu sorgen, dass die Steuern aus den Mitteln entrichtet werden, die sie verwalten.

(2) Soweit nicht rechtsfähige Personenvereinigungen ohne Geschäftsführer sind, haben die Mitglieder oder Gesellschafter die Pflichten im Sinne des Absatzes 1 zu erfüllen. Die Finanzbehörde kann sich an jedes Mitglied oder jeden Gesellschafter halten. Für nicht rechtsfähige Vermögensmassen gelten die Sätze 1 und 2 mit der Maßgabe, dass diejenigen, denen das Vermögen zusteht, die steuerlichen Pflichten zu erfüllen haben.

(3) Steht eine Vermögensverwaltung anderen Personen als den Eigentümern des Vermögens oder deren gesetzlichen Vertretern zu, so haben die Vermögensverwalter die in Absatz 1 bezeichneten Pflichten, soweit ihre Verwaltung reicht.

§ 35 Pflichten des Verfügungsberechtigten

Wer als Verfügungsberechtigter im eigenen oder fremden Namen auftritt, hat die Pflichten eines gesetzlichen Vertreters (§ 34 Abs. 1), soweit er sie rechtlich und tatsächlich erfüllen kann.

§ 69 Haftung der Vertreter

Die in den §§ 34 und 35 bezeichneten Personen haften, soweit Ansprüche aus dem Steuerschuldverhältnis (§ 37) infolge vorsätzlicher oder grob fahrlässiger Verletzung der ihnen auferlegten Pflichten nicht oder nicht rechtzeitig festgesetzt oder erfüllt oder soweit infolgedessen Steuervergütungen oder Steuererstattungen ohne rechtlichen Grund gezahlt werden. Die Haftung umfasst auch die infolge der Pflichtverletzung zu zahlenden Säumniszuschläge.

§ 71 Haftung des Steuerhinterziehers und des Steuerhehlers

Wer eine Steuerhinterziehung oder eine Steuerhehlerei begeht oder an einer solchen Tat teilnimmt, haftet für die verkürzten Steuern und die zu Unrecht gewährten Steuervorteile sowie für die Zinsen nach § 235.

§ 72 Haftung bei Verletzung der Pflicht zur Kontenwahrheit

Wer vorsätzlich oder grob fahrlässig der Vorschrift des § 154 Abs. 3 zuwiderhandelt, haftet, soweit dadurch die Verwirklichung von Ansprüchen aus dem Steuerschuldverhältnis beeinträchtigt wird.

§ 80 Bevollmächtigte und Beistände

(1) Ein Beteiligter kann sich durch einen Bevollmächtigten vertreten lassen. Die Vollmacht ermächtigt zu allen das Verwaltungsverfahren betreffenden Verfahrenshandlungen, sofern sich aus ihrem Inhalt nicht etwas anderes ergibt; sie ermächtigt nicht zum Empfang von Steuererstattungen und Steuervergütungen. Der Bevollmächtigte hat auf Verlangen seine Vollmacht schriftlich nachzuweisen. Ein Widerruf der Vollmacht wird der Behörde gegenüber erst wirksam, wenn er ihr zugeht.

...

§ 369 Steuerstraftaten

(1) Steuerstraftaten (Zollstraftaten) sind:

1. Taten, die nach den Steuergesetzen strafbar sind,
2. der Bannbruch,
3. die Wertzeichenfälschung und deren Vorbereitung, soweit die Tat Steuerzeichen betrifft,
4. die Begünstigung einer Person, die eine Tat nach den Nummern 1 bis 3 begangen hat.

(2) Für Steuerstraftaten gelten die allgemeinen Gesetze über das Strafrecht, soweit die Strafvorschriften der Steuergesetze nichts anderes bestimmen.

Abgabenordnung – AO –

§ 370 Steuerhinterziehung

(1) Mit Freiheitsstrafe bis zu fünf Jahren oder mit Geldstrafe wird bestraft, wer
1. den Finanzbehörden oder anderen Behörden über steuerlich erhebliche Tatsachen unrichtige oder unvollständige Angaben macht,
2. die Finanzbehörden pflichtwidrig über steuerlich erhebliche Tatsachen in Unkenntnis lässt oder
3. pflichtwidrig die Verwendung von Steuerzeichen oder Steuerstemplern unterlässt

und dadurch Steuern verkürzt oder für sich oder einen anderen nicht gerechtfertigte Steuervorteile erlangt.

(2) Der Versuch ist strafbar.

(3) In besonders schweren Fällen ist die Strafe Freiheitsstrafe von sechs Monaten bis zu zehn Jahren. Ein besonders schwerer Fall liegt in der Regel vor, wenn der Täter
1. in großem Ausmaß Steuern verkürzt oder nicht gerechtfertigte Steuervorteile erlangt,
2. seine Befugnisse oder seine Stellung als Amtsträger missbraucht,
3. die Mithilfe eines Amtsträgers ausnutzt, der seine Befugnisse oder seine Stellung missbraucht,
4. unter Verwendung nachgemachter oder verfälschter Belege fortgesetzt Steuern verkürzt oder nicht gerechtfertigte Steuervorteile erlangt, oder
5. als Mitglied einer Bande, die sich zur fortgesetzten Begehung von Taten nach Absatz 1 verbunden hat, Umsatz- oder Verbrauchssteuern verkürzt oder nicht gerechtfertigte Umsatz- oder Verbrauchssteuervorteile erlangt.

(4) Steuern sind namentlich dann verkürzt, wenn sie nicht, nicht in voller Höhe oder nicht rechtzeitig festgesetzt werden; dies gilt auch dann, wenn die Steuer vorläufig oder unter Vorbehalt der Nachprüfung festgesetzt wird oder eine Steueranmeldung einer Steuerfestsetzung unter Vorbehalt der Nachprüfung gleichsteht. Steuervorteile sind auch Steuervergütungen; nicht gerechtfertigte Steuervorteile sind erlangt, soweit sie zu Unrecht gewährt oder belassen werden. Die Voraussetzungen der Sätze 1 und 2 sind auch dann erfüllt, wenn die Steuer, auf die sich die Tat bezieht, aus anderen Gründen hätte ermäßigt oder der Steuervorteil aus anderen Gründen hätte beansprucht werden können.

(5) Die Tat kann auch hinsichtlich solcher Waren begangen werden, deren Einfuhr, Ausfuhr oder Durchfuhr verboten ist.

(6) Die Absätze 1 bis 5 gelten auch dann, wenn sich die Tat auf Einfuhr- oder Ausfuhrabgaben bezieht, die von einem anderen Mitgliedstaat der Europäischen Gemeinschaften verwaltet werden oder die einem Mitgliedstaat der Europäischen Freihandelsassoziation oder einem mit dieser assoziierten Staat zustehen. Das Gleiche gilt, wenn sich die Tat auf Umsatzsteuern oder auf harmonisierte Verbrauchsteuern, für die in Artikel 3 Abs. 1 der Richtlinie 92/12/EWG des Rates vom 25. Februar 1992 (ABl. EG Nr. L 76 S. 1) genannten Waren bezieht, die von einem anderen Mitgliedstaat der Europäischen Gemeinschaften verwaltet wird. Die in Satz 2 bezeichneten Taten werden nur verfolgt, wenn die Gegenseitigkeit zur Zeit der Tat verbürgt und dies in einer Rechtsverordnung nach Satz 4 festgestellt ist. Das Bundesministerium der Finanzen wird ermächtigt, mit Zustimmung des Bundesrates in einer Rechtsverordnung festzustellen, im Hinblick auf welche Mitgliedstaaten der Europäischen Gemeinschaften Taten im Sinne des Satzes 2 wegen Verbürgung der Gegenseitigkeit zu verfolgen sind.

(7) Die Absätze 1 bis 6 gelten unabhängig von dem Recht des Tatortes auch für Taten, die außerhalb des Geltungsbereiches dieses Gesetzes begangen werden.

§ 371 Selbstanzeige bei Steuerhinterziehung

(1) Wer in den Fällen des § 370 unrichtige oder unvollständige Angaben bei der Finanzbehörde berichtigt oder ergänzt oder unterlassene Angaben nachholt, wird insoweit straffrei.

(2) Straffreiheit tritt nicht ein, wenn

1. vor der Berichtigung, Ergänzung oder Nachholung

    a) ein Amtsträger der Finanzbehörde zur steuerlichen Prüfung oder zur Ermittlung einer Steuerstraftat oder einer Steuerordnungswidrigkeit erschienen ist oder

    b) dem Täter oder seinem Vertreter die Einleitung des Straf- oder Bußgeldverfahrens wegen der Tat bekannt gegeben worden ist oder

2. die Tat im Zeitpunkt der Berichtigung, Ergänzung oder Nachholung ganz oder zum Teil bereits entdeckt war und der Täter dies wusste oder bei verständiger Würdigung der Sachlage damit rechnen musste.

(3) Sind Steuerverkürzungen bereits eingetreten oder Steuervorteile erlangt, so tritt für einen an der Tat Beteiligten Straffreiheit nur ein, soweit er die zu seinen Gunsten hinterzogenen Steuern innerhalb der ihm bestimmten angemessenen Frist entrichtet.

(4) Wird die in § 153 vorgesehene Anzeige rechtzeitig und ordnungsmäßig erstattet, so wird ein Dritter, der die in § 153 bezeichneten Erklärungen abzugeben unterlassen oder unrichtig oder unvollständig abgegeben hat, strafrechtlich nicht verfolgt, es sei denn, dass ihm oder seinem Vertreter vorher die Einleitung eines Straf- oder Bußgeldverfahrens wegen der Tat bekannt gegeben worden ist. Hat der Dritte zum eigenen Vorteil gehandelt, so gilt Absatz 3 entsprechend.

§ 373 Gewerbsmäßiger, gewaltsamer und bandenmäßiger Schmuggel

(1) Wer gewerbsmäßig Einfuhr- oder Ausfuhrabgaben hinterzieht oder gewerbsmäßig durch Zuwiderhandlungen gegen Monopolvorschriften Bannbruch begeht, wird mit Freiheitsstrafe von sechs Monaten bis zu zehn Jahren bestraft. In minder schweren Fällen ist die Strafe Freiheitsstrafe bis zu fünf Jahren oder Geldstrafe.

(2) Ebenso wird bestraft, wer

1. eine Hinterziehung von Einfuhr- oder Ausfuhrabgaben oder einen Bannbruch begeht, bei denen er oder ein anderer Beteiligter eine Schusswaffe bei sich führt,

2. eine Hinterziehung von Einfuhr- oder Ausfuhrabgaben oder einen Bannbruch begeht, bei denen er oder ein anderer Beteiligter eine Waffe oder sonst ein Werkzeug oder Mittel bei sich führt, um den Widerstand eines anderen durch Gewalt oder Drohung mit Gewalt zu verhindern oder zu überwinden, oder

3. als Mitglied einer Bande, die sich zur fortgesetzten Begehung der Hinterziehung von Einfuhr- oder Ausfuhrabgaben oder des Bannbruchs verbunden hat, eine solche Tat begeht.

(3) Der Versuch ist strafbar.

(4) § 370 Abs. 6 Satz 1 und Abs. 7 gilt entsprechend.

§ 374 Steuerhehlerei

(1) Wer Erzeugnisse oder Waren, hinsichtlich deren Verbrauchsteuern oder Einfuhr- und Ausfuhrabgaben im Sinne des Artikels 4 Nr. 10 und 11 des Zollkodexes hinterzogen oder Bannbruch nach § 372 Abs. 2, § 373 begangen worden ist, ankauft oder sonst sich oder einem Dritten verschafft, sie absetzt oder abzusetzen hilft, um sich oder einen Dritten zu bereichern, wird mit Freiheitsstrafe bis zu fünf Jahren oder mit Geldstrafe bestraft.

(2) Handelt der Täter gewerbsmäßig oder als Mitglied einer Bande, die sich zur fortgesetzten Begehung von Straftaten nach Absatz 1 verbunden hat, so ist die Strafe Freiheitsstrafe von sechs Monaten bis zu zehn Jahren. In minder schweren Fällen ist die Strafe Freiheitsstrafe bis zu fünf Jahren oder Geldstrafe.

(3) Der Versuch ist strafbar.

(4) § 370 Abs. 6 Satz 1 und Abs. 7 gilt entsprechend.

§ 377 Steuerordnungswidrigkeiten

(1) Steuerordnungswidrigkeiten (Zollordnungswidrigkeiten) sind Zuwiderhandlungen, die nach den Steuergesetzen mit Geldbuße geahndet werden können.

(2) Für Steuerordnungswidrigkeiten gelten die Vorschriften des Ersten Teils des Gesetzes über Ordnungswidrigkeiten, soweit die Bußgeldvorschriften der Steuergesetze nichts anderes bestimmen.

§ 378 Leichtfertige Steuerverkürzung

(1) Ordnungswidrig handelt, wer als Steuerpflichtiger oder bei Wahrnehmung der Angelegenheiten eines Steuerpflichtigen eine der in § 370 Abs. 1 bezeichneten Taten leichtfertig begeht. § 370 Abs. 4 bis 7 gilt entsprechend.

(2) Die Ordnungswidrigkeit kann mit einer Geldbuße bis zu fünfzigtausend Euro geahndet werden.

(3) Eine Geldbuße wird nicht festgesetzt, soweit der Täter unrichtige oder unvollständige Angaben bei der Finanzbehörde berichtigt oder ergänzt oder unterlassene Angaben nachholt, bevor ihm oder seinem Vertreter die Einleitung eines Straf- oder Bußgeldverfahrens wegen der Tat bekannt gegeben worden ist. § 371 Abs. 3 und 4 gilt entsprechend.

III. Insolvenzordnung – InsO –

§ 1 Ziele des Insolvenzverfahrens

Das Insolvenzverfahren dient dazu, die Gläubiger eines Schuldners gemeinschaftlich zu befriedigen, indem das Vermögen des Schuldners verwertet und der Erlös verteilt oder in einem Insolvenzplan eine abweichende Regelung insbesondere zum Erhalt des Unternehmens getroffen wird. Dem redlichen Schuldner wird Gelegenheit gegeben, sich von seinen restlichen Verbindlichkeiten zu befreien.

§ 5 Verfahrensgrundsätze

(1) Das Insolvenzgericht hat von Amts wegen alle Umstände zu ermitteln, die für das Insolvenzverfahren von Bedeutung sind. Es kann zu diesem Zweck insbesondere Zeugen und Sachverständige vernehmen.

(2) Sind die Vermögensverhältnisse des Schuldners überschaubar und die Zahl der Gläubiger oder die Höhe der Verbindlichkeiten gering, kann das Insolvenzgericht anordnen, dass das Verfahren oder einzelne seiner Teile schriftlich durchgeführt werden. Es kann diese Anordnung jederzeit aufheben oder abändern. Die Anordnung, ihre Aufhebung oder Abänderung sind öffentlich bekannt zu machen.

(3) Die Entscheidungen des Gerichts können ohne mündliche Verhandlung ergehen. Findet eine mündliche Verhandlung statt, so ist § 227 Abs. 3 Satz 1 der Zivilprozessordnung nicht anzuwenden.

(4) Tabellen und Verzeichnisse können maschinell hergestellt und bearbeitet werden. Die Landesregierungen werden ermächtigt, durch Rechtsverordnung nähere Bestimmungen über die Führung der Tabellen und Verzeichnisse, ihre elektronische Einreichung sowie die elektronische Einreichung der dazugehörigen Dokumente und deren Aufbewahrung zu treffen. Dabei können sie auch Vorgaben für die Datenformate der elektronischen Einreichung machen. Die Landesregierungen können die Ermächtigung auf die Landesjustizverwaltungen übertragen.

§ 15a Antragspflicht bei juristischen Personen und Gesellschaften ohne Rechtspersönlichkeit

(1) Wird eine juristische Person zahlungsunfähig oder überschuldet, haben die Mitglieder des Vertretungsorgans oder die Abwickler ohne schuldhaftes Zögern, spätestens aber drei Wochen nach Eintritt der Zahlungsunfähigkeit oder Überschuldung, einen Insolvenzantrag zu stellen. Das Gleiche gilt für die organschaftlichen Vertreter der zur Vertretung der Gesellschaft ermächtigten Gesellschafter oder die Abwickler bei einer Gesellschaft ohne Rechtspersönlichkeit, bei der kein persönlich haftender Gesellschafter eine natürliche Person ist; dies gilt nicht, wenn zu den persönlich haftenden Gesellschaftern eine andere Gesellschaft gehört, bei der ein persönlich haftender Gesellschafter eine natürliche Person ist.

(2) Bei einer Gesellschaft im Sinne des Absatzes 1 Satz 2 gilt Absatz 1 sinngemäß, wenn die organschaftlichen Vertreter der zur Vertretung der Gesellschaft ermächtigten Gesellschafter ihrerseits Gesellschaften sind,

bei denen kein Gesellschafter eine natürliche Person ist, oder sich die Verbindung von Gesellschaften in dieser Art fortsetzt.

(3) Im Fall der Führungslosigkeit einer Gesellschaft mit beschränkter Haftung ist auch jeder Gesellschafter, im Fall der Führungslosigkeit einer Aktiengesellschaft oder einer Genossenschaft ist auch jedes Mitglied des Aufsichtsrats zur Stellung des Antrags verpflichtet, es sei denn, diese Person hat von der Zahlungsunfähigkeit und der Überschuldung oder der Führungslosigkeit keine Kenntnis.

(4) Mit Freiheitsstrafe bis zu drei Jahren oder mit Geldstrafe wird bestraft, wer entgegen Absatz 1 Satz 1, auch in Verbindung mit Satz 2 oder Absatz 2 oder Absatz 3, einen Insolvenzantrag nicht, nicht richtig oder nicht rechtzeitig stellt.

(5) Handelt der Täter in den Fällen des Absatzes 4 fahrlässig, ist die Strafe Freiheitsstrafe bis zu einem Jahr oder Geldstrafe.

§ 17 Zahlungsunfähigkeit

(1) Allgemeiner Eröffnungsgrund ist die Zahlungsunfähigkeit.

(2) Der Schuldner ist zahlungsunfähig, wenn er nicht in der Lage ist, die fälligen Zahlungspflichten zu erfüllen. Zahlungsunfähigkeit ist in der Regel anzunehmen, wenn der Schuldner seine Zahlungen eingestellt hat.

§ 18 Drohende Zahlungsunfähigkeit

(1) Beantragt der Schuldner die Eröffnung des Insolvenzverfahrens, so ist auch die drohende Zahlungsunfähigkeit Eröffnungsgrund.

...

§ 19 Überschuldung

(1) Bei einer juristischen Person ist auch die Überschuldung Eröffnungsgrund.

(2) Überschuldung liegt vor, wenn das Vermögen des Schuldners die bestehenden Verbindlichkeiten nicht mehr deckt, es sei denn, die Fortführung des Unternehmens ist nach den Umständen überwiegend wahrscheinlich. Forderungen auf Rückgewähr von Gesellschafterdarlehen oder aus Rechtshandlungen, die einem solchen Darlehen wirtschaftlich entsprechen, für die gemäß § 39 Abs. 2 zwischen Gläubiger und Schuldner der Nachrang im Insolvenzverfahren hinter den in § 39 Abs. 1 Nr. 1 bis 5 bezeichneten Forderungen vereinbart worden ist, sind nicht bei den Verbindlichkeiten nach Satz 1 zu berücksichtigen.

(3) Ist bei einer Gesellschaft ohne Rechtspersönlichkeit kein persönlich haftender Gesellschafter eine natürliche Person, so gelten die Absätze 1 und 2 entsprechend. Dies gilt nicht, wenn zu den persönlich haftenden Gesellschaftern eine andere Gesellschaft gehört, bei der ein persönlich haftender Gesellschafter eine natürliche Person ist.

§ 35 Begriff der Insolvenzmasse

(1) Das Insolvenzverfahren erfaßt das gesamte Vermögen, das dem Schuldner zur Zeit der Eröffnung des Verfahrens gehört und das er während des Verfahrens erlangt (Insolvenzmasse).

(2) Übt der Schuldner eine selbstständige Tätigkeit aus oder beabsichtigt er, demnächst eine solche Tätigkeit auszuüben, hat der Insolvenzverwalter ihm gegenüber zu erklären, ob Vermögen aus der selbstständigen Tätigkeit zur Insolvenzmasse gehört und ob Ansprüche aus dieser Tätigkeit im Insolvenzverfahren geltend gemacht werden können. § 295 Abs. 2 gilt entsprechend. Auf Antrag des Gläubigerausschusses oder, wenn ein solcher nicht bestellt ist, der Gläubigerversammlung ordnet das Insolvenzgericht die Unwirksamkeit der Erklärung an.

(3) Die Erklärung des Insolvenzverwalters ist dem Gericht gegenüber anzuzeigen. Das Gericht hat die Erklärung und den Beschluss über ihre Unwirksamkeit öffentlich bekannt zu machen.

§ 56 Bestellung des Insolvenzverwalters

(1) Zum Insolvenzverwalter ist eine für den jeweiligen Einzelfall geeignete, insbesondere geschäftskundige und von den Gläubigern und dem Schuldner unabhängige natürliche Person zu bestellen, die aus dem Kreis aller zur Übernahme von Insolvenzverwaltungen bereiten Personen auszuwählen ist. Die Bereitschaft zur Übernahme von Insolvenzverwaltungen kann auf bestimmte Verfahren beschränkt werden.

...

§ 60 Haftung des Insolvenzverwalters

(1) Der Insolvenzverwalter ist allen Beteiligten zum Schadenersatz verpflichtet, wenn er schuldhaft die Pflichten verletzt, die ihm nach diesem Gesetz obliegen. Er hat für die Sorgfalt eines ordentlichen und gewissenhaften Insolvenzverwalters einzustehen.

(2) Soweit er zur Erfüllung der ihm als Verwalter obliegenden Pflichten Angestellte des Schuldners im Rahmen ihrer bisherigen Tätigkeit einset-

zen muß und diese Angestellten nicht offensichtlich ungeeignet sind, hat der Verwalter ein Verschulden dieser Personen nicht gemäß § 278 des Bürgerlichen Gesetzbuchs zu vertreten, sondern ist nur für deren Überwachung und für Entscheidungen von besonderer Bedeutung verantwortlich.

§ 129 Grundsatz

(1) Rechtshandlungen, die vor der Eröffnung des Insolvenzverfahrens vorgenommen worden sind und die Insolvenzgläubiger benachteiligen, kann der Insolvenzverwalter nach Maßgabe der §§ 130 bis 146 anfechten.

(2) Eine Unterlassung steht einer Rechtshandlung gleich.

§ 142 Bargeschäft

Eine Leistung des Schuldners, für die unmittelbar eine gleichwertige Gegenleistung in sein Vermögen gelangt, ist nur anfechtbar, wenn die Voraussetzungen des § 133 Abs. 1 gegeben sind.

§ 155 Handels- und steuerrechtliche Rechnungslegung

(1) Handels- und steuerrechtliche Pflichten des Schuldners zur Buchführung und zur Rechnungslegung bleiben unberührt. In bezug auf die Insolvenzmasse hat der Insolvenzverwalter diese Pflichten zu erfüllen.

(2) Mit der Eröffnung des Insolvenzverfahrens beginnt ein neues Geschäftsjahr. Jedoch wird die Zeit bis zum Berichtstermin in gesetzliche Fristen für die Aufstellung oder die Offenlegung eines Jahresabschlusses nicht eingerechnet.

...

§ 290 Versagung der Restschuldbefreiung

(1) In dem Beschluß ist die Restschuldbefreiung zu versagen, wenn dies im Schlußtermin von einem Insolvenzgläubiger beantragt worden ist und wenn der Schuldner wegen einer Straftat nach den §§ 283 bis 283c des Strafgesetzbuchs rechtskräftig verurteilt worden ist,

...

IV. Strafgesetzbuch – StGB –

§ 13 Begehen durch Unterlassen

(1) Wer es unterläßt, einen Erfolg abzuwenden, der zum Tatbestand eines Strafgesetzes gehört, ist nach diesem Gesetz nur dann strafbar, wenn er

rechtlich dafür einzustehen hat, daß der Erfolg nicht eintritt, und wenn das Unterlassen der Verwirklichung des gesetzlichen Tatbestandes durch ein Tun entspricht.
(2) Die Strafe kann nach § 49 Abs. 1 gemildert werden.

§ 22 Begriffsbestimmung (Anm.: zum 2. Titel „Versuch")

Eine Straftat versucht, wer nach seiner Vorstellung von der Tat zur Verwirklichung des Tatbestandes unmittelbar ansetzt.

§ 25 Täterschaft

(1) Als Täter wird bestraft, wer die Straftat selbst oder durch einen anderen begeht.
(2) Begehen mehrere die Straftat gemeinschaftlich, so wird jeder als Täter bestraft (Mittäter).

§ 26 Anstiftung

Als Anstifter wird gleich einem Täter bestraft, wer vorsätzlich einen anderen zu dessen vorsätzlich begangener rechtswidriger Tat bestimmt hat.

§ 27 Beihilfe

(1) Als Gehilfe wird bestraft, wer vorsätzlich einem anderen zu dessen vorsätzlich begangener rechtswidriger Tat Hilfe geleistet hat.
(2) Die Strafe für den Gehilfen richtet sich nach der Strafdrohung für den Täter. Sie ist nach § 49 Abs. 1 zu mildern.

§ 203 Verletzung von Privatgeheimnissen

(1) Wer unbefugt ein fremdes Geheimnis, namentlich ein zum persönlichen Lebensbereich gehörendes Geheimnis oder ein Betriebs- oder Geschäftsgeheimnis, offenbart, das ihm als
...
3. Rechtsanwalt, Patentanwalt, Notar, Verteidiger in einem gesetzlich geordneten Verfahren, Wirtschaftsprüfer, vereidigtem Buchprüfer, Steuerberater, Steuerbevollmächtigten oder Organ oder Mitglied eines Organs einer Rechtsanwalts-, Patentanwalts-, Wirtschaftsprüfungs-, Buchprüfungs- oder Steuerberatungsgesellschaft, ...

anvertraut worden oder sonst bekanntgeworden ist, wird mit Freiheitsstrafe bis zu einem Jahr oder mit Geldstrafe bestraft.
...

§ 204 Verwertung fremder Geheimnisse

(1) Wer unbefugt ein fremdes Geheimnis, namentlich ein Betriebs- oder Geschäftsgeheimnis, zu dessen Geheimhaltung er nach § 203 verpflichtet ist, verwertet, wird mit Freiheitsstrafe bis zu zwei Jahren oder mit Geldstrafe bestraft.

...

§ 263 Betrug

(1) Wer in der Absicht, sich oder einem Dritten einen rechtswidrigen Vermögensvorteil zu verschaffen, das Vermögen eines anderen dadurch beschädigt, daß er durch Vorspiegelung falscher oder durch Entstellung oder Unterdrückung wahrer Tatsachen einen Irrtum erregt oder unterhält, wird mit Freiheitsstrafe bis zu fünf Jahren oder mit Geldstrafe bestraft.

(2) Der Versuch ist strafbar.

(3) In besonders schweren Fällen ist die Strafe Freiheitsstrafe von sechs Monaten bis zu zehn Jahren. Ein besonders schwerer Fall liegt in der Regel vor, wenn der Täter

1. gewerbsmäßig oder als Mitglied einer Bande handelt, die sich zur fortgesetzten Begehung von Urkundenfälschung oder Betrug verbunden hat,
2. einen Vermögensverlust großen Ausmaßes herbeiführt oder in der Absicht handelt, durch die fortgesetzte Begehung von Betrug eine große Zahl von Menschen in die Gefahr des Verlustes von Vermögenswerten zu bringen,
3. eine andere Person in wirtschaftliche Not bringt,
4. seine Befugnisse oder seine Stellung als Amtsträger mißbraucht oder
5. einen Versicherungsfall vortäuscht, nachdem er oder ein anderer zu diesem Zweck eine Sache von bedeutendem Wert in Brand gesetzt oder durch eine Brandlegung ganz oder teilweise zerstört oder ein Schiff zum Sinken oder Stranden gebracht hat.

(4) § 243 Abs. 2 sowie die §§ 247 und 248a gelten entsprechend.

(5) Mit Freiheitsstrafe von einem Jahr bis zu zehn Jahren, in minder schweren Fällen mit Freiheitsstrafe von sechs Monaten bis zu fünf Jahren wird bestraft, wer den Betrug als Mitglied einer Bande, die sich zur fortgesetzten Begehung von Straftaten nach den §§ 263 bis 264 oder 267 bis 269 verbunden hat, gewerbsmäßig begeht.

(6) Das Gericht kann Führungsaufsicht anordnen (§ 68 Abs. 1).

(7) Die §§ 43a und 73d sind anzuwenden, wenn der Täter als Mitglied einer Bande handelt, die sich zur fortgesetzten Begehung von Straftaten nach den §§ 263 bis 264 oder 267 bis 269 verbunden hat. § 73d ist auch dann anzuwenden, wenn der Täter gewerbsmäßig handelt.

§ 264 Subventionsbetrug

(1) Mit Freiheitsstrafe bis zu fünf Jahren oder mit Geldstrafe wird bestraft, wer

1. einer für die Bewilligung einer Subvention zuständigen Behörde oder einer anderen in das Subventionsverfahren eingeschalteten Stelle oder Person (Subventionsgeber) über subventionserhebliche Tatsachen für sich oder einen anderen unrichtige oder unvollständige Angaben macht, die für ihn oder den anderen vorteilhaft sind,
2. einen Gegenstand oder eine Geldleistung, deren Verwendung durch Rechtsvorschriften oder durch den Subventionsgeber im Hinblick auf eine Subvention beschränkt ist, entgegen der Verwendungsbeschränkung verwendet,
3. den Subventionsgeber entgegen den Rechtsvorschriften über die Subventionsvergabe über subventionserhebliche Tatsachen in Unkenntnis läßt oder
4. in einem Subventionsverfahren eine durch unrichtige oder unvollständige Angaben erlangte Bescheinigung über eine Subventionsberechtigung oder über subventionserhebliche Tatsachen gebraucht.

(2) In besonders schweren Fällen ist die Strafe Freiheitsstrafe von sechs Monaten bis zu zehn Jahren. Ein besonders schwerer Fall liegt in der Regel vor, wenn der Täter

1. aus grobem Eigennutz oder unter Verwendung nachgemachter oder verfälschter Belege für sich oder einen anderen eine nicht gerechtfertigte Subvention großen Ausmaßes erlangt,
2. seine Befugnisse oder seine Stellung als Amtsträger mißbraucht oder
3. die Mithilfe eines Amtsträgers ausnutzt, der seine Befugnisse oder seine Stellung mißbraucht.

(3) § 263 Abs. 5 gilt entsprechend.

(4) Wer in den Fällen des Absatzes 1 Nr. 1 bis 3 leichtfertig handelt, wird mit Freiheitsstrafe bis zu drei Jahren oder mit Geldstrafe bestraft.

(5) Nach den Absätzen 1 und 4 wird nicht bestraft, wer freiwillig verhindert, daß auf Grund der Tat die Subvention gewährt wird. Wird die Sub-

vention ohne Zutun des Täters nicht gewährt, so wird er straflos, wenn er sich freiwillig und ernsthaft bemüht, das Gewähren der Subvention zu verhindern.

(6) Neben einer Freiheitsstrafe von mindestens einem Jahr wegen einer Straftat nach den Absätzen 1 bis 3 kann das Gericht die Fähigkeit, öffentliche Ämter zu bekleiden, und die Fähigkeit, Rechte aus öffentlichen Wahlen zu erlangen, aberkennen (§ 45 Abs. 2). Gegenstände, auf die sich die Tat bezieht, können eingezogen werden; § 74a ist anzuwenden.

(7) Subvention im Sinne dieser Vorschrift ist

1. eine Leistung aus öffentlichen Mitteln nach Bundes- oder Landesrecht an Betriebe oder Unternehmen, die wenigstens zum Teil
   a) ohne marktmäßige Gegenleistung gewährt wird und
   b) der Förderung der Wirtschaft dienen soll;
2. eine Leistung aus öffentlichen Mitteln nach dem Recht der Europäischen Gemeinschaften, die wenigstens zum Teil ohne marktmäßige Gegenleistung gewährt wird.

Betrieb oder Unternehmen im Sinne des Satzes 1 Nr. 1 ist auch das öffentliche Unternehmen.

(8) Subventionserheblich im Sinne des Absatzes 1 sind Tatsachen,

1. die durch Gesetz oder auf Grund eines Gesetzes von dem Subventionsgeber als subventionserheblich bezeichnet sind oder
2. von denen die Bewilligung, Gewährung, Rückforderung, Weitergewährung oder das Belassen einer Subvention oder eines Subventionsvorteils gesetzlich abhängig ist.

§ 265 b Kreditbetrug

(1) Wer einem Betrieb oder Unternehmen im Zusammenhang mit einem Antrag auf Gewährung, Belassung oder Veränderung der Bedingungen eines Kredits für einen Betrieb oder ein Unternehmen oder einen vorgetäuschten Betrieb oder ein vorgetäuschtes Unternehmen

1. über wirtschaftliche Verhältnisse
   a) unrichtige oder unvollständige Unterlagen, namentlich Bilanzen, Gewinn- und Verlustrechnungen, Vermögensübersichten oder Gutachten vorlegt oder
   b) schriftlich unrichtige oder unvollständige Angaben macht, die für den Kreditnehmer vorteilhaft und für die Entscheidung über einen solchen Antrag erheblich sind, oder

2. solche Verschlechterungen der in den Unterlagen oder Angaben dargestellten wirtschaftlichen Verhältnisse bei der Vorlage nicht mitteilt, die für die Entscheidung über einen solchen Antrag erheblich sind,

wird mit Freiheitsstrafe bis zu drei Jahren oder mit Geldstrafe bestraft.

(2) Nach Absatz 1 wird nicht bestraft, wer freiwillig verhindert, daß der Kreditgeber auf Grund der Tat die beantragte Leistung erbringt. Wird die Leistung ohne Zutun des Täters nicht erbracht, so wird er straflos, wenn er sich freiwillig und ernsthaft bemüht, das Erbringen der Leistung zu verhindern.

(3) Im Sinne des Absatzes 1 sind

1. Betriebe und Unternehmen unabhängig von ihrem Gegenstand solche, die nach Art und Umfang einen in kaufmännischer Weise eingerichteten Geschäftsbetrieb erfordern;
2. Kredite Gelddarlehen aller Art, Akzeptkredite, der entgeltliche Erwerb und die Stundung von Geldforderungen, die Diskontierung von Wechseln und Schecks und die Übernahme von Bürgschaften, Garantien und sonstigen Gewährleistungen.

§ 266 Untreue

(1) Wer die ihm durch Gesetz, behördlichen Auftrag oder Rechtsgeschäft eingeräumte Befugnis, über fremdes Vermögen zu verfügen oder einen anderen zu verpflichten, mißbraucht oder die ihm kraft Gesetzes, behördlichen Auftrags, Rechtsgeschäfts oder eines Treueverhältnisses obliegende Pflicht, fremde Vermögensinteressen wahrzunehmen, verletzt und dadurch dem, dessen Vermögensinteressen er zu betreuen hat, Nachteil zufügt, wird mit Freiheitsstrafe bis zu fünf Jahren oder mit Geldstrafe bestraft.

...

§ 266 a Vorenthalten und Veruntreuen von Arbeitsentgelt

(1) Wer als Arbeitgeber der Einzugsstelle Beiträge des Arbeitnehmers zur Sozialversicherung einschließlich der Arbeitsförderung, unabhängig davon, ob Arbeitsentgelt gezahlt wird, vorenthält, wird mit Freiheitsstrafe bis zu fünf Jahren oder mit Geldstrafe bestraft.

(2) Ebenso wird bestraft, wer als Arbeitgeber

1. der für den Einzug der Beiträge zuständigen Stelle über sozialversicherungsrechtlich erhebliche Tatsachen unrichtige oder unvollständige Angaben macht oder

2. die für den Einzug der Beiträge zuständige Stelle pflichtwidrig über sozialversicherungsrechtlich erhebliche Tatsachen in Unkenntnis lässt und dadurch dieser Stelle vom Arbeitgeber zu tragende Beiträge zur Sozialversicherung einschließlich der Arbeitsförderung, unabhängig davon, ob Arbeitsentgelt gezahlt wird, vorenthält.

(3) Wer als Arbeitgeber sonst Teile des Arbeitsentgelts, die er für den Arbeitnehmer an einen anderen zu zahlen hat, dem Arbeitnehmer einbehält, sie jedoch an den anderen nicht zahlt und es unterlässt, den Arbeitnehmer spätestens im Zeitpunkt der Fälligkeit oder unverzüglich danach über das Unterlassen der Zahlung an den anderen zu unterrichten, wird mit Freiheitsstrafe bis zu fünf Jahren oder mit Geldstrafe bestraft. Satz 1 gilt nicht für Teile des Arbeitsentgelts, die als Lohnsteuer einbehalten werden.

(4) In besonders schweren Fällen der Absätze 1 und 2 ist die Strafe Freiheitsstrafe von sechs Monaten bis zu zehn Jahren. Ein besonders schwerer Fall liegt in der Regel vor, wenn der Täter

1. aus grobem Eigennutz in großem Ausmaß Beiträge vorenthält,
2. unter Verwendung nachgemachter oder verfälschter Belege fortgesetzt Beiträge vorenthält oder
3. die Mithilfe eines Amtsträgers ausnutzt, der seine Befugnisse oder seine Stellung missbraucht.

(5) Dem Arbeitgeber stehen der Auftraggeber eines Heimarbeiters, Hausgewerbetreibenden oder einer Person, die im Sinne des Heimarbeitsgesetzes diesen gleichgestellt ist, sowie der Zwischenmeister gleich.

(6) In den Fällen der Absätze 1 und 2 kann das Gericht von einer Bestrafung nach dieser Vorschrift absehen, wenn der Arbeitgeber spätestens im Zeitpunkt der Fälligkeit oder unverzüglich danach der Einzugsstelle schriftlich

1. die Höhe der vorenthaltenen Beiträge mitteilt und
2. darlegt, warum die fristgemäße Zahlung nicht möglich ist, obwohl er sich darum ernsthaft bemüht hat.

Liegen die Voraussetzungen des Satzes 1 vor und werden die Beiträge dann nachträglich innerhalb der von der Einzugsstelle bestimmten angemessenen Frist entrichtet, wird der Täter insoweit nicht bestraft. In den Fällen des Absatzes 3 gelten die Sätze 1 und 2 entsprechend.

§ 283 Bankrott

(1) Mit Freiheitsstrafe bis zu fünf Jahren oder mit Geldstrafe wird bestraft, wer bei Überschuldung oder bei drohender oder eingetretener Zahlungsunfähigkeit
1. Bestandteile seines Vermögens, die im Falle der Eröffnung des Insolvenzverfahrens zur Insolvenzmasse gehören, beiseite schafft oder verheimlicht oder in einer den Anforderungen einer ordnungsgemäßen Wirtschaft widersprechenden Weise zerstört, beschädigt oder unbrauchbar macht,
2. in einer den Anforderungen einer ordnungsgemäßen Wirtschaft widersprechenden Weise Verlust- oder Spekulationsgeschäfte oder Differenzgeschäfte mit Waren oder Wertpapieren eingeht oder durch unwirtschaftliche Ausgaben, Spiel oder Wette übermäßige Beträge verbraucht oder schuldig wird,
3. Waren oder Wertpapiere auf Kredit beschafft und sie oder die aus diesen Waren hergestellten Sachen erheblich unter ihrem Wert in einer den Anforderungen einer ordnungsgemäßen Wirtschaft widersprechenden Weise veräußert oder sonst abgibt,
4. Rechte anderer vortäuscht oder erdichtete Rechte anerkennt,
5. Handelsbücher, zu deren Führung er gesetzlich verpflichtet ist, zu führen unterläßt oder so führt oder verändert, daß die Übersicht über seinen Vermögensstand erschwert wird,
6. Handelsbücher oder sonstige Unterlagen, zu deren Aufbewahrung ein Kaufmann nach Handelsrecht verpflichtet ist, vor Ablauf der für Buchführungspflichtige bestehenden Aufbewahrungsfristen beiseite schafft, verheimlicht, zerstört oder beschädigt und dadurch die Übersicht über seinen Vermögensstand erschwert,
7. entgegen dem Handelsrecht
   a) Bilanzen so aufstellt, daß die Übersicht über seinen Vermögensstand erschwert wird, oder
   b) es unterläßt, die Bilanz seines Vermögens oder das Inventar in der vorgeschriebenen Zeit aufzustellen, oder
8. in einer anderen, den Anforderungen einer ordnungsgemäßen Wirtschaft grob widersprechenden Weise seinen Vermögensstand verringert oder seine wirklichen geschäftlichen Verhältnisse verheimlicht oder verschleiert.

(2) Ebenso wird bestraft, wer durch eine der in Absatz 1 bezeichneten Handlungen seine Überschuldung oder Zahlungsunfähigkeit herbeiführt.
(3) Der Versuch ist strafbar.

(4) Wer in den Fällen
1. des Absatzes 1 die Überschuldung oder die drohende oder eingetretene Zahlungsunfähigkeit fahrlässig nicht kennt oder
2. des Absatzes 2 die Überschuldung oder Zahlungsunfähigkeit leichtfertig verursacht,

wird mit Freiheitsstrafe bis zu zwei Jahren oder mit Geldstrafe bestraft.

(5) Wer in den Fällen
1. des Absatzes 1 Nr. 2, 5 oder 7 fahrlässig handelt und die Überschuldung oder die drohende oder eingetretene Zahlungsunfähigkeit wenigstens fahrlässig nicht kennt oder
2. des Absatzes 2 in Verbindung mit Absatz 1 Nr. 2, 5 oder 7 fahrlässig handelt und die Überschuldung oder Zahlungsunfähigkeit wenigstens leichtfertig verursacht,

wird mit Freiheitsstrafe bis zu zwei Jahren oder mit Geldstrafe bestraft.

(6) Die Tat ist nur dann strafbar, wenn der Täter seine Zahlungen eingestellt hat oder über sein Vermögen das Insolvenzverfahren eröffnet oder der Eröffnungsantrag mangels Masse abgewiesen worden ist.

§ 283 a Besonders schwerer Fall des Bankrotts

In besonders schweren Fällen des § 283 Abs. 1 bis 3 wird der Bankrott mit Freiheitsstrafe von sechs Monaten bis zu zehn Jahren bestraft. Ein besonders schwerer Fall liegt in der Regel vor, wenn der Täter
1. aus Gewinnsucht handelt oder
2. wissentlich viele Personen in die Gefahr des Verlustes ihrer ihm anvertrauten Vermögenswerte oder in wirtschaftliche Not bringt.

§ 283 b Verletzung der Buchführungspflicht

(1) Mit Freiheitsstrafe bis zu zwei Jahren oder mit Geldstrafe wird bestraft, wer
1. Handelsbücher, zu deren Führung er gesetzlich verpflichtet ist, zu führen unterläßt oder so führt oder verändert, daß die Übersicht über seinen Vermögensstand erschwert wird,
2. Handelsbücher oder sonstige Unterlagen, zu deren Aufbewahrung er nach Handelsrecht verpflichtet ist, vor Ablauf der gesetzlichen Aufbewahrungsfristen beiseite schafft, verheimlicht, zerstört oder beschädigt und dadurch die Übersicht über seinen Vermögensstand erschwert,
3. entgegen dem Handelsrecht

a) Bilanzen so aufstellt, daß die Übersicht über seinen Vermögensstand erschwert wird, oder

b) es unterläßt, die Bilanz seines Vermögens oder das Inventar in der vorgeschriebenen Zeit aufzustellen.

(2) Wer in den Fällen des Absatzes 1 Nr. 1 oder 3 fahrlässig handelt, wird mit Freiheitsstrafe bis zu einem Jahr oder mit Geldstrafe bestraft.

(3) § 283 Abs. 6 gilt entsprechend.

§ 283 c Gläubigerbegünstigung

(1) Wer in Kenntnis seiner Zahlungsunfähigkeit einem Gläubiger eine Sicherheit oder Befriedigung gewährt, die dieser nicht oder nicht in der Art oder nicht zu der Zeit zu beanspruchen hat, und ihn dadurch absichtlich oder wissentlich vor den übrigen Gläubigern begünstigt, wird mit Freiheitsstrafe bis zu zwei Jahren oder mit Geldstrafe bestraft.

(2) Der Versuch ist strafbar.

(3) § 283 Abs. 6 gilt entsprechend.

§ 283 d Schuldnerbegünstigung

(1) Mit Freiheitsstrafe bis zu fünf Jahren oder mit Geldstrafe wird bestraft, wer

1. in Kenntnis der einem anderen drohenden Zahlungsunfähigkeit oder
2. nach Zahlungseinstellung, in einem Insolvenzverfahren oder in einem Verfahren zur Herbeiführung der Entscheidung über die Eröffnung des Insolvenzverfahrens eines anderen

Bestandteile des Vermögens eines anderen, die im Falle der Eröffnung des Insolvenzverfahrens zur Insolvenzmasse gehören, mit dessen Einwilligung oder zu dessen Gunsten beiseite schafft oder verheimlicht oder in einer den Anforderungen einer ordnungsgemäßen Wirtschaft widersprechenden Weise zerstört, beschädigt oder unbrauchbar macht.

(2) Der Versuch ist strafbar.

(3) In besonders schweren Fällen ist die Strafe Freiheitsstrafe von sechs Monaten bis zu zehn Jahren. Ein besonders schwerer Fall liegt in der Regel vor, wenn der Täter

1. aus Gewinnsucht handelt oder
2. wissentlich viele Personen in die Gefahr des Verlustes ihrer dem anderen anvertrauten Vermögenswerte oder in wirtschaftliche Not bringt.

(4) Die Tat ist nur dann strafbar, wenn der andere seine Zahlungen eingestellt hat oder über sein Vermögen das Insolvenzverfahren eröffnet oder der Eröffnungsantrag mangels Masse abgewiesen worden ist.

V. Steuerberatungsgesetz – StBerG –

§ 33 Inhalt der Tätigkeit

Steuerberater, Steuerbevollmächtigte und Steuerberatungsgesellschaften haben die Aufgabe, im Rahmen ihres Auftrags ihre Auftraggeber in Steuersachen zu beraten, sie zu vertreten und ihnen bei der Bearbeitung ihrer Steuerangelegenheiten und bei der Erfüllung ihrer steuerlichen Pflichten Hilfe zu leisten. Dazu gehören auch die Hilfeleistung in Steuerstrafsachen und in Bußgeldsachen wegen einer Steuerordnungswidrigkeit sowie die Hilfeleistung bei der Erfüllung von Buchführungspflichten, die auf Grund von Steuergesetzen bestehen, insbesondere die Aufstellung von Steuerbilanzen und deren steuerrechtliche Beurteilung.

§ 46 Rücknahme und Widerruf der Bestellung

(1) Die Bestellung ist zurückzunehmen, wenn der Steuerberater oder Steuerbevollmächtigte die Bestellung durch arglistige Täuschung, Drohung oder Bestechung oder durch Angaben erwirkt hat, die in wesentlicher Beziehung unrichtig oder unvollständig waren.

(2) Die Bestellung ist zu widerrufen, wenn der Steuerberater oder Steuerbevollmächtigte

1. eine gewerbliche Tätigkeit oder eine Tätigkeit als Arbeitnehmer ausübt, die mit seinem Beruf nicht vereinbar ist (§ 57 Abs. 4);
2. infolge strafgerichtlicher Verurteilung die Fähigkeit zur Bekleidung öffentlicher Ämter verloren hat;
3. nicht die vorgeschriebene Haftpflichtversicherung gegen die Haftpflichtgefahren aus seiner Berufstätigkeit unterhält;

...

§ 56 Weitere berufliche Zusammenschlüsse

(1) Steuerberater und Steuerbevollmächtigte dürfen sich mit anderen Steuerberatern und Steuerbevollmächtigten, Wirtschaftsprüfern, vereidigten Buchprüfern, Mitgliedern einer Rechtsanwaltskammer und der Patentanwaltskammer zur gemeinschaftlichen Berufsausübung im Rahmen der eigenen beruflichen Befugnisse verbinden. Mit Rechtsanwälten,

die zugleich Notare sind, darf diese Verbindung nur bezogen auf die anwaltliche Berufsausübung eingegangen werden. Im Übrigen richtet sich die Verbindung mit Rechtsanwälten, die zugleich Notare sind, nach den Bestimmungen und Anforderungen des notariellen Berufsrechts.
...

§ 57 Allgemeine Berufspflichten

(1) Steuerberater und Steuerbevollmächtigte haben ihren Beruf unabhängig, eigenverantwortlich, gewissenhaft, verschwiegen und unter Verzicht auf berufswidrige Werbung auszuüben.

(2) Steuerberater und Steuerbevollmächtigte haben sich jeder Tätigkeit zu enthalten, die mit ihrem Beruf oder mit dem Ansehen des Berufs nicht vereinbar ist. Sie haben sich auch außerhalb der Berufstätigkeit des Vertrauens und der Achtung würdig zu erweisen, die ihr Beruf erfordert.

(2a) Steuerberater und Steuerbevollmächtigte sind verpflichtet, sich fortzubilden.

(3) Mit dem Beruf eines Steuerberaters oder eines Steuerbevollmächtigten sind insbesondere vereinbar
1. die Tätigkeit als Wirtschaftsprüfer, Rechtsanwalt, niedergelassener europäischer Rechtsanwalt oder vereidigter Buchprüfer;
2. eine freiberufliche Tätigkeit, die die Wahrnehmung fremder Interessen einschließlich der Beratung zum Gegenstand hat;
3. eine wirtschaftsberatende, gutachtliche oder treuhänderische Tätigkeit sowie die Erteilung von Bescheinigungen über die Beachtung steuerrechtlicher Vorschriften in Vermögensübersichten und Erfolgsrechnungen;
4. die Tätigkeit eines Lehrers an Hochschulen und wissenschaftlichen Instituten; dies gilt nicht für Lehrer an staatlichen verwaltungsinternen Fachhochschulen mit Ausbildungsgängen für den öffentlichen Dienst;
5. eine freie schriftstellerische Tätigkeit sowie eine freie Vortrags- und Lehrtätigkeit;
6. die Durchführung von Lehr- und Vortragsveranstaltungen zur Vorbereitung auf die Steuerberaterprüfung sowie die Prüfung als Wirtschaftsprüfer und vereidigter Buchprüfer und zur Fortbildung der Mitglieder der Steuerberaterkammern und deren Mitarbeiter.

(4) Als Tätigkeiten, die mit dem Beruf des Steuerberaters und des Steuerbevollmächtigten nicht vereinbar sind, gelten insbesondere

1. eine gewerbliche Tätigkeit; die zuständige Steuerberaterkammer kann von diesem Verbot Ausnahmen zulassen, soweit durch die Tätigkeit eine Verletzung von Berufspflichten nicht zu erwarten ist;
2. eine Tätigkeit als Arbeitnehmer mit Ausnahme der Fälle des Absatzes 3 Nr. 4 sowie der §§ 58 und 59. Eine Tätigkeit als Angestellter der Finanzverwaltung ist stets mit dem Beruf des Steuerberaters oder Steuerbevollmächtigten unvereinbar.

§ 62 Verschwiegenheitspflicht der Gehilfen

Steuerberater und Steuerbevollmächtigte haben ihre Gehilfen, die nicht selbst Steuerberater oder Steuerbevollmächtigte sind, zur Verschwiegenheit zu verpflichten.

§ 63 Mitteilung der Ablehnung eines Auftrags

Steuerberater und Steuerbevollmächtigte, die in ihrem Beruf in Anspruch genommen werden und den Auftrag nicht annehmen wollen, haben die Ablehnung unverzüglich zu erklären. Sie haben den Schaden zu ersetzen, der aus einer schuldhaften Verzögerung dieser Erklärung entsteht.

§ 66 Handakten

(1) Der Steuerberater oder Steuerbevollmächtigte hat die Handakten für die Dauer von zehn Jahren nach Beendigung des Auftrages aufzubewahren. Diese Verpflichtung erlischt mit der Übergabe der Handakten an den Auftraggeber, spätestens jedoch binnen sechs Monaten, nachdem der Auftraggeber die Aufforderung des Steuerberaters oder Steuerbevollmächtigten erhalten hat, die Handakten in Empfang zu nehmen.

(2) Der Steuerberater oder Steuerbevollmächtigte kann seinem Auftraggeber die Herausgabe der Handakten verweigern, bis er wegen seiner Gebühren und Auslagen befriedigt ist. Dies gilt nicht, soweit die Vorenthaltung der Handakten und der einzelnen Schriftstücke nach den Umständen unangemessen ist.

(3) Handakten im Sinne dieser Vorschrift sind nur die Schriftstücke, die der Steuerberater oder Steuerbevollmächtigte aus Anlass seiner beruflichen Tätigkeit von dem Auftraggeber oder für ihn erhalten hat, nicht aber der Briefwechsel zwischen dem Steuerberater oder Steuerbevollmächtigten und seinem Auftraggeber, die Schriftstücke, die dieser bereits in Urschrift oder Abschrift erhalten hat, sowie die zu internen Zwecken gefertigten Arbeitspapiere.

(4) Die Absätze 1 bis 3 gelten entsprechend, soweit sich der Steuerberater oder Steuerbevollmächtigte zum Führen von Handakten der elektronischen Datenverarbeitung bedient. Die in anderen Gesetzen getroffenen Regelungen über die Pflicht zur Aufbewahrung von Geschäftsunterlagen bleiben unberührt.

§ 67 Berufshaftpflichtversicherung

Selbständige Steuerberater und Steuerbevollmächtigte müssen gegen die aus ihrer Berufstätigkeit sich ergebenden Haftpflichtgefahren angemessen versichert sein. Zuständige Stelle im Sinne des § 117 Abs. 2 des Versicherungsvertragsgesetzes ist die Steuerberaterkammer. Die Steuerberaterkammer erteilt Dritten zur Geltendmachung von Schadensersatzansprüchen auf Antrag Auskunft über den Namen, die Adresse und die Versicherungsnummer der Berufshaftpflichtversicherung des Steuerberaters, Steuerbevollmächtigten oder der Steuerberatungsgesellschaft, soweit der Steuerberater, Steuerbevollmächtigte oder die Steuerberatungsgesellschaft kein überwiegendes schutzwürdiges Interesse an der Nichterteilung der Auskunft hat.

§ 67 a Vertragliche Begrenzung von Ersatzansprüchen

(1) Der Anspruch des Auftraggebers aus dem zwischen ihm und dem Steuerberater oder Steuerbevollmächtigten bestehenden Vertragsverhältnis auf Ersatz eines fahrlässig verursachten Schadens kann beschränkt werden:
1. durch schriftliche Vereinbarung im Einzelfall bis zur Höhe der Mindestversicherungssumme;
2. durch vorformulierte Vertragsbedingungen auf den vierfachen Betrag der Mindestversicherungssumme, wenn insoweit Versicherungsschutz besteht.

(2) Die persönliche Haftung auf Schadensersatz kann durch vorformulierte Vertragsbedingungen beschränkt werden auf die Mitglieder einer Sozietät, die das Mandat im Rahmen ihrer eigenen beruflichen Befugnisse bearbeiten und namentlich bezeichnet sind. Die Zustimmungserklärung zu einer solchen Beschränkung darf keine anderen Erklärungen enthalten und muß vom Auftraggeber unterschrieben sein.

§ 72 Steuerberatungsgesellschaften

(1) Die §§ 34, 56 Abs. 2, §§ 57, 57a, 62 bis 64 und 66 bis 71 gelten sinngemäß für Steuerberatungsgesellschaften sowie für Vorstandsmitglieder, Geschäftsführer und persönlich haftende Gesellschafter einer Steuerberatungsgesellschaft, die nicht Steuerberater oder Steuerbevollmächtigte sind.

...

VI. Sonstige Normen

1. Durchführungsverordnung zum Steuerberatungsgesetz – DVStB –

§ 51 Versicherungspflicht

(1) Selbständige Steuerberater und Steuerbevollmächtigte sowie Steuerberatungsgesellschaften sind verpflichtet, sich gegen die aus ihrer Berufstätigkeit (§§ 33, 57 Abs. 3 Nr. 2 und 3 des Gesetzes) ergebenden Haftpflichtgefahren für Vermögensschäden zu versichern und die Versicherung während der Dauer ihrer Bestellung oder Anerkennung aufrechtzuerhalten. Der Versicherungsschutz muß sich auch auf solche Vermögensschäden erstrecken, für die der Versicherungsnehmer nach § 278 oder § 831 des Bürgerlichen Gesetzbuchs einzustehen hat.

(2) Selbständige Steuerberater und Steuerbevollmächtigte, die ausschließlich als freie Mitarbeiter für Auftraggeber, die die Voraussetzungen des § 3 des Gesetzes erfüllen, tätig sind, genügen der Versicherungspflicht nach Absatz 1, wenn die sich aus der freien Mitarbeit sowie aus § 63 des Gesetzes ergebenden Haftpflichtgefahren für Vermögensschäden durch die beim Auftraggeber bestehende Versicherung gedeckt sind. Der entsprechende Versicherungsschutz ist durch eine Bestätigung der Versicherung des Auftraggebers nachzuweisen. Satz 1 gilt nicht, wenn neben der freien Mitarbeit eigene Mandate betreut werden.

(3) Absatz 2 gilt sinngemäß auch für Steuerberater und Steuerbevollmächtigte, die ausschließlich als Angestellte nach § 58 des Gesetzes tätig sind.

(4) Die Versicherung muß bei einem im Inland zum Geschäftsbetrieb befugten Versicherungsunternehmen zu den nach Maßgabe des Versicherungsaufsichtsgesetzes eingereichten allgemeinen Versicherungsbedingungen genommen werden.

§ 52 Mindestversicherungssumme

(1) Die Mindestversicherungssumme muß für den einzelnen Versicherungsfall zweihundertfünfzigtausend Euro betragen.

(2) Ein Selbstbehalt von eintausendfünfhundert Euro ist zulässig. Der Selbstbehalt ist auszuschließen für den Fall, daß bei Geltendmachung des Schadens durch einen Dritten die Bestellung des Steuerberaters oder Steuerbevollmächtigten oder die Anerkennung der Steuerberatungsgesellschaft erloschen ist.

(3) Wird eine Jahreshöchstleistung für alle in einem Versicherungsjahr verursachten Schäden vereinbart, muß sie mindestens eine Million Euro betragen.

§ 53 Weiterer Inhalt des Versicherungsvertrages

(1) Der Versicherungsvertrag muß vorsehen, daß
1. Versicherungsschutz für jede einzelne, während der Geltung des Versicherungsvertrages begangene Pflichtverletzung besteht, die gesetzliche Haftpflichtansprüche privatrechlichen Inhalts zur Folge haben könnte,
2. der Versicherungsschutz für einen allgemeinen Vertreter, einen Praxisabwickler oder einen Praxistreuhänder für die Dauer ihrer Bestellung sowie für einen Vertreter während der Dauer eines Berufs- oder Vertretungsverbots aufrechterhalten bleibt, soweit die Mitversicherten nicht durch eine eigene Versicherung Deckung erhalten, und
3. die Leistungen des Versicherers für das mitversicherte Auslandsrisiko im Inland in Euro zu erbringen sind.

(2) Im Versicherungsvertrag ist der Versicherer zu verpflichten, der zuständigen Steuerberaterkammer den Beginn und die Beendigung oder Kündigung des Versicherungsvertrages sowie jede Änderung des Versicherungsvertrages, die den vorgeschriebenen Versicherungsschutz beeinträchtigt, unverzüglich mitzuteilen.

(3) Der Versicherungsvertrag kann vorsehen, daß die Versicherungssumme den Höchstbetrag der dem Versicherer in jedem einzelnen Schadenfall obliegenden Leistung darstellt, und zwar mit der Maßgabe, daß nur eine einmalige Leistung der Versicherungssumme in Frage kommt,
a) gegenüber mehreren entschädigungspflichtigen Personen, auf welche sich der Versicherungsschutz erstreckt,
b) bezüglich eines aus mehreren Verstößen stammenden einheitlichen Schadens,

c) bezüglich sämtlicher Folgen eines Verstoßes. Dabei gilt mehrfaches, auf gleicher oder gleichartiger Fehlerquelle beruhendes Tun oder Unterlassen als einheitlicher Verstoß, wenn die betreffenden Angelegenheiten miteinander in rechtlichem oder wirtschaftlichem Zusammenhang stehen. In diesem Fall kann die Leistung des Versicherers auf das Fünffache der Mindestversicherungssumme begrenzt werden.

§ 53 a Ausschlüsse

(1) Von der Versicherung kann die Haftung ausgeschlossen werden für
1. Ersatzansprüche wegen wissentlicher Pflichtverletzung,
2. Ersatzansprüche wegen Schäden, die durch Fehlbeträge bei der Kassenführung, durch Verstöße beim Zahlungsakt oder durch Veruntreuung durch das Personal des Versicherungsnehmers entstehen,
3. Ersatzansprüche, die aus Tätigkeiten entstehen, die über Niederlassungen, Zweigniederlassungen oder weitere Beratungsstellen im Ausland ausgeübt werden,
4. Ersatzansprüche wegen Verletzung oder Nichtbeachtung des Rechts außereuropäischer Staaten mit Ausnahme der Türkei,
5. Ersatzansprüche, die vor Gerichten in den Ländern Albanien, Armenien, Aserbaidschan, Bosnien-Herzegowina, Bulgarien, Estland, Georgien, Jugoslawien (Serbien und Montenegro), Kroatien, Lettland, Litauen, Mazedonien, Moldau, Polen, Rumänien, Russische Föderation, Slowakische Republik, Slowenien, Tschechische Republik, Ukraine und Weißrußland sowie vor Gerichten in außereuropäischen Ländern mit Ausnahme der Türkei geltend gemacht werden.

(2) Von der Versicherung kann die Haftung für Ersatzansprüche wegen Verletzung oder Nichtbeachtung des Rechts der Länder Albanien, Armenien, Aserbaidschan, Bosnien-Herzegowina, Bulgarien, Estland, Georgien, Jugoslawien (Serbien und Montenegro), Kroatien, Lettland, Litauen, Mazedonien, Moldau, Polen, Rumänien, Russische Föderation, Slowakische Republik, Slowenien, Tschechische Republik, Ukraine und Weißrußland nur insoweit ausgeschlossen werden, als die Ansprüche nicht bei der das Abgabenrecht dieser Staaten betreffenden geschäftsmäßigen Hilfeleistung in Steuersachen entstehen.

§ 54 Anerkennung anderer Berufshaftpflichtversicherungen

(1) Ist eine versicherungspflichtige Person zugleich als Rechtsanwalt, niedergelassener europäischer Rechtsanwalt, Wirtschaftsprüfer oder vereidigter Buchprüfer bestellt oder nach § 131 b Abs. 2 oder § 131 f Abs. 2 der

Wirtschaftsprüferordnung vorläufig bestellt oder ist eine versicherungspflichtige Gesellschaft zugleich als Rechtsanwaltsgesellschaft, Wirtschaftsprüfungsgesellschaft oder Buchprüfungsgesellschaft anerkannt, wird der Versicherungspflicht auch mit einer diesen Berufen vorgeschriebenen Berufshaftpflichtversicherung genügt, sofern der Versicherungsvertrag die Voraussetzungen der §§ 52 bis 53a erfüllt.

(2) Erfolgt die Bestellung zum Steuerberater auf Grund des Bestehens einer Eignungsprüfung im Sinne des § 37a Abs. 2 des Gesetzes, so sind Bescheinigungen über eine abgeschlossene Berufshaftpflichtversicherung, die von den Versicherungsunternehmen eines anderen Mitgliedstaates der Europäischen Union oder eines Vertragsstaates des Abkommens über den Europäischen Wirtschaftsraum oder der Schweiz ausgestellt worden sind, als gleichwertig mit den in Deutschland ausgestellten Bescheinigungen anzuerkennen, sofern sie in Bezug auf Deckungsbedingungen und -umfang den in Deutschland geltenden Rechts- und Verwaltungsvorschriften genügen. Die zum Nachweis vorgelegten Unterlagen sind mit einer beglaubigten Übersetzung vorzulegen, wenn sie nicht in deutscher Sprache abgefasst sind. Die Bescheinigungen dürfen bei ihrer Vorlage nicht älter als drei Monate sein.

(3) Ist im Falle des Absatzes 2 die Erfüllung der Verpflichtung des § 53 Abs. 2 durch das Versicherungsunternehmen nicht sichergestellt, so haben die in Deutschland beruflich niedergelassenen selbständigen Steuerberater der zuständigen Steuerberaterkammer jährlich eine Bescheinigung des Versicherers vorzulegen, aus der sich die Versicherungsbedingungen und der Deckungsumfang ergeben.

§ 55 Nachweis des Versicherungsabschlusses vor der Bestellung

(1) Bewerber, die ihre Bestellung zum Steuerberater oder zum Steuerbevollmächtigten beantragen und den Beruf selbständig ausüben wollen, müssen der bestellenden Steuerberaterkammer den Abschluß einer dieser Verordnung entsprechenden Berufshaftpflichtversicherung durch eine Bestätigung des Versicherers nachweisen oder eine entsprechende vorläufige Deckungszusage vorlegen, in der sich der Versicherer verpflichtet, den Widerruf der Deckungszusage unverzüglich der zuständigen Steuerberaterkammer mitzuteilen. Bei Vorlage einer vorläufigen Deckungszusage ist nach der Bestellung der zuständigen Steuerberaterkammer unverzüglich der Abschluß der Berufshaftpflichtversicherung durch eine Bestätigung des Versicherers oder eine beglaubigte Abschrift des Versicherungsscheines nachzuweisen.

(2) Absatz 1 gilt sinngemäß für die Anerkennung als Steuerberatungsgesellschaft.

§ 56 Anzeige von Veränderungen

(1) Die Beendigung oder Kündigung des Versicherungsvertrages, jede Änderung des Versicherungsvertrages, die den nach dieser Verordnung vorgeschriebenen Versicherungsschutz beeinträchtigt, der Wechsel des Versicherers, der Beginn und die Beendigung der Versicherungspflicht infolge einer Änderung der Form der beruflichen Tätigkeit und der Widerruf einer vorläufigen Deckungszusage sind der gemäß § 67 des Gesetzes zuständigen Steuerberaterkammer von dem Versicherungspflichtigen unverzüglich anzuzeigen.

(2) Der Versicherer ist befugt, der zuständigen Steuerberaterkammer Beginn und Ende des Versicherungsvertrags, jede Änderung des Versicherungsvertrags, die den nach dieser Verordnung vorgeschriebenen Versicherungsschutz beeinträchtigt, und den Widerruf einer vorläufigen Deckungszusage mitzuteilen. Die zuständige Steuerberaterkammer ist berechtigt, entsprechende Auskünfte bei dem Versicherer einzuholen.

2. Gesetz betreffend die Gesellschaft mit beschränkter Haftung – GmbHG –

§ 6 Geschäftsführer

...

(5) Gesellschafter, die vorsätzlich oder grob fahrlässig einer Person, die nicht Geschäftsführer sein kann, die Führung der Geschäfte überlassen, haften der Gesellschaft solidarisch für den Schaden, der dadurch entsteht, dass diese Person die ihr gegenüber der Gesellschaft bestehenden Obliegenheiten verletzt.

§ 9 a Ersatzansprüche der Gesellschaft

...

(4) Neben den Gesellschaftern sind in gleicher Weise Personen verantwortlich, für deren Rechnung die Gesellschafter Geschäftsanteile übernommen haben. Sie können sich auf ihre eigene Unkenntnis nicht wegen solcher Umstände berufen, die ein für ihre Rechnung handelnder Gesellschafter kannte oder bei Anwendung der Sorgfalt eines ordentlichen Geschäftsmannes kennen mußte.

§ 43 Haftung der Geschäftsführer

(1) Die Geschäftsführer haben in den Angelegenheiten der Gesellschaft die Sorgfalt eines ordentlichen Geschäftsmannes anzuwenden.

(2) Geschäftsführer, welche ihre Obliegenheiten verletzen, haften der Gesellschaft solidarisch für den entstandenen Schaden.

...

§ 64 Haftung für Zahlungen nach Zahlungsunfähigkeit oder Überschuldung

Die Geschäftsführer sind der Gesellschaft zum Ersatz von Zahlungen verpflichtet, die nach Eintritt der Zahlungsunfähigkeit der Gesellschaft oder nach Feststellung ihrer Überschuldung geleistet werden. Dies gilt nicht von Zahlungen, die auch nach diesem Zeitpunkt mit der Sorgfalt eines ordentlichen Geschäftsmanns vereinbar sind. Die gleiche Verpflichtung trifft die Geschäftsführer für Zahlungen an Gesellschafter, soweit diese zur Zahlungsunfähigkeit der Gesellschaft führen mussten, es sei denn, dies war auch bei Beachtung der in Satz 2 bezeichneten Sorgfalt nicht erkennbar. Auf den Ersatzanspruch finden die Bestimmungen in § 43 Abs. 3 und 4 entsprechende Anwendung.

3. Handelsgesetzbuch – HGB –

§ 128 Persönliche Haftung der Gesellschafter

Die Gesellschafter haften für die Verbindlichkeiten der Gesellschaft den Gläubigern als Gesamtschuldner persönlich. Eine entgegenstehende Vereinbarung ist Dritten gegenüber unwirksam.

§ 171 Haftung der Kommanditisten

(1) Der Kommanditist haftet den Gläubigern der Gesellschaft bis zur Höhe seiner Einlage unmittelbar; die Haftung ist ausgeschlossen, soweit die Einlage geleistet ist.

(2) Ist über das Vermögen der Gesellschaft das Insolvenzverfahren eröffnet, so wird während der Dauer des Verfahrens das den Gesellschaftsgläubigern nach Absatz 1 zustehende Recht durch den Insolvenzverwalter oder den Sachwalter ausgeübt.

§ 176 Haftung vor Eintragung

(1) Hat die Gesellschaft ihre Geschäfte begonnen, bevor sie in das Handelsregister des Gerichts, in dessen Bezirk sie ihren Sitz hat, eingetragen ist, so haftet jeder Kommanditist, der dem Geschäftsbeginn zugestimmt hat, für die bis zur Eintragung begründeten Verbindlichkeiten der Gesellschaft gleich einem persönlich haftenden Gesellschafter, es sei denn, daß seine Beteiligung als Kommanditist dem Gläubiger bekannt war. Diese Vorschrift kommt nicht zur Anwendung, soweit sich aus § 2 oder § 105 Abs. 2 ein anderes ergibt.

(2) Tritt ein Kommanditist in eine bestehende Handelsgesellschaft ein, so findet die Vorschrift des Absatzes 1 Satz 1 für die in der Zeit zwischen seinem Eintritt und dessen Eintragung in das Handelsregister begründeten Verbindlichkeiten der Gesellschaft entsprechende Anwendung.

§ 242 Pflicht zur Aufstellung

(1) Der Kaufmann hat zu Beginn seines Handelsgewerbes und für den Schluß eines jeden Geschäftsjahrs einen das Verhältnis seines Vermögens und seiner Schulden darstellenden Abschluß (Eröffnungsbilanz, Bilanz) aufzustellen. Auf die Eröffnungsbilanz sind die für den Jahresabschluß geltenden Vorschriften entsprechend anzuwenden, soweit sie sich auf die Bilanz beziehen.

(2) Er hat für den Schluß eines jeden Geschäftsjahrs eine Gegenüberstellung der Aufwendungen und Erträge des Geschäftsjahrs (Gewinn- und Verlustrechnung) aufzustellen.

(3) Die Bilanz und die Gewinn- und Verlustrechnung bilden den Jahresabschluß.

(4) Die Absätze 1 bis 3 sind auf Einzelkaufleute im Sinn des § 241a nicht anzuwenden. Im Fall der Neugründung treten die Rechtsfolgen nach Satz 1 schon ein, wenn die Werte des § 241a Satz 1 am ersten Abschlussstichtag nach der Neugründung nicht überschritten werden.

§ 319 Auswahl der Abschlussprüfer und Ausschlussgründe

(1) Abschlussprüfer können Wirtschaftsprüfer und Wirtschaftsprüfungsgesellschaften sein. Abschlussprüfer von Jahresabschlüssen und Lageberichten mittelgroßer Gesellschaften mit beschränkter Haftung (§ 267 Abs. 2) oder von mittelgroßen Personenhandelsgesellschaften im Sinne des § 264a Abs. 1 können auch vereidigte Buchprüfer und Buchprüfungsgesellschaften sein. Die Abschlussprüfer nach den Sätzen 1 und 2 müssen

über eine wirksame Bescheinigung über die Teilnahme an der Qualitätskontrolle nach § 57a der Wirtschaftsprüferordnung verfügen, es sei denn, die Wirtschaftsprüferkammer hat eine Ausnahmegenehmigung erteilt.

(2) Ein Wirtschaftsprüfer oder vereidigter Buchprüfer ist als Abschlussprüfer ausgeschlossen, wenn Gründe, insbesondere Beziehungen geschäftlicher, finanzieller oder persönlicher Art, vorliegen, nach denen die Besorgnis der Befangenheit besteht.

(3) Ein Wirtschaftsprüfer oder vereidigter Buchprüfer ist insbesondere von der Abschlussprüfung ausgeschlossen, wenn er oder eine Person, mit der er seinen Beruf gemeinsam ausübt,

1. Anteile oder andere nicht nur unwesentliche finanzielle Interessen an der zu prüfenden Kapitalgesellschaft oder eine Beteiligung an einem Unternehmen besitzt, das mit der zu prüfenden Kapitalgesellschaft verbunden ist oder von dieser mehr als zwanzig vom Hundert der Anteile besitzt;
2. gesetzlicher Vertreter, Mitglied des Aufsichtsrats oder Arbeitnehmer der zu prüfenden Kapitalgesellschaft oder eines Unternehmens ist, das mit der zu prüfenden Kapitalgesellschaft verbunden ist oder von dieser mehr als zwanzig vom Hundert der Anteile besitzt;
3. über die Prüfungstätigkeit hinaus bei der zu prüfenden oder für die zu prüfende Kapitalgesellschaft in dem zu prüfenden Geschäftsjahr oder bis zur Erteilung des Bestätigungsvermerks
    a) bei der Führung der Bücher oder der Aufstellung des zu prüfenden Jahresabschlusses mitgewirkt hat,
    b) bei der Durchführung der internen Revision in verantwortlicher Position mitgewirkt hat,
    c) Unternehmensleitungs- oder Finanzdienstleistungen erbracht hat oder
    d) eigenständige versicherungsmathematische oder Bewertungsleistungen erbracht hat, die sich auf den zu prüfenden Jahresabschluss nicht nur unwesentlich auswirken,

sofern diese Tätigkeiten nicht von untergeordneter Bedeutung sind; dies gilt auch, wenn eine dieser Tätigkeiten von einem Unternehmen für die zu prüfende Kapitalgesellschaft ausgeübt wird, bei dem der Wirtschaftsprüfer oder vereidigte Buchprüfer gesetzlicher Vertreter, Arbeitnehmer, Mitglied des Aufsichtsrats oder Gesellschafter, der mehr als zwanzig vom Hundert der den Gesellschaftern zustehenden Stimmrechte besitzt, ist;

4. bei der Prüfung eine Person beschäftigt, die nach den Nummern 1 bis 3 nicht Abschlussprüfer sein darf;
5. in den letzten fünf Jahren jeweils mehr als dreißig vom Hundert der Gesamteinnahmen aus seiner beruflichen Tätigkeit von der zu prüfenden Kapitalgesellschaft und von Unternehmen, an denen die zu prüfende Kapitalgesellschaft mehr als zwanzig vom Hundert der Anteile besitzt, bezogen hat und dies auch im laufenden Geschäftsjahr zu erwarten ist; zur Vermeidung von Härtefällen kann die Wirtschaftsprüferkammer befristete Ausnahmegenehmigungen erteilen.

Dies gilt auch, wenn der Ehegatte oder der Lebenspartner einen Ausschlussgrund nach Satz 1 Nr. 1, 2 oder 3 erfüllt.

(4) Wirtschaftsprüfungsgesellschaften und Buchprüfungsgesellschaften sind von der Abschlussprüfung ausgeschlossen, wenn sie selbst, einer ihrer gesetzlichen Vertreter, ein Gesellschafter, der mehr als zwanzig vom Hundert der den Gesellschaftern zustehenden Stimmrechte besitzt, ein verbundenes Unternehmen, ein bei der Prüfung in verantwortlicher Position beschäftigter Gesellschafter oder eine andere von ihr beschäftigte Person, die das Ergebnis der Prüfung beeinflussen kann, nach Absatz 2 oder Absatz 3 ausgeschlossen sind. Satz 1 gilt auch, wenn ein Mitglied des Aufsichtsrats nach Absatz 3 Satz 1 Nr. 2 ausgeschlossen ist oder wenn mehrere Gesellschafter, die zusammen mehr als zwanzig vom Hundert der den Gesellschaftern zustehenden Stimmrechte besitzen, jeweils einzeln oder zusammen nach Absatz 2 oder Absatz 3 ausgeschlossen sind.

(5) Absatz 1 Satz 3 sowie die Absätze 2 bis 4 sind auf den Abschlussprüfer des Konzernabschlusses entsprechend anzuwenden.

4. Partnerschaftsgesellschaftsgesetz – PartGG –
§ 8 Haftung für Verbindlichkeiten der Partnerschaft

(1) Für Verbindlichkeiten der Partnerschaft haften den Gläubigern neben dem Vermögen der Partnerschaft die Partner als Gesamtschuldner. Die §§ 129 und 130 des Handelsgesetzbuchs sind entsprechend anzuwenden.

(2) Waren nur einzelne Partner mit der Bearbeitung eines Auftrags befaßt, so haften nur sie gemäß Absatz 1 für berufliche Fehler neben der Partnerschaft; ausgenommen sind Bearbeitungsbeiträge von untergeordneter Bedeutung.

(3) Durch Gesetz kann für einzelne Berufe eine Beschränkung der Haftung für Ansprüche aus Schäden wegen fehlerhafter Berufsausübung auf

einen bestimmten Höchstbetrag zugelassen werden, wenn zugleich eine Pflicht zum Abschluß einer Berufshaftpflichtversicherung der Partner oder der Partnerschaft begründet wird.

5. Rechtsdienstleistungsgesetz – RDG –
§ 1 Anwendungsbereich

(1) Dieses Gesetz regelt die Befugnis, außergerichtliche Rechtsdienstleistungen zu erbringen. Es dient dazu, die Rechtsuchenden, den Rechtsverkehr und die Rechtsordnung vor unqualifizierten Rechtsdienstleistungen zu schützen.

(2) Regelungen in anderen Gesetzen über die Befugnis, Rechtsdienstleistungen zu erbringen, bleiben unberührt.

§ 2 Begriff der Rechtsdienstleistung

(1) Rechtsdienstleistung ist jede Tätigkeit in konkreten fremden Angelegenheiten, sobald sie eine rechtliche Prüfung des Einzelfalls erfordert.

...

§ 3 Befugnis zur Erbringung außergerichtlicher Rechtsdienstleistungen

Die selbständige Erbringung außergerichtlicher Rechtsdienstleistungen ist nur in dem Umfang zulässig, in dem sie durch dieses Gesetz oder durch oder aufgrund anderer Gesetze erlaubt wird.

§ 5 Rechtsdienstleistungen im Zusammenhang mit einer anderen Tätigkeit

(1) Erlaubt sind Rechtsdienstleistungen im Zusammenhang mit einer anderen Tätigkeit, wenn sie als Nebenleistung zum Berufs- oder Tätigkeitsbild gehören. Ob eine Nebenleistung vorliegt, ist nach ihrem Inhalt, Umfang und sachlichen Zusammenhang mit der Haupttätigkeit unter Berücksichtigung der Rechtskenntnisse zu beurteilen, die für die Haupttätigkeit erforderlich sind.

(2) Als erlaubte Nebenleistungen gelten Rechtsdienstleistungen, die im Zusammenhang mit einer der folgenden Tätigkeiten erbracht werden:
1. Testamentsvollstreckung,
2. Haus- und Wohnungsverwaltung,
3. Fördermittelberatung.

6. Versicherungsvertragsgesetz – VVG –
§ 28 Verletzung einer vertraglichen Obliegenheit

(1) Bei Verletzung einer vertraglichen Obliegenheit, die vom Versicherungsnehmer vor Eintritt des Versicherungsfalles gegenüber dem Versicherer zu erfüllen ist, kann der Versicherer den Vertrag innerhalb eines Monats, nachdem er von der Verletzung Kenntnis erlangt hat, ohne Einhaltung einer Frist kündigen, es sei denn, die Verletzung beruht nicht auf Vorsatz oder auf grober Fahrlässigkeit.

(2) Bestimmt der Vertrag, dass der Versicherer bei Verletzung einer vom Versicherungsnehmer zu erfüllenden vertraglichen Obliegenheit nicht zur Leistung verpflichtet ist, ist er leistungsfrei, wenn der Versicherungsnehmer die Obliegenheit vorsätzlich verletzt hat. Im Fall einer grob fahrlässigen Verletzung der Obliegenheit ist der Versicherer berechtigt, seine Leistung in einem der Schwere des Verschuldens des Versicherungsnehmers entsprechenden Verhältnis zu kürzen; die Beweislast für das Nichtvorliegen einer groben Fahrlässigkeit trägt der Versicherungsnehmer.

(3) Abweichend von Absatz 2 ist der Versicherer zur Leistung verpflichtet, soweit die Verletzung der Obliegenheit weder für den Eintritt oder die Feststellung des Versicherungsfalles noch für die Feststellung oder den Umfang der Leistungspflicht des Versicherers ursächlich ist. Satz 1 gilt nicht, wenn der Versicherungsnehmer die Obliegenheit arglistig verletzt hat.

(4) Die vollständige oder teilweise Leistungsfreiheit des Versicherers nach Absatz 2 hat bei Verletzung einer nach Eintritt des Versicherungsfalles bestehenden Auskunfts- oder Aufklärungsobliegenheit zur Voraussetzung, dass der Versicherer den Versicherungsnehmer durch gesonderte Mitteilung in Textform auf diese Rechtsfolge hingewiesen hat.

(5) Eine Vereinbarung, nach welcher der Versicherer bei Verletzung einer vertraglichen Obliegenheit zum Rücktritt berechtigt ist, ist unwirksam.

§ 115 Direktanspruch

(1) Der Dritte kann seinen Anspruch auf Schadensersatz auch gegen den Versicherer geltend machen,
1. wenn es sich um eine Haftpflichtversicherung zur Erfüllung einer nach dem Pflichtversicherungsgesetz bestehenden Versicherungspflicht handelt oder
2. wenn über das Vermögen des Versicherungsnehmers das Insolvenzverfahren eröffnet oder der Eröffnungsantrag mangels Masse abgewiesen

worden ist oder ein vorläufiger Insolvenzverwalter bestellt worden ist oder
3. wenn der Aufenthalt des Versicherungsnehmers unbekannt ist.

Der Anspruch besteht im Rahmen der Leistungspflicht des Versicherers aus dem Versicherungsverhältnis und, soweit eine Leistungspflicht nicht besteht, im Rahmen des § 117 Abs. 1 bis 4. Der Versicherer hat den Schadensersatz in Geld zu leisten. Der Versicherer und der ersatzpflichtige Versicherungsnehmer haften als Gesamtschuldner.

(2) Der Anspruch nach Absatz 1 unterliegt der gleichen Verjährung wie der Schadensersatzanspruch gegen den ersatzpflichtigen Versicherungsnehmer. Die Verjährung beginnt mit dem Zeitpunkt, zu dem die Verjährung des Schadensersatzanspruchs gegen den ersatzpflichtigen Versicherungsnehmer beginnt; sie endet jedoch spätestens nach zehn Jahren von dem Eintritt des Schadens an. Ist der Anspruch des Dritten bei dem Versicherer angemeldet worden, ist die Verjährung bis zu dem Zeitpunkt gehemmt, zu dem die Entscheidung des Versicherers dem Anspruchsteller in Textform zugeht. Die Hemmung, die Ablaufhemmung und der Neubeginn der Verjährung des Anspruchs gegen den Versicherer wirken auch gegenüber dem ersatzpflichtigen Versicherungsnehmer und umgekehrt.

§ 117 Leistungspflicht gegenüber Dritten

(1) Ist der Versicherer von der Verpflichtung zur Leistung dem Versicherungsnehmer gegenüber ganz oder teilweise frei, so bleibt gleichwohl seine Verpflichtung in Ansehung des Dritten bestehen.

(2) Ein Umstand, der das Nichtbestehen oder die Beendigung des Versicherungsverhältnisses zur Folge hat, wirkt in Ansehung des Dritten erst mit dem Ablauf eines Monats, nachdem der Versicherer diesen Umstand der hierfür zuständigen Stelle angezeigt hat. Dies gilt auch, wenn das Versicherungsverhältnis durch Zeitablauf endet. Der Lauf der Frist beginnt nicht vor Beendigung des Versicherungsverhältnisses. Ein in den Sätzen 1 und 2 bezeichneter Umstand kann dem Dritten auch dann entgegengehalten werden, wenn vor dem Zeitpunkt des Schadensereignisses der hierfür zuständigen Stelle die Bestätigung einer entsprechend den Rechtsvorschriften abgeschlossenen neuen Versicherung zugegangen ist. Die vorstehenden Vorschriften dieses Absatzes gelten nicht, wenn eine zur Entgegennahme der Anzeige nach Satz 1 zuständige Stelle nicht bestimmt ist.

(3) In den Fällen der Absätze 1 und 2 ist der Versicherer nur im Rahmen der vorgeschriebenen Mindestversicherungssumme und der von ihm

übernommenen Gefahr zur Leistung verpflichtet. Er ist leistungsfrei, soweit der Dritte Ersatz seines Schadens von einem anderen Schadensversicherer oder von einem Sozialversicherungsträger erlangen kann.

...

§ 158 Gefahränderung

(1) Als Erhöhung der Gefahr gilt nur eine solche Änderung der Gefahrumstände, die nach ausdrücklicher Vereinbarung als Gefahrerhöhung angesehen werden soll; die Vereinbarung bedarf der Textform.

(2) Eine Erhöhung der Gefahr kann der Versicherer nicht mehr geltend machen, wenn seit der Erhöhung fünf Jahre verstrichen sind. Hat der Versicherungsnehmer seine Verpflichtung nach § 23 vorsätzlich oder arglistig verletzt, beläuft sich die Frist auf zehn Jahre.

...

F. Die aktuelle Rechtsprechung zum Haftungsrecht

Die nachfolgenden Leitsätze (teilweise vom Verfasser formuliert) der aktuellen Rechtsprechung zum Steuerberater-Haftungsrecht sind, um die Übersichtlichkeit zu gewährleisten, entsprechend dem Aufbau dieses Buches gegliedert. Die Fundstellen sollen das Auffinden der Entscheidungen erleichtern; für eine Argumentation im Rahmen von Regressverfahren ist immer auch das vollständige Urteil heranzuziehen.

Innerhalb der einzelnen Untergliederungspunkte ist die Rechtsprechung zeitlich geordnet.

I. Der Steuerberatervertrag
1. Das Vertragsverhältnis
Regelmäßig Dienstvertrag bei Steuerberatung

Ein mit einem Steuerberater geschlossener Vertrag, der auch eine Beratung in Steuerangelegenheiten zum Gegenstand hat, ist ein Dienstvertrag.

BGH, 11. 05. 2006, DStRE 2006, S. 957

Entstehen eines Auskunftsvertrages bei wirtschaftlichem Interesse

Im Rahmen einer Anlagevermittlung kommt zwischen dem Anlageinteressenten und dem Vermittler ein Auskunftsvertrag mit Haftungsfolgen zumindest stillschweigend zustande, wenn der Interessent deutlich macht, dass er, auf eine bestimmte Anlageentscheidung bezogen, die besonderen Kenntnisse und Verbindungen des Vermittlers in Anspruch nehmen will, und der Anlagevermittler die gewünschte Tätigkeit beginnt (st. Rspr., zuletzt Senatsurteil vom 19. Oktober 2006 – III ZR 122/05 – ZIP 2006, 2221). Der Feststellung weiterer besonderer Umstände bedarf es nicht. Das gilt auch dann, wenn der Vermittler bei den Vertragsverhandlungen zugleich als selbständiger „Repräsentant" einer Bank auftritt.

BGH, 11. 01. 2007, ZIP 2007, S. 1069

2. Sozietät und „Scheinsozietät"

Haftung bei gemischter Sozietät und für neuen Sozius

a) Der in einer gemischten Sozietät tätige Steuerberater haftet nicht unmittelbar persönlich mit seinem Vermögen für den Anwaltsfehler seines Sozius (hier: zögerliche Vollstreckungsmaßnahmen). Es verbleibt als Haftungsmasse sein Anteil am Gesellschaftsvermögen.

b) Eine persönliche Haftung des neu eingetretenen Sozius für bereits entstandene Regressansprüche von Mandanten besteht nicht, es sei denn, er hat eine besondere Vereinbarung getroffen. Er hat aber die Zwangsvollstreckung in den von ihm erworbenen Anteil am Gesellschaftsvermögen zu dulden (§ 736 ZPO).

OLG Frankfurt, 18. 09. 1997, GI 1998, S. 117

Gemischte Sozietät (RA, StB und WP):
Anwaltsmandat und Veruntreuung von Mandantengeldern

Ein Geschäftsbesorgungsvertrag, der auf eine Rechtsbesorgung und eine sich daraus ergebende treuhänderische Geldverwaltung gerichtet ist, kommt im Zweifel nicht mit Steuerberatern und Wirtschaftsprüfern einer aus unterschiedlichen Berufsangehörigen bestehenden Sozietät zustande.

BGH, 16. 12. 1999, GI 2001, S. 67

Partnerhaftung bei Steuerberatern und Rechtsanwälten

In Sozietäten unterschiedlicher Berufsangehöriger haften Wirtschaftsprüfer oder Steuerberater nicht für Verträge zwischen Anwaltspartner und Mandant, die eine Rechtsbesorgung und eine sich daraus ergebende treuhänderische Geldverwaltung zum Inhalt haben. Da weder Steuerberater noch Wirtschaftsprüfer ein solches Mandat hätten annehmen dürfen, wäre ein entsprechender Vertrag nichtig.

BGH, 10. 08. 2000, Consultant 2000, S. 70

Haftung des neuen Sozius für den Alt-Sozius

Ein Sozietätsgesellschafter haftet aus einem mit seiner Sozietät abgeschlossenen Vertrag auch für das Handeln eines früheren Sozius.

OLG Hamm, 14. 09. 2004, GI 2006, S. 97

Haftung des StB für RA-Fehler

Der Steuerberater-Sozius haftet gesamtschuldnerisch für Berufsversehen aus anwaltlicher Vorbehaltstätigkeit.

OLG München, 28. 07. 2005, Stbg 2006, S. 177

Haftung eines Scheinsozius

Für die Frage des Vorliegens einer Scheinsozietät kommt es auf den Kenntnisstand und die Sicht des konkreten Mandanten an. Das einer Sozietät erteilte Mandat erstreckt sich im Zweifel auch auf später (scheinbar) eintretende Sozietätsmitglieder.

OLG Saarbrücken, 22. 12. 2005, GI 2007, S. 32

Haftung aller Sozien für deliktisch handelnden Scheinsozius

a) Für das deliktische Handeln eines Scheinsozius haftet die Rechtsanwaltssozietät entsprechend § 31 BGB.

b) Haftet eine Rechtsanwaltssozietät für das deliktische Handeln eines Scheinsozius, müssen auch die einzelnen Sozien mit ihrem Privatvermögen dafür einstehen.

BGH, 03. 05. 2007, GI 2008, S. 153

Keine Haftung berufsfremder Mitglieder einer gemischten Sozietät für Pflichtverletzung vor Rechtsprechungsänderung zur Rechtsfähigkeit der GbR

Eine rückwirkende Haftung von berufsfremden Mitgliedern einer gemischten Sozietät im Hinblick auf die Rechtsprechung zur Rechtsfähigkeit der BGB-Gesellschaft scheidet aus.

BGH, 26. 06. 2008, DStR 2008, S. 1981

Keine Haftung des StB in gemischter Sozietät bei Folgeauftrag über Rechtsberatung

Kommt der Vertrag über eine Rechtsberatung wegen der Beschränkungen des Rechtsberatungsgesetzes allein mit dem einer gemischten Sozietät angehörenden Rechtsanwalt zustande, wird auch nach Anerkennung der Rechtsfähigkeit der Gesellschaft bürgerlichen Rechts ein durch die frühere Beratung ausgelöster Folgeauftrag mit ihm geschlossen, sofern er nicht erkennbar zum Ausdruck bringt, nunmehr namens der Sozietät zu handeln.

BGH, 05. 02. 2009, DStRE 2009, S. 765

3. Erfüllungsgehilfen und freie Mitarbeiter

Haftung eines als freier Mitarbeiter eines Steuerberaters tätigen Kontierers

Der Kontierer verletzt seine Pflichten aus dem vorvertraglichen Schuldverhältnis und verstößt auch gegen § 5 StBerG, wenn er als freier Mitarbeiter eines Steuerberaters tätig wird und mit dessen Einverständnis z. B. Steuererklärungen anfertigt, Abschlussbuchungen vornimmt pp. Die Unterzeichnung „im Auftrag" entlastet ihn nicht.

OLG Düsseldorf, 13. 12. 2005, INF 2006, S. 172

4. Der Mandant

Steuerberatungsvertrag mit beiden Ehegatten

Der Vertrag über die Erstellung der Einkommensteuererklärung unter Zusammenveranlagung der Ehegatten gehört zu den Geschäften, die der Deckung des Lebensbedarfs der Familie dienen. Gemäß § 1357 Abs. 1 S. 2 BGB werden hierdurch im Zweifel beide Ehegatten berechtigt und verpflichtet. Gemäß § 432 BGB kann bei einem solchen Vertrag jeder Ehegatte den Steuerberater auf Schadensersatz in Anspruch nehmen, allerdings nur Leistung an beide Ehegatten verlangen.

OLG Düsseldorf, 26. 11. 2004, INF 2005, S. 93

Steuerberatungsvertrag nur mit vertragsschließendem Ehegatten

Die Beauftragung eines Steuerberaters fällt nicht unter den Begriff der Geschäfte zur angemessenen Deckung des Lebensbedarfs der Familie i.S.v. § 1357 Abs. 1 Satz 1 BGB.

AG Leutkirch, 02. 04. 2008, DStR 2009, S. 876

5. Haftung gegenüber Dritten

Prospekthaftung

a) Wegen falscher oder unvollständiger Prospektangaben haften nur diejenigen Personen, die für die Geschicke des Unternehmens und damit für die Herausgabe des Prospekts verantwortlich sind.

b) Zu den Prospektverantwortlichen zählen neben den Initiatoren, Gründern und Gestaltern der Gesellschaft – sowie sie das Management bilden oder beherrschen – auch die Personen, die hinter der Gesellschaft stehen und neben der Geschäftsleitung besonderen Einfluss ausüben.

c) Die Prospektverantwortlichkeit trifft auch diejenigen Personen, die aufgrund ihrer besonderen beruflichen und wirtschaftlichen Stellung oder aufgrund ihrer Fachkunde eine Garantstellung einnehmen, sofern sie durch ihr nach außen in Erscheinung tretendes Mitwirken am Emissionsprospekt einen Vertrauenstatbestand schaffen.

d) Der im Emissionsprospekt namentlich als Treuhänder benannte Rechtsanwalt, der den Prospektangaben gemäß in Erfüllung seiner Treuhandpflichten lediglich die Verfügungen über das Anlegerkonto beständig und gewissenhaft zu überwachen hat, ist nicht Prospektverantwortlicher.

e) Zur Frage der Erfüllung der Darlegungspflicht im Zivilverfahren durch die Bezugnahme auf eine strafgerichtliche Entscheidung und zur Frage der Haftung des Treuhänders aufgrund des Treuhandvertrages für grobe Verstöße des Anlageunternehmens gegen dessen sich aus dem Prospekt ergebende vertragliche und gesetzliche Pflichten.
BGH, 01. 12. 1994, NJW 1995, S. 1025

Haftung gegenüber Kreditgebern des Mandanten
Zur Haftung eines Steuerberaters, der einen Jahresabschluss erstellt und dabei zu Unrecht die Ordnungsmäßigkeit der Buchführung bescheinigt, gegenüber Kreditgebern des Mandanten.
BGH, 19. 12. 1996, INF 1997, S.383

Kontrollpflicht des Wirtschaftsprüfers beim Kapitalanlagemodell und Prospekthaftung
a) Ein Wirtschaftsprüfer, der es im Rahmen eines Kapitalanlagemodells übernimmt, die Einzahlungen der Anleger und der Mittelverwendung regelmäßig zu überprüfen, diese Kontrolle tatsächlich jedoch nicht in dem den Anlegern versprochenen Umfang durchführt, in seinen Prüftestaten aber gleichwohl die Ordnungsgemäßheit des Geldflusses und der Mittelverwendung bestätigt, haftet späteren Anlegern auf Schadensersatz aus Ver-

schulden bei Vertragsschluss, wenn diese im Vertrauen auf die Richtigkeit früherer Testate Geldanlagen getätigt haben und der Wirtschaftsprüfer damit rechnen musste.

b) Ein Wirtschaftsprüfer kann sich in einem solchen Fall nicht darauf berufen, er sei vom Veranstalter des Kapitalanlagesystems nur mit der Kontrolle der Konten beauftragt worden; vielmehr muss er, wenn er Unzulänglichkeiten im Geschäftsbetrieb des Kapitalanlagebetreibers und Abweichungen zwischen den Angaben des Anlageprospekts und dem Gegenstand seines Prüfauftrags feststellt, geeignete Maßnahmen ergreifen, um den von ihm mit geschaffenen Vertrauenstatbestand zu beseitigen.

BGH, 26. 09. 2000, NJW 2001, S. 360

Auskunft in Gesellschafterversammlung einer KG

a) Beauftragt eine Kommanditgesellschaft einen Steuerberater, an einer Versammlung der Kommanditisten teilzunehmen, um Fragen der Kommanditisten zu den steuerlichen Auswirkungen ihres Verbleibs in der Gesellschaft oder der Aufgabe ihrer Gesellschaftsbeteiligung zu beantworten, kommt ein Schadensersatzanspruch der Kommanditisten gegen den Steuerberater nach Vertragsgrundsätzen in Betracht, wenn eine Auskunft des Steuerberaters in der Versammlung falsch ist. Der Steuerberatervertrag entfaltet nämlich Schutzwirkung zugunsten der Kommanditisten.

b) Bei der Frage, ob einzelne Äußerungen des Steuerberaters eine Pflichtverletzung darstellen, sind auch die Umstände zu berücksichtigen, unter denen sie abgegeben werden, wenn daraus ohne weiteres erkennbar wird, dass eine individuelle, auf die steuerrechtliche Situation im Einzelfall zugeschnittene Beratung nicht erwartet werden kann (hier: Äußerungen allgemeiner Art vor einer Vielzahl von Versammlungsteilnehmern).

c) Der haftpflichtige Berater hat den Mandanten vermögensmäßig lediglich so zu stellen, wie dieser bei pflichtgemäßem Verfahren stünde. Die hierzu erforderliche Differenzrechnung setzt einen Gesamtvermögensvergleich voraus, bei der alle Folgen des schädigenden Ereignisses zu berücksichtigen sind, die bis zum Zeitpunkt der letzten mündlichen Verhandlung eingetreten oder mit Wahrscheinlichkeit zu erwarten sind.

OLG Düsseldorf, 18. 11. 2003, GI 2005, S. 53

Dritthaftung bei Gestaltungsmodell

Entwirft der Steuerberater ein Gestaltungsmodell für seinen Mandanten und einen Dritten, so ist Letzterer in den Schutzbereich einbezogen. Das gilt auch, wenn die Übernahme der eigenständigen steuerlichen Beratung abgelehnt wird. Dadurch entfällt nicht dessen Vertrauen in das Gestaltungsmodell.

OLG Hamm, 03. 11. 2006, GI 2008, S. 171

Grenze der Haftung aus Vertrag mit Schutzwirkung zugunsten einer Bank

Verstößt eine Bank gegen die Kreditvergaberichtlinien des § 18 KWG und hält sie die von ihren eigenen Kreditvergabebedingungen verlangten Mindestanforderungen für die Kreditgewährung nicht ein, so scheidet ein Schadensersatzanspruch gegen den Steuerberater des Kreditnehmers aus dem Gesichtspunkt des Vertrages mit Schutzwirkung zugunsten Dritter aus.

OLG Frankfurt/M., 18. 05. 2007, DStRE 2008, S. 790

Prospekthaftung des Wirtschaftsprüfers

Die Prospekthaftung im engeren Sinne erstreckt sich auch auf den Wirtschaftsprüfer, der mit seinem im Prospekt abgedruckten uneingeschränkten Bestätigungsvermerk einen Vertrauenstatbestand für die Richtigkeit des Prospektes geschaffen hat.

LG Leipzig, 07. 05. 2008, ZIP 2008, S. 1733

Haftung des KG-StB gegenüber Kommanditisten

a) Ein Steuerberatungsvertrag mit einer KG kann im Einzelfall Schutzwirkungen zu Gunsten der Kommanditisten entfalten.

b) Die Verschiedenheit der Interessen und Bedürfnisse von KG und Kommanditisten hindert deren Einbeziehung in den Schutzbereich des Steuerberatungsvertrages nicht. Das Informationsbedürfnis der Kommanditisten wird durch entsprechende Aufklärungen seitens der KG nicht in jedem Fall gedeckt und die Kommanditisten müssen sich die Kenntnis der KG in diesem Fall auch nicht auf der Mitverschuldensebene zurechnen lassen.

OLG Köln, 13. 11. 2008, DStR 2009, S. 505

Haftung wegen Fehler in einem Fonds-Prospekt

Es stellt einen relevanten Prospektmangel dar, für den die Verantwortlichen haften müssen, wenn in einem Immobilienfondsprospekt die Gewährung staatlicher Mittel nach Ablauf der ersten Periode („Anschlussförderung") zu Unrecht als „rechtlich gesichert" dargestellt wird.

BGH, 19. 10. 2009, DStR 2009, S. 2620

II. Die Pflichten des Steuerberaters

1. Der Betreuungsumfang

Steuerberaterhaftung und umfassende Belehrungspflicht

Im Rahmen seines Auftrages hat der Steuerberater seinen Mandanten umfassend zu beraten und auch ungefragt über bei sachgerechter Bearbeitung auftauchende Steuerersparnismöglichkeiten zu belehren (hier: Fertigung der ESt-Erklärung und Verluste des Mandanten aus der Veräußerung von Kapitalanteilen).

OLG Düsseldorf, 05. 06. 1997, GI 1998, S. 273

Informationen an Mandanten und Schuldner

a) Der Steuerberater muss auf in Presse und Fachzeitschriften angesprochene Gesetzesvorhaben, die für den Mandanten zu steuerlich günstigeren Gestaltungsmöglichkeiten führen können, hinweisen.

b) Zur umfassenden Beratung kann in diesen Fällen die Empfehlung gehören, eine geplante Maßnahme bis zur Verabschiedung des Gesetzes zurückzustellen.

OLG Düsseldorf, 10. 12. 1998, GI 2000, S. 67

Sicherster Weg und umfassende Beratung

Die Verpflichtung des Steuerberaters, dem Mandanten den nach den Umständen sichersten Weg zu dem erstrebten steuerlichen Ziel aufzuzeigen und sachgerechte Vorschläge zu dessen Verwirklichung zu machen, kann auch die Empfehlung umfassen, einen vom Finanzamt vorgeschlagenen Pauschalbetrag zur Abgeltung streitiger Quellensteuern zu zahlen.

OLG Düsseldorf, 28. 01. 1999, GI 2000, S. 196

Nichtaufklärung des Mandanten

Ein Steuerberater muss seinen Mandanten auch dann über die Frist zur Anfechtung eines Steuerbescheides belehren, wenn er eine Klage für aussichtslos hält.

BGH, 11. 05. 1999, StBK Westfalen-Lippe – MBl 1999, S. 44

Sicherster Weg und fristgerechter Einspruch

a) Rechtsanwälte und Steuerberater haben die Interessen ihrer Auftraggeber in den Grenzen des erteilten Mandats nach jeder Richtung und umfassend wahrzunehmen.

b) Gegen einen Schätzungsbescheid ist grundsätzlich Einspruch einzulegen, auch dann, wenn die Steuererklärung nicht vor Ablauf der Einspruchfrist fertig gestellt werden kann.

OLG Düsseldorf, 20. 05. 1999, GI 2001, S. 50

Belehrung über Fehler des Vorberaters

Der Steuerberater hat die vertragliche Nebenpflicht, den Mandanten vor Schaden zu bewahren und ihn auf offenkundige Fehlentscheidungen hinzuweisen. Das gilt auch für eine schädliche Gestaltung, die der Mandant mit dem Vorberater durchgeführt hat.

OLG Karlsruhe, 24. 03. 2000, GI 2001, S. 93

Haftung für fehlerhafte Kapitalanlageberatung

Ein Steuerberater, der seinen Klienten aus steuerlichen Gründen zu einer bestimmten Geldanlage rät, muss diesen auch über steuerliche Fragen hinaus über die wesentlichen Risiken der empfohlenen Anlageform aufklären und haftet grundsätzlich für eine fahrlässig falsche Anlageberatung im Rahmen des Mandatsverhältnisses.

OLG Naumburg, 25. 04. 2002, GI 2003, S. 115

Pflicht zur Einholung einer Auskunft des Finanzamtes

a) Die von einem Steuerberater im Rahmen seines Mandats zu erteilenden Hinweise und Belehrungen haben sich zunächst an der jeweils aktuellen höchstrichterlichen (finanzgerichtlichen) Rechtsprechung auszurichten.

Fehlt zu einer steuerrechtlichen Einzelfrage jegliche auch untergerichtliche Rechtsprechung und ergibt sich aus der vorliegenden steuerrechtlichen Literatur kein eindeutiger Meinungsstand, sondern ein uneinheitliches Bild, begründet dies Zweifel an der künftigen voraussichtlichen Entscheidung der Finanzverwaltung und der finanzgerichtlichen Rechtsprechung auch dann, wenn in dem maßgeblichen OFD-Bezirk zwar eine bestimmte Verwaltungsübung besteht, die Verwaltungspraxis in anderen Bezirken aber insgesamt uneinheitlich ist.

b) Über diese Zweifel sowie über Wege, steuerrechtliche Nachteile sicher zu vermeiden, muss der Steuerberater den Mandanten aufklären.

c) Das kann jedenfalls bei erheblichen wirtschaftlichen Auswirkungen der Beratung die Verpflichtung des Steuerberaters einschließen, den Mandanten auf die Möglichkeit einer verbindlichen Auskunft des Finanzamtes hinzuweisen bzw. diese zu beantragen.

OLG Düsseldorf, 20. 01. 2004, GI 2005, S. 92

Beratungsfehler bei Abfindungsvergleich

a) Ein Steuerberater ist im Rahmen seines Auftrags verpflichtet, seinem Mandanten Möglichkeiten zur steuergünstigen Gestaltung einer Abfindungsvereinbarung aufzuzeigen.

b) Unterlässt der Steuerberater die gebotene Beratung und verursacht dadurch pflichtwidrig eine steuerliche Mehrbelastung seines Mandanten wegen der bezogenen Abfindung, gehören zum ersatzfähigen Schaden des Mandanten auch die Kosten eines finanzgerichtlichen Verfahrens, das dem Versuch einer Abwendung des Steuerschadens dient, und die Aussetzungszinsen.

OLG Düsseldorf, 30. 01. 2004, GI 2004, S. 185

Haftung bei Anlagevermittlung

Bringt ein Steuerberater bei der Vermittlung einer Kapitalanlage seine besondere Erfahrung bei der Beurteilung wirtschaftlicher Sachverhalte und seine Seriosität als Mittel der Förderung des Absatzes gegenüber seinen Klienten ein, so ist er zur richtigen und vollständigen Information über diejenigen tatsächlichen Umstände verpflichtet, die für den Anlageentschluss der Interessenten von besonderer Bedeutung sind. Hierzu gehört auch bereits vorhandenes Interesse an der Anmietung von in einem Anlageobjekt vorhandenen Gewerbeeinheiten.

Macht ein Steuerberater gegenüber seinem Mandanten, dem er als Kapitalanlage „mit Steuereffekt" zu einer Beteiligung an einer Immobiliengesellschaft – GbR rät, die ein denkmalgeschütztes Gebäude sanieren will, falsche Angaben zur Anzahl vorhandener Mietinteressenten, verletzt er seine vorvertragliche Aufklärungspflicht und macht sich schadensersatzpflichtig, wenn das Objekt nach der Sanierung leer steht und sich die Renditeerwartung des Mandanten nicht erfüllt.
BFH, 23. 09. 2004, BFH/NV 2005, Beilage 2, S. 139

Der unterlassene Hinweis auf die mit einem Kirchenaustritt verbundene Steuerersparnis
Eine für die Bejahung eines Anspruchs aus positiver Vertragsverletzung notwendige Pflichtverletzung ist nicht bereits deshalb gegeben, weil der Steuerberater nicht über die Möglichkeit des Kirchenaustritts und eine damit verbundene Steuerersparnis belehrt hat.
OLG Köln, 15. 03. 2005, DStR 2005, S. 621

Hinweispflicht des Steuerberaters bei beschränktem Mandat
Es ist eine Frage des Mandatszuschnitts und der Umstände, ob der zur Buchführung und Anfertigung von Steuererklärungen eingeschaltete Berater nur die vorliegenden Bücher und Bilanzzahlen in eine korrekte, bestehende Wahlmöglichkeiten steuergünstig nutzende Erklärung gießen muss oder ob er auch vorausschauend steuergestaltende Veränderungen betrieblicher Rechts- und Organisationsformen oder Geschäftsabläufe anzuregen hat.
BGH, 07. 07. 2005, DStR 2006, S. 344

Umfang der Warnpflicht des Steuerberaters
Aufgrund eines eingeschränkten Mandats mit bestimmtem Aufgabenbereich muss ein Steuerberater den Mandanten vor steuerlichen Nachteilen, die außerhalb des Mandats drohen, nicht warnen, wenn er davon ausgehen darf, der Mandant sei anderweitig fachkundig beraten.
BGH, 21. 07. 2005, DStR 2006, S. 160

Hinweispflicht auf steuerliches Risiko

Ist die Auslegung des unbestimmten Rechtsbegriffs einer Steuernorm (hier: verdeckte Gewinnausschüttung) offen und für die vom Steuerpflichtigen zu treffende Entscheidung bedeutsam, muss der verantwortliche Berater grundsätzlich auf das mit der ungewissen Beurteilung der Rechtslage verbundene Risiko hinweisen.

BGH, 20. 10. 2005, DStRE 2006, S. 126

Haftung für erweitertes Mandat

Will ein Mandant seinem Steuerberater einen über die steuerliche Beratung hinausgehenden Auftrag erteilen, so muss er dies klar und eindeutig zum Ausdruck bringen. Nur wenn der Steuerberater erkennen kann, dass der Mandant eine über berufsspezifische Fragestellungen hinausgehende Beratung und Betreuung verlangt, kann aufgrund Stillschweigens des Steuerberaters eine entsprechende konkludente Beauftragung in Betracht kommen.

OLG Zweibrücken, 10. 02. 2006, GI 2006, S. 359

Anmahnung einzureichender Unterlagen

a) Ein Steuerberater ist verpflichtet, bei seinem Mandanten die für die Abgabe einer steuerlichen Erklärung erforderlichen Unterlagen substantiiert anzufordern. Dies gilt insbesondere dann, wenn ihm bekannt ist, dass die Finanzbehörde einen Schätzungsbescheid unter dem Vorbehalt der Nachprüfung erlassen hat.

b) Der Auftraggeber hat den Nachweis zu erbringen, dass er dem beauftragten Steuerberater sämtliche steuerlich relevanten Unterlagen und die dem Auftraggeber persönlich zugegangenen Bescheide der Finanzbehörde (hier Aufhebungsbescheid bezüglich des Vorbehalts der Nachprüfung) vorgelegt hat. Dies gilt auch, wenn der Steuerberater die Übergabe von Unterlagen des Mandanten nicht vermerkt und ebenso keinen Fristenkalender geführt hat.

OLG Bamberg, 28. 04. 2006, DB 2006, S. 1262

Haftung für Kirchensteuerzahlungen

a) Ein StB ist nicht verpflichtet, dem Mandanten den Austritt aus der Kirche zu empfehlen.

b) Hat ein StB aufgrund des ihm erteilten Auftrags die steuerlichen Vor- und Nachteile bestimmter Gestaltungsmöglichkeiten zu prüfen, muss er auf die anfallende Kirchensteuer hinweisen, wenn sie die übliche Quote übersteigt.

c) Der Mandant hat darzulegen und zu beweisen, dass er bei vollständiger Beratung über anfallende Kirchensteuer aus der Kirche ausgetreten wäre; auf einen Beweis des ersten Anscheins kann er sich nicht berufen.

BGH, 18. 05. 2006, DStRE 2007, S. 133

Haftung bei fehlerhafter Beratung zu steuerlichen Förderungsmöglichkeiten

a) Wird ein Steuerberater im Zusammenhang mit dem Erwerb einer Eigentumswohnung nach den unterschiedlichen Möglichkeiten der steuerlichen Förderung gefragt, muss er davon ausgehen, dass die Antwort Auswirkungen auf die finanziellen Dispositionen des Mandanten und die Kaufentscheidung haben kann. Die Berücksichtigung der Folgen der Antwort im Hinblick auf die Erwerbsaussicht gehört deshalb zum Umfang des Mandats.

b) Geht infolge einer falschen Kaufentscheidung aufgrund einer fehlerhaften Auskunft des Steuerberaters eine Förderungsmöglichkeit verloren, steht dieser Schaden in unmittelbarem Zusammenhang mit der vertraglichen Pflicht und fällt unter deren Schutzzweck.

c) Ein Mandant kann sich auf die Auskunft seines Steuerberaters auch dann verlassen, wenn er selbst die Möglichkeit hatte, auf steuerrechtliche Informationsquellen zurückzugreifen. Insbesondere besteht für den Mandanten nicht die Pflicht, eine von ihm abonnierte Informationsschrift unmittelbar nach dem Erhalt nachzusortieren, um stets auf dem neuesten steuerrechtlichen Stand zu sein.

OLG Düsseldorf, 18. 08. 2006, DStR 2007, S. 923

Haftungsfalle Sozialversicherungsrecht – Pflicht zur Kenntnis der Rechtsprechung des BSG?

Übernimmt der Steuerberater die Lohnbuchführung, muss er auch die Sozialversicherungspflicht der Beschäftigten prüfen. Unterläuft ihm hierbei ein Fehler und werden Beiträge zu Unrecht abgeführt, kann er sich schadensersatzpflichtig machen.

OLG Brandenburg, 07. 11. 2006, DStRE 2007, S. 1470

Hinweispflicht auf Irrtümer des Finanzamtes und fehlender Schaden bei berechtigter Steuerforderung

a) Der Steuerberater ist verpflichtet, Verwaltungsakte der Finanzbehörden auf Rechtsfehlerfreiheit zu überprüfen, eventuelle Irrtümer aufzudecken und den Mandanten hierüber aufzuklären.

b) Berechtigte Steuernachforderungen stellen grundsätzlich keinen durch den Steuerberater zu ersetzenden Schaden dar, weil die Belastung mit den im Gesetz vorgesehenen Steuern auch bei pflichtgemäßem Handeln angefallen wäre.

c) Macht der Mandant eines Steuerberaters im Falle einer rechtsmäßigen Steuernachzahlung geltend, dass dieser Betrag bei pflichtgemäßer Aufklärung in die Preiskalkulation aufgenommen und an die Kunden weitergegeben worden wäre, kann dies einen erstattungsfähigen Schaden begründen, vorausgesetzt, der Geschädigte legt seine Kalkulation offen und legt nachvollziehbar dar, dass auch der höhere Preis am Markt hätte durchgesetzt werden können.

OLG Köln, 08. 03. 2007, DStR 2008, S. 1756

Keine ausreichende Belehrung durch Mandantenrundschreiben

Der Steuerberater schuldet dem Mandanten eine konkrete, auf die speziellen Probleme des Mandanten bezogene Belehrung. Allgemeine Ausführungen in Mandantenschreiben können solche konkrete Hinweise ebenso wenig ersetzen wie nach Art eines steuerrechtlichen Lehrbuchs abgefasste Merkblätter.

OLG Düsseldorf, 29. 01. 2008, GI 2009, S. 127

Keine Pflicht zur Klageerhebung bei nicht erreichbarem Auftraggeber

a) Für die Bestimmung der von einem Steuerberater zur Wahrung der Klagefrist aufzuwendenden Sorgfalt können die von der Rechtsprechung entwickelten Anforderungen an die Sorgfaltspflichten eines Anwalts bei Rechtsmittelfristen herangezogen werden.

b) Zu den Sorgfaltspflichten gehört es, den Mandanten vom Inhalt einer gegen ihn ergangenen Entscheidung sowie über die Möglichkeiten, gegen sie Rechtsbehelfe zu ergreifen und die dabei einzuhaltenden Fristen so rechtzeitig zu unterrichten, dass dieser ausreichend Zeit hat, sich über die Einlegung eines Rechtsbehelfs schlüssig zu werden. Hat ein Steuerberater seine Partei hierüber – sei es auch nur durch einfachen Brief – unterrichtet, muss er grundsätzlich bei Schweigen des Mandanten keine Nachfrage halten.

c) Der Steuerberater ist nicht gehalten, ohne ausdrücklichen Auftrag Klage beim Finanzgericht zu erheben.

OLG Köln, 08. 05. 2008, DStRE 2009, S. 767

Haftung für unentgeltliche Telefonauskünfte

Es liegt keine bloße Gefälligkeit des Steuerberaters vor, wenn dieser eine telefonische Beratung über wirtschaftlich und rechtlich bedeutsame Fragen vornimmt. Auf die Unentgeltlichkeit der telefonischen Auskunft kommt es nicht an.

BGH, 18. 12. 2008, Kanzleiführung professionell 2009, S. 58

Eingegrenzte Haftung bei fehlendem Hinweis auf Fehler des Vorberaters

a) ...

b) Ist dem Steuerberater lediglich ein Auftrag zur Führung der Finanzbuchhaltung und der Erstellung der Umsatzsteuervoranmeldung erteilt worden, ist er ohne besondere Umstände nicht verpflichtet, seinen Auftraggeber darauf hinzuweisen, der mit dem gewerbesteuerlichen Mandat befasste weitere Berater des Auftraggebers gehe rechtswidrig von der Gewerbesteuerbarkeit der erzielten Gewinne aus.

c) Wird dem Steuerberater nach Beendigung des Mandats des Vorberaters der Auftrag erteilt, nunmehr an dessen Stelle für die Folgejahre die (gewerbe-)steuerliche Beratung durchzuführen, ist er ohne besondere Mandatserteilung nicht verpflichtet, den Mandanten auf etwaige Schadensersatzansprüche gegenüber dem Vorberater wegen einer fehlerhaften (gewerbe-)steuerlichen Beratung in den Vorjahren hinzuweisen.

d) Kann der Auftraggeber den Vorberater deshalb nicht zu unverjährter Zeit auf Schadensersatz wegen Schlechtberatung in Anspruch nehmen, weil auch die gleichgelagerte (gewerbe-)steuerliche Beratung des Folgeberaters fehlerhaft ist und das rechtzeitige Entdecken des Beratungsfehlers des Vorberaters verhindert, kann der infolge Verjährung nicht mehr durchsetzbare

Schadensersatzanspruch gegenüber dem Vorberater mangels Zurechenbarkeit nicht von dem Folgeberater ersetzt verlangt werden.

LG Köln, 12. 03. 2009, DStRE 2009, S. 1351

Umfassende Beratungspflicht und sicherster Weg sowie spätere Änderung der Gesetzeslage

a) Der um Rat ersuchte steuerliche Berater ist zu einer umfassenden und möglichst erschöpfenden Belehrung seines Auftraggebers verpflichtet. Er hat dem Mandanten diejenigen Schritte anzuraten, die zu dem erstrebten Ziel zu führen geeignet sind, und Nachteile für den Auftraggeber zu verhindern, soweit solche vorhersehbar und vermeidbar sind. Dazu hat er dem Auftraggeber den relativ sichersten und ungefährlichsten Weg zu dem angestrebten steuerlichen Ziel aufzuzeigen und die für den Erfolg notwendigen Schritte vorzuschlagen, damit der Mandant eine sachgerechte Entscheidung treffen kann

b) Ist das von dem Berater entwickelte Steuer- und Vertragsmodell am ehesten geeignet, die von seinem Mandanten angestrebte Steuerersparnis zu verwirklichen, und kann das Konzept noch vor einer teils rückwirkenden Gesetzesänderung unter dem Dach des bis dahin geltenden Rechts abgewickelt werden, liegt kein Verstoß gegen die Beraterpflichten vor.

BGH, 19. 03. 2009, DStR 2009, S. 1032

Grenzen des Beratungsumfangs bei allgemein rechtlichen Fragen

Ein Steuerberater hat nicht die Pflicht, Auskünfte in fachfremden Angelegenheiten zu erteilen, wenn diese in den Ermittlungs-, Aufklärungs- und Belehrungsbereich eines eingeschalteten Notars fallen. Dies gilt insbesondere für die Belehrung über die Voraussetzungen einer Zahlung auf die künftige Einlageschuld bei einer Kapitalerhöhung.

LG Bremen, 05. 06. 2009, DStRE 2009, S. 1283

2. Die Büroorganisation

Telefaxübermittlung einer Rechtsmittelbegründung

Einen Rechtsanwalt kann ein Verschulden an der Fristversäumung treffen, wenn er trotz zahlreicher Fehlversuche, dem Berufungsgericht die Berufungsbegründung per Telefax zu übermitteln, die auf seiner Handakte notierte Telefaxnummer des Gerichts nicht auf ihre Richtigkeit überprüft.
BGH, 03. 11. 1998, DStR 1999, S. 77

Fehler der erfahrenen Bürokraft

a) Weist ein Rechtsanwalt eine im Umgang mit Fristsachen erfahrene und erprobte Bürokraft an, eine von ihm berechnete Rechtsmittelfrist in den Fristenkalender einzutragen, so trifft ihn kein Verschulden, wenn die Bürokraft die Frist aufgrund einer erstmaligen Eigenmächtigkeit unrichtig einträgt.

b) Erhält ein Rechtsanwalt den Auftrag zur Einlegung der Berufung, so kann er sich grundsätzlich darauf verlassen, dass ihm die Handakten zu der von ihm verfügten Frist vorgelegt werden.
BGH, 23. 11. 2000, GI 2002, S. 133

Tägliche Durchsicht der E-Mails

Der Anwalt darf die Durchsicht der in einem elektronischen Briefkasten ankommenden Nachrichten daraufhin, ob sie fristgebundene Prozesshandlungen betreffen, nicht seinem Büropersonal überlassen.
KG Berlin, 06. 01. 2004, BRAK-Mitt. 2005, S. 74

Haftung bei falscher Adressierung eines Telefaxes

Ein Antrag auf Wiedereinsetzung in den vorigen Stand gegen die Versäumung eines fristgebundenen Schriftsatzes wegen Übermittlung an das falsche Gericht mit Telefax erfordert die Darlegung, welche Anweisungen zur Prüfung der in einem Schriftsatz angegebenen Faxnummer des Empfängers bestanden, wenn diese Nummer zur Übermittlung verwendet wurde, aber fehlerhaft war.
BGH, 01. 03. 2005, GI 2006, S. 77

Pflichten bei vorhersehbarer Erkrankung

Ist ein RA in Folge vorhersehbarer Erkrankung gehindert, fristwahrende Schriftsätze zu fertigen, muss er durch Bestellung eines Vertreters für deren Erledigung sorgen oder zumindest in anderer Weise sicherstellen, dass rechtzeitig Fristverlängerung beantragt werden kann.

BGH, 10. 05. 2006, INF 2007, S. 210

Fristversäumnis durch Scheinsozius

Eine Wiedereinsetzung in den vorigen Stand setzt voraus, dass eine gesetzliche Frist unverschuldet versäumt wurde. Der Mandant muss sich die schuldhafte Versäumung der Revisionsbegründungsfrist durch einen angestellten StB zurechnen lassen, wenn der Prozessbevollmächtigte ihn mit der selbständigen Bearbeitung des Falls betraut hat und nach außen der Rechtsschein erweckt wurde, der Angestellte sei Mitglied der Sozietät.

BFH, 25. 09. 2008, DStR 2009, S. 296

Fristversäumnis bei Verstoß gegen GmbH-Offenlegungspflicht durch Drittverschulden

a) Für den fristgerechten Eingang der Jahresabschlussunterlagen beim elektronischen Bundesanzeiger ist ein rechtzeitiger Übermittlungsauftrag des Mandanten an seinen Steuerberater, der wiederum einen IT-Dienstleister mit der Weiterleitung beauftragt, nicht ausreichend. Entscheidend für die Fristwahrung ist ausschließlich der Eingang der Unterlagen beim elektronischen Bundesanzeiger.

b) Die Vorschrift des § 278 BGB über die Zurechnung des Verschulden eines Erfüllungsgehilfen ist auf die Offenlegungspflicht nach §§ 325 ff. HGB entsprechend anwendbar. Ein mögliches Mitverschulden des Steuerberaters oder eines beauftragten IT-Dienstleisters muss sich der offenlegungsverpflichtete Mandant daher entsprechend § 278 BGB zurechnen lassen.

LG Bonn, 29. 10. 2008, DStRE 2009, S. 456

Anforderungen an den elektronischen Fristenkalender

Verwendet ein RA einen elektronischen Fristenkalender, muss er im Hinblick auf die spezifischen Fehlermöglichkeiten bei der Dateneingabe Kontrollen einrichten, die gewährleisten, dass eine fehlerhafte Eingabe rechtzeitig erkannt wird.

OVG Lüneburg, 04. 11. 2008, NJW 2009, S. 615

Verlässlichkeit eines bislang ordnungsgemäß arbeitenden Mitarbeiters

a) Ein Rechtsanwalt darf sich grundsätzlich darauf verlassen, dass eine ausgebildete und bisher zuverlässig arbeitende Büroangestellte eine konkrete Einzelanweisung, auch wenn sie nur mündlich erteilt wird, befolgt und ordnungsgemäß ausführt.

b) Betrifft jedoch die mündlich erteilte Einzelweisung die Notierung einer Berufungs- oder Berufungsbegründungsfrist, müssen in der Rechtsanwaltskanzlei ausreichend organisatorische Vorkehrungen dagegen getroffen sein, dass eine solche nur mündlich erteilte Weisung in Vergessenheit gerät und die Eintragung der Frist unterbleibt.

BGH, 26. 01. 2009, GI 2009, S. 147

Anforderungen an die Fristenkontrolle

a) Eine Frist darf im Fristenkalender erst gestrichen werden, wenn die fristwahrende Maßnahme durchgeführt, der Schriftsatz also abgesandt oder zumindest postfertig gemacht und die weitere Beförderung der ausgehenden Post organisatorisch zuverlässig vorbereitet ist (st. Rspr.: 09. 11. 2005, FamRZ 2006, 192).

b) Eine verlässliche Ausgangskontrolle setzt aber zugleich voraus, dass die Frist nach Durchführung dieser Maßnahme sofort – und nicht etwa erst an einem der folgenden Tage – gestrichen wird.

BGH, 22. 04. 2009, DStR 2009, Heft 25, S. XIII

3. Die Fortbildungsverpflichtung

Kenntnisnahme von neuen Urteilen durch Steuerberater

a) An die Sorgfaltspflicht eines Steuerberaters dürfen keine überspannten und lebensfremden Anforderungen gestellt werden.

b) Bei der Prüfung, ab wann der Steuerberater bei sorgfältiger Arbeitsweise von einer Entscheidung hätte Kenntnis nehmen können und müssen, ist angemessen dem Umstand Rechnung zu tragen, dass Steuerberater ebenso wie Rechtsanwälte regelmäßig angesichts ihrer täglichen Arbeit kaum in der Lage sein werden, sich sofort mit den Fachzeitschriften und der Fülle der dort referierten Entscheidungen auseinander zu setzen. Häufig können die Fachzeitschriften wegen des Andrangs der zu erledigenden Geschäfte zunächst nur darauf durchgesehen werden, ob sie Entscheidungen oder sonstige Mitteilungen enthalten, die für die gerade aktuell zur Bearbeitung anstehenden Fragen von Bedeutung sind, während der übrige Inhalt erst zu einer späteren Zeit durchgearbeitet werden kann.

c) Dem Steuerberater ist ebenso wie dem Rechtsanwalt eine gewisse Karenzzeit von 4 bis 6 Wochen für die Kenntnisnahme der für seinen Arbeitsbereich relevanten höchstrichterlichen Entscheidungen zuzubilligen, innerhalb der es ihm nicht als Verschulden anzurechnen ist, wenn ihm die Entscheidungen zu dieser Zeit noch nicht zur Kenntnis gelangt sind.

OLG Köln, 04. 09. 1998, INF 1999, S.95

Kenntnis des Steuerrechts und Karenzfrist

Für die Kenntnisnahme höchstrichterlicher Entscheidungen wird dem Steuerberater eine Karenzfrist von vier bis sechs Wochen zugebilligt. Über Entscheidungen nachgeordneter Gerichte, die nicht Gegenstand einer aktuellen Diskussion sind, muss der Steuerberater nicht vor Ablauf von zwei Monaten nach deren Veröffentlichung informiert sein.

OLG Düsseldorf, 25. 05. 2000, GI 2000, S. 267

Maßgeblicher Zeitpunkt für die Bewertung einer falschen Beratungsleistung

Die Frage, ob dem Mandanten dadurch ein ersatzfähiger Schaden entstanden ist, dass infolge eines Fehlers des Steuerberaters im Ursprungsverfahren eine ihm ungünstige Entscheidung getroffen wurde, ist auf der Grundlage der damals geltenden höchstrichterlichen Rechtsprechung zu beurteilen. Eine spätere Änderung dieser Rechtsprechung oder eine abweichende Auffassung des Regressrichters sind in der Regel rechtlich unerheblich.

BGH, 28. 09. 2000, Stbg 2001, S. 23

Annahme der Verfassungswidrigkeit von Steuergesetzen?
a) Der StB kann die Verfassungsmäßigkeit der Steuergesetze unterstellen.

b) Daran ändert sich auch nichts, wenn in der Finanzrundschau Bedenken geäußert werden. Diese Fachzeitschrift ist kein „Pflichtblatt" des StB.

LG Frankfurt/Main, 02. 02. 2005, GI 2006, S. 62

Verhalten bei unsicherer Rechtslage und Prognoseentscheidung
Die von einem StB im Rahmen seines Mandats zu erteilenden Hinweise und Belehrungen haben sich an der jeweils aktuellen höchstrichterlichen (finanzgerichtlichen) Rechtsprechung auszurichten. Besteht zu einer konkreten steuerrechtlichen Frage im Beratungszeitraum eine höchstrichterliche Rechtsprechung (noch) nicht, kann von einem StB regelmäßig nicht erwartet werden, dass er die künftige Rechtsprechung bereits im Vorgriff berücksichtigt, auch wenn Entscheidungen zu ähnlichen Fällen vorliegen.

OLG Düsseldorf, 08. 07. 2005, GI 2006, S. 12

Grenzen der Kenntnis anhängiger BFH-Verfahren
Wenn ein StB tatsächlich Kenntnis von einer Entscheidung eines FG hat, in der wegen grundsätzlicher Bedeutung (Spekulationsgewinnbesteuerung) die Revision zugelassen worden ist, muss er gegen Bescheide des FA diesbezüglich Einspruch einlegen. Es stellt aber keine Pflichtverletzung des StB dar, wenn er eine in der Anlage zum BStBl., in der die beim BFH, beim BVerfG und beim EuGH anhängigen Verfahren aufgenommen werden, enthaltene Entscheidung nicht kennt, wenn es aus anderen Erkenntnisquellen keinerlei Anlass gab, an der Verfassungsmäßigkeit einer Norm zu zweifeln.

KG Berlin, 08. 09. 2006, DStRE 2007, S. 453

Keine Haftung des Steuerberaters für verfassungswidrige Steuernormen
Der Steuerberater haftet nicht für die unterlassene Aufklärung des Mandanten bei nachträglich vom Bundesverfassungsgericht festgestellter Verfassungswidrigkeit einer Steuernorm, wenn in der

Rechtsprechung und Fachliteratur keine gewichtigen Gegenstimmen zur Verfassungsmäßigkeit der Norm vorhanden sind.

OLG Karlsruhe, 18. 12. 2006, DStRE 2007, S. 1214

Kennenmüssen von veröffentlichten BFH-Entscheidungen

a) Der Steuerberater muss alle Urteile kennen, die im BStBl. und in der DStR bzw. der DStRE veröffentlicht sind, wobei sich diese Verpflichtung in erster Linie auf BFH-Entscheidungen bezieht.

b) Die Karenzzeit für die Kenntnisnahme einer in den einschlägigen Zeitschriften veröffentlichten Entscheidung beträgt dabei vier bis sechs Wochen ab Veröffentlichung.

OLG Köln, 22. 05. 2007, DStRE 2008, S. 1173

Vertrauen auf die Verfassungsmäßigkeit von Steuernormen

a) Ein Steuerberater hat sich bei der Wahrnehmung eines Mandats grundsätzlich an der höchstrichterlichen Rechtsprechung auszurichten, auf deren Fortbestand er vertrauen darf, es sei denn, es finden sich hinreichend deutliche Anzeichen auf eine bereits absehbare bestimmte Entwicklung der Veränderung dieser Rechtsprechung.

b) Eine Pflicht, die veröffentlichte Instanzrechtsprechung und die Kommentarliteratur sowie das weitere Schrifttum heranzuziehen, besteht grundsätzlich nur in besonders gelagerten Sachverhalten, wobei ein „realistischer Toleranzrahmen" zugebilligt werden muss.

c) Die konkreten Pflichten richten sich nach dem konkret erteilten Mandat und den Umständen des Einzelfalls. In diesem Zusammenhang ist auch die konkrete steuerrechtliche Situation des Mandanten und dessen Einkommens- und Vermögenslage von Bedeutung.

OLG Hamburg, 04. 07. 2007, DStRE 2007, S. 1593

Beratungsumfang bei Vertrauen auf die Verfassungsmäßigkeit von Steuernormen

a) Der StB, der mit der Prüfung eines Steuerbescheides beauftragt ist, muss mit seinem Mandanten die Möglichkeit eines Einspruchs wegen möglicher Verfassungswidrigkeit des anzuwendenden Steuergesetz nicht erörtern, solange keine entsprechende Vorlage eines FG an das BVerfG veröffentlicht ist oder sich ein gleichstarker Hinweis auf die Verfassungswidrigkeit der Besteuerung aus anderen Umständen, insbesondere einer in ähnlichem Zusammenhang ergangenen, im BStBl. veröffentlichten Entscheidung des BVerfG ergibt.

b) Der StB ist im Einzelfall noch nicht verpflichtet, die Möglichkeit eines Einspruchs wegen Verletzung der Erhebungsgleichheit mit seinem Mandanten zu erörtern, wenn weder der Gesetzgeber die vorliegenden Hinweise auf die gleichheitswidrige Besteuerung erkennbar zum Anlass genommen hat, dem Mangel abzuhelfen, noch die Fachkreise hierauf in breit geführter Diskussion reagiert haben.

BGH, 26. 11. 2008, DStR 2009, S. 405

Vertrauen auf Europarechtskonformität von Steuernormen

a) Ein Steuerberater ist nicht verpflichtet, eine Entscheidung eines Finanzgerichts zur Kenntnis zu nehmen, die ein Steuertatbestand wegen Europarechtswidrigkeit nicht anwendet, wenn diese Frage bislang in Rechtsprechung und Literatur nicht diskutiert worden war.

b) Soweit eine Pflicht besteht, eine obergerichtliche Entscheidung zur Kenntnis zu nehmen, ist dem Steuerberater grundsätzlich eine längere Karenzzeit zuzubilligen als im Falle einer höchstrichterlichen Entscheidung.

OLG Stuttgart, 15. 12. 2009, DStR 2010, S. 407

4. Unbefugte Rechtsdienstleistung

Haftung bei Schaden des Organträgers infolge Gewinnabführungsvertrags

Führt der Steuerberater im Rahmen eines Dauermandats einen wegen Verstoßes gegen das Rechtsberatungsgesetz unwirksamen Auftrag durch, haftet er gleichwohl nach vertragsrechtlichen Grundsätzen, wenn ihm bei Erledigung des rechtlich untersagten Geschäfts ein steuerlicher Fehler unterläuft.

BGH, 30. 09. 1999, NJW 2000, S. 69

Pflichten bei allgemeiner Rechtsberatung

Umfasst die vom StB zu erbringende steuerliche Beratung auch zivil- und gesellschaftsrechtliche Aspekte, aufgrund derer dem Mandanten ein Schaden entstehen kann, hat der StB auch diese Fragen zu klären. Wenn er diese nicht überblickt oder Verstöße gegen das RBerG drohen, muss er den Mandanten vorsorglich an einen Rechtsanwalt verweisen.

OLG Köln, 27. 01. 2005, GI 2006, S. 24

Verstoß gegen das Rechtsberatungsgesetz

Verpflichtet sich ein Steuerberater unter Verstoß gegen Art. 1 § 1 RBerG dazu, einen Unternehmenskaufvertrag zu entwerfen, so haftet er für eine Verletzung vertraglicher Pflichten gemäß § 280 BGB nur dann, wenn ihm in Erfüllung des nichtigen Einzelauftrags ein steuerlicher Fehler unterlaufen ist und er seinem Mandanten über den Einzelauftrag hinaus im Rahmen eines steuerlichen Dauermandats rechtswirksam verpflichtet ist.

OLG Saarbrücken, 16. 10. 2007, DStR 2008, S. 475

Verstoß gegen das Rechtsdienstleistungsgesetz

Eine Besorgung fremder Rechtsangelegenheiten, die ohne entsprechende Erlaubnis erbracht wird, ist auch unter der Geltung des Rechtsdienstleistungsgesetzes nicht deswegen gerechtfertigt, weil sich der Handelnde dabei der Hilfe eines Rechtsanwalts bedient.

BGH, 29.07.2009, DB 2009, Heft 39, S. XIV

III. Der Schaden

1. Der Umfang

Ersatzpflicht des Steuerberaters bei Geldbuße gegen Mandanten wegen leichtfertiger Steuerverkürzung

Ein Steuerberater, der es durch einen von ihm erteilten Rat oder durch die von ihm veranlasste unzutreffende Darstellung steuerlich bedeutsamer Vorgänge verschuldet, dass gegen seinen Mandanten wegen leichtfertiger Steuerverkürzung ein Bußgeld verhängt wird, kann verpflichtet sein, jenem den darin bestehenden Vermögensschaden zu ersetzen.

BGH, 14.11.1996, INF 1997, S. 222

Berechnung des Vertrauensschadens wegen unzutreffender Auskunft

a) Erteilt ein Steuerberater eine zum Eintritt eines Schadens führende unrichtige Auskunft, ist der Geschädigte so zu stellen, als habe er auf die Auskunft nicht vertraut. Das schließt es aus, den Auskunftsgeber für das positive Interesse haften zu lassen.

b) Ob eine Vermögensdisposition, die jemand im Vertrauen auf den Rat eines anderen getroffen hat, sich für ihn günstig oder ungünstig ausgewirkt hat, lässt sich nur auf Grund einer Gesamtbetrachtung, nämlich dadurch feststellen, dass die Vermögenslage sich schlechter darstellt, als wenn die Maßnahme gänzlich unterblieben wäre. Die Darlegungs- und Beweislast hierfür liegt bei dem Geschädigten.

BGH, 20.11.1997, DStR 1998, S. 1029

Haftung bei vermeidbarer verdeckter Gewinnausschüttung

Zur Vertragspflicht eines steuerlichen Beraters, den Schaden einer GmbH infolge verdeckter Gewinnausschüttung zu ersetzen, die durch Zuwendung von Geschäftsführergehalt an den Alleingesellschafter entstanden ist.

BGH, 18.12.1997, ZIP 1998, S. 648

Haftung im Rahmen eines Dauermandats

a) Bei einem Unternehmensverkauf muss ein Steuerberater im Rahmen eines Dauermandats auch ungefragt über die steuerlichen Folgen des Verkaufs beraten, allerdings nur zu den ihm bekannten Vorstellungen des Mandanten.

b) Ein geschädigter Mandant muss darlegen, dass sein Gesamtvermögen geschädigt ist, also geringer geworden ist. Die Darlegung einer vorteilhaften Alternative setzt die Darlegung aller Vor- und Nachteile dieser Alternative voraus und nicht nur einzelner Punkte.

OLG Köln, 19.02.1999, Stbg 2000, S. 425

Eingeschränkte Haftung gegenüber Mandanten und Dritten bei Beratung über Gesellschaftsbeteiligung

a) Wer einen anderen allein auf steuerliche Vorteile einer gesellschaftsrechtlichen Beteiligung hinweist, haftet ihm bei einem

Fehler grundsätzlich nur für den ausgebliebenen Steuervorteil und nicht für einen ausgebliebenen Unternehmenserfolg.

b) In den Schutzbereich von (vor-)vertraglichen Pflichten zur richtigen Darstellung der Vorteile und Risiken einer Gesellschaftsbeteiligung werden in der Regel nachträglich auch Dritte einbezogen, sobald der Hinweisgeber erfährt, dass sie in Abstimmung mit dem Erstinteressenten möglicherweise an seiner Stelle in das Anlagevorhaben eintreten werden. Solchen Dritten gegenüber kann der Hinweisgeber auch für Fehler und Versäumnisse aus der Unterrichtung des Erstinteressenten haften, die für die Entschlussbildung der Dritten fortwirken.

BGH, 13. 02. 2003, DStRE 2003, S. 829

Haftung bei Rat zur Aufgabe eines Gewerbebetriebes

Rät der steuerliche Berater dem Mandanten pflichtwidrig zur Aufgabe des Gewerbebetriebes und führt diese zur Aufdeckung stiller Reserven, stellt die hierauf entfallende Einkommensteuer grundsätzlich einen Schaden dar.

BGH, 23. 10. 2003, NJW 2004, S. 444

Haftung des StB für Säumniszuschläge

a) Der Steuerberater verletzt seine Pflichten aus dem Steuerberatervertrag, wenn er es unterlässt, die pünktliche Abgabe der Steuererklärungen mit Rat und Tat zu fördern und den Sachverhalt von sich aus durch Einsichtnahme in Belege oder durch Rückfrage bei dem Mandanten aufzuklären.

b) Hat die Pflichtverletzung des Steuerberaters Steuerschätzungen zur Folge und zahlt der Mandant die geschätzte Steuer nicht pünktlich, besteht ein Kausalzusammenhang zwischen den dann gem. § 240 AO verwirkten Säumniszuschlägen und der Pflichtverletzung des Steuerberaters, wenn keine Anhaltspunkte dafür vorliegen, dass der Mandant in der Vergangenheit jemals außerhalb von Steuerschätzungen Säumniszuschläge verwirkt hat und der Steuerberater von dem Mandanten grundsätzlich beauftragt war, etwaige Säumniszuschläge durch Anträge auf Stundung und Aussetzung der Vollziehung zu vermeiden.

OLG Düsseldorf, 09. 01. 2004, INF 2004, S. 292

Der Schaden

Keine Schadensberechnung durch den verursachenden Steuerberater

Der Mandant kann von seinem Steuerberater nicht verlangen, dass dieser ihm den Steuerschaden berechnet. Für einen Auskunftsanspruch gibt es keine Anspruchsgrundlage.

LG Berlin, 06. 10. 2004, GI 2005, S. 67

Schadensermittlung durch Vergleichsberechnung

Der rechtliche Berater, der seinem Auftraggeber wegen positiver Vertragsverletzung zum Schadensersatz verpflichtet ist, hat diesen durch die Schadensersatzleistung so zu stellen, wie er bei pflichtgemäßem Verhalten des rechtlichen Beraters stünde. Danach muss die tatsächliche Vermögenslage derjenigen gegenübergestellt werden, die sich ohne den Fehler des rechtlichen Beraters ergeben hätte. Das erfordert einen Gesamtvermögensvergleich, der alle von dem haftungsbegründenden Ereignis betroffenen finanziellen Positionen umfasst.

BGH, 20. 01. 2005, DStRE 2005, S. 548

Haftung bei Säumniszuschlägen

Verschuldet ein StB die Erhebung von Säumniszuschlägen, hat er hierfür einzustehen. Die Fälligkeit einmal entstandener Säumniszuschläge wird weder durch eine nachträgliche Berichtigung oder Aufhebung der Steuerfestsetzung noch durch die Gewährung einer neuen Zahlungsfrist berührt. Dies gilt sogar dann, wenn das Finanzamt ohne Aufhebung der Vollziehung der Steuerfestsetzung die Säumniszuschläge nicht einzieht.

OLG Naumburg, 13. 09. 2005, DStRE 2006, S. 446

Kein Honoraranspruch bei unbrauchbarer Leistung

a) In Fällen der Nichtleistung wegen völliger Unbrauchbarkeit einer erbrachten Dienstleistung gleichstehenden Schlechtleistung stellt die zu zahlende Vergütung einen Teil des durch die Schlechterfüllung entstandenen und nach § 280 Abs. 1 BGB zu ersetzenden Schadens dar.

b) Ein Interessenwegfall ist grundsätzlich nur zu bejahen, wenn der Gläubiger die Zwecke, für die die Leistung bestimmt war, als Folge der Unbrauchbarkeit überhaupt nicht mehr verwirklichen kann.

OLG Düsseldorf, 02. 11. 2005, DStRE 2007, S. 589

Kein Schaden bei früherer fehlerhafter begünstigender Ansicht des FA

Durch eine Steuerzahlung entsteht dem Mandanten eines StB ein ersatzfähiger Schaden dann nicht, wenn er keinen Anspruch auf eine Steuerbefreiung hat. Dem steht nicht entgegen, dass die zuständigen Finanzbehörden zeitweise den gegenteiligen Standpunkt eingenommen haben.

BGH, 06. 07. 2006, DStRE 2007, S. 71

Haftung für Kursverluste des Mandanten

Macht der Mandant die Entscheidung über einen Wertpapierverkauf erkennbar davon abhängig, dass entstandene Kursverluste mit Gewinnen verrechnet werden können und erteilt der Steuerberater daraufhin eine rechtlich fehlerhafte Auskunft, die den Mandanten veranlasst, von der Veräußerung abzusehen, so haftet der Berater dem Mandanten grundsätzlich für weitere Kursverluste.

BGH, 18. 01. 2007, DStR 2007, S. 738

Hinweispflicht auf Irrtümer des Finanzamtes und fehlender Schaden bei berechtigter Steuerforderung

a) Der Steuerberater ist verpflichtet, Verwaltungsakte der Finanzbehörden auf Rechtsfehlerfreiheit zu überprüfen, eventuelle Irrtümer aufzudecken und den Mandanten hierüber aufzuklären.

b) Berechtigte Steuernachforderungen stellen grundsätzlich keinen durch den Steuerberater zu ersetzenden Schaden dar, weil die Belastung mit den im Gesetz vorgesehenen Steuern auch bei pflichtgemäßem Handeln angefallen wäre.

c) Macht der Mandant eines Steuerberaters im Falle einer rechtmäßigen Steuernachzahlung geltend, dass dieser Betrag bei pflichtgemäßer Aufklärung in die Preiskalkulation aufgenommen und an die Kunden weitergegeben worden wäre, kann dies einen erstattungsfähigen Schaden begründen, vorausgesetzt, der Geschädigte legt seine Kalkulation offen und legt nachvollziehbar dar, dass auch der höhere Preis am Markt hätte durchgesetzt werden können.

OLG Köln, 08. 03. 2007, DStR 2008, S. 1756

Steuern und Korrekurkosten als Schaden

a) Der Buchführungsauftrag ist auf die fehlerfreie Erfassung und Auswertung von vorhandenen Dateien gerichtet. Das Arbeitsergebnis ist ein Erfolg im Sinne des Werkvertragsrechts.

b) Die Korrekturkosten eines Steuerberaters und die vermeidbare Körperschaftsteuer können als Schaden geltend gemacht werden.

OLG Düsseldorf, 23. 03. 2007, GI 2008, S. 101

Zum Vorteilsausgleich beim Schadensersatzanspruch gegen einen Steuerberater

Hat der Mandant aufgrund einer schuldhaften Pflichtverletzung des steuerlichen Beraters aus Erlösanteilen, die er ansonsten an Dritte hätte auszahlen müssen, zu Unrecht Umsatzsteuer entrichtet, ist ihm insoweit nur dann ein Schaden entstanden, wenn er darlegt und beweist, dass der Dritte ihn deswegen auf Schadensersatz in Anspruch nimmt.

BGH, 17. 01. 2008, DStR 2008, S. 1611

Schaden bei Beratung zur unzulässigen Sacheinlage und Beginn der Verjährungsfrist

Empfiehlt der rechtliche Berater einem Gesellschafter zur Durchführung einer Kapitalerhöhung bei einer GmbH den verbotenen Weg einer verdeckten Sacheinlage, bemisst sich der Schadensersatzanspruch des Gesellschafters, falls die von ihm und der Gesellschaft im Zuge des verdeckten Geschäfts erbrachten Zahlungen bereicherungsrechtlich zu saldieren sind, nach der Höhe des von ihm verdeckt eingebrachten Sachwertes. Hat der Berater seinen Mandanten zur Vornahme einer verdeckten Sacheinlage veranlasst, beginnt die Verjährungsfrist wegen Falschberatung erst zu laufen, wenn die Gesellschaft die fortbestehende Bareinlageverpflichtung geltend macht.

BGH, 19. 05. 2009, NWB 2009, S. 2225

Kein Schmerzensgeld im Regressverfahren

Die Schlechterfüllung eines Anwaltsvertrages, der nicht den Schutz der Rechtsgüter des § 253 Abs. 2 BGB zum Gegenstandswert hat, begründet in der Regel keinen Schmerzensgeldanspruch.

BGH, 09. 07. 2009, DStR 2009, S. 2274

2. Das Nachbesserungsrecht

Haftung bei Beraterwechsel

Der Erstberater haftet dem Mandanten nur auf Schadensersatz, wenn ihn dieser eindeutig in Verzug setzt, ihm mit Leistungsverweigerung oder Ersatzvornahme droht und ihm die Gelegenheit zur Nachbesserung innerhalb einer angemessenen Frist gibt, bevor der Zweitbearbeiter eingeschaltet wird.

LG Darmstadt, 07. 08. 1997, Stbg 1998, S. 566

Gelegenheit zur Nachbesserung für Altberater

a) Der Mandant muss dem Steuerberater zunächst die Möglichkeit der Nachbesserung der behaupteten Fehlleistungen geben.

b) Die Fristsetzung ist entbehrlich, wenn die Nachbesserung verweigert wurde.

c) Handelt es sich bei dem Mandant ausnahmsweise um einen Werkvertrag und wird Kostenerstattung gemäß § 633 Abs. 3 BGB verlangt, muss Verzug des Steuerberaters eingetreten sein.

OLG Düsseldorf, 09. 01. 2001, GI 2001, S. 72

Kein Nachbesserungsrecht nach Kündigung des Auftrags

Der Steuerberater hat jedenfalls dann kein Nachbesserungsrecht hinsichtlich einer Einzelleistung mit werkvertraglichem Charakter, wenn sein Auftraggeber das Mandat bereits beendet hatte und der Fehler erst von einem neu beauftragten Steuerberater entdeckt worden ist.

BGH, 11. 05. 2006, DStR 2006, S. 1247

IV. Die Kausalität

Haftungsausfüllende Kausalität bei rechtsgestaltender Steuerberatung

Die Regeln des Anscheinsbeweises sind zur Feststellung des Ursachenzusammenhangs zwischen fehlerhafter oder unzureichender Beratung eines Steuerberaters und dem in der Steuerbelastung des Mandanten liegenden Schaden dann nicht anwendbar, wenn unter wirtschaftlichen Gesichtspunkten verschiedene Entscheidungen ernsthaft in Betracht kommen und die Aufgabe des Beraters ledig-

lich darin besteht, dem Mandanten durch die erforderlichen fachlichen Informationen eine sachgerechte Entscheidung zu ermöglichen.
BGH, 10. 12. 1998, BB 1999, S. 287

Beweismaß für Ursächlichkeit der Pflichtwidrigkeit
Weist ein Steuerberater pflichtwidrig seinen Mandanten nicht auf die Folgen hin, die sich aus dem umsatzsteuerfreien Verkauf eines Grundstückes auf den Vorsteuerabzug ergeben, gelten für den von dem Mandanten zu führenden Nachweis der Ursächlichkeit der Pflichtverletzung für den geltend gemachten Schaden herabgesetzte Beweismaßanforderungen: Für die richterliche Überzeugung reicht eine überwiegende, auf gesicherter Grundlage beruhende Wahrscheinlichkeit des Ursachenzusammenhangs, auch soweit es um hypothetische Verhaltensweisen des Mandanten bei ordnungsgemäßer Beratung geht.
BGH, 30. 03. 2000, DStR 2000, S. 889

Umfang der Steuerberaterhaftung und Kausalität
a) Ist der Steuerberater nur mit der Erstellung der Bilanz sowie der Gewinn- und Verlustrechnung beauftragt, ist er grundsätzlich nicht zur Prüfung der Buchführung verpflichtet. Er kann auf die Richtigkeit und Vollständigkeit der Unterlagen und Auskünfte vertrauen, solange er keinen Anlass zu zweifeln hat bzw. ihm Fehler nicht erkennbar sind.
b) Liegen aus dem Rahmen fallende Besonderheiten vor oder erscheint das Zahlenwerk nicht plausibel, hat er die Buchführung stichprobenartig zu prüfen.
c) Die Kausalität fehlt, wenn der Schaden auch bei der Erstellung korrekter Bilanzen entstanden wäre, insbesondere, wenn in diesem Fall wegen Überschuldung Insolvenzantrag zu stellen gewesen wäre. Dabei kommt es nicht auf die Üblichkeit in einer Branche an, sondern auf die objektive Rechtslage.
d) Stehen Aufwendungen durch einen Nachfolgeberater im Zusammenhang mit einer ganz konkret drohenden Schädigung durch Kreditgefährdung, können diese einen ersatzpflichtigen Schaden darstellen.
OLG Thüringen, 01. 03. 2005, INF 2006, S. 372

Keine Unterbrechung der Kausalität durch Fehler des Nachfolgeberaters

Fehler des nach Mandatsende beauftragten neuen Steuerberaters schließen nicht aus, die Schadensfolge dem mit der Sache erstbefassten Steuerberater weiterhin zuzurechnen, weil dieser die Kausalkette in Gang gesetzt hat. Greifen weitere Personen in ein schadensträchtiges Geschehen ein, entlasten sie damit regelmäßig nicht den Erstschädiger, sondern unterliegen zum Schutz des Geschädigten gegebenenfalls einer geringeren zusätzlichen Haftung. Steuerberater, die nacheinander in derselben Steuersache demselben Auftraggeber durch den gleichen Fehler Schaden zugefügt haben, haften diesem grundsätzlich als Gesamtschuldner.

OLG Koblenz, 08. 08. 2005, DStRE 2007, S. 1365

V. Verschulden des Steuerberaters und Mitverschulden des Mandanten

Eingeschränkte Überprüfungspflicht von Mandantenangaben

Ein Steuerberater muss nicht gegen den Willen seines Mandanten, oder über den Auftrag hinaus eigenständig Ermittlungen über steuerlich erhebliche Umstände anstellen. Er darf sich – vor allem bei langjähriger Betreuung – darauf verlassen, dass die Zahlenangaben des Steuerpflichtigen nicht bewusst manipuliert wurden. Plausibilitätskontrollen reichen auch und gerade in diesem Zusammenhang aus.

OLG München, 13. 04. 1995, BB 1996, S. 898

Mitverschulden des Mandanten durch Unterzeichnung der Steuererklärung

a) Der Steuerberater haftet aus schuldhafter Verletzung des Steuerberatervertrags, wenn er vorwerfbar fehlerhaft bei der Ermittlung der Einkünfte vorgeht und sein Mandant deshalb zu hohe Steuern zahlen muss.

b) Den Mandanten trifft ein Mitverschulden, wenn er die Steuererklärung ohne nähere Nachprüfung der darin enthaltenen Einkommensangaben unterzeichnet hat.

c) Der Steuerberater kann sich nicht mit Erfolg auf die Verjährung des (Primär-)Anspruchs berufen, wenn er, wozu er verpflichtet ist, den Mandanten nicht auf die Möglichkeit einer eigenen Regresshaftung und die dafür geltende kurze Verjährungsfrist hingewiesen hat.

d) Den Steuerberater trifft die Darlegungs- und Beweislast dafür, dass es dem Mandanten möglich gewesen wäre, eine Korrektur des Steuerbescheids auch nach Ablauf der Einspruchsfrist zu erreichen.

OLG Hamm, 21.03.1997, GI 1999, S. 25

Umfang der Informationspflicht des Mandanten

a) Der Steuerberater darf darauf vertrauen, dass der Mandant ihn über steuerlich möglicherweise erhebliche Sachverhalte unmissverständlich informiert.

b) Die kommentarlose Übergabe von Belegen an Buchhaltungskräfte genügt nicht zur Information. Hier werden keine über die Verbuchung hinausgehenden steuerlichen Fragen angestoßen (hier: der Mandant hatte sein Haus in 4 ETW's aufgeteilt und diese veräußert).

c) Der Steuerberater muss sich auch nicht durch regelmäßige Überwachungsmaßnahmen bei den Buchhaltungsmitarbeitern die Kenntnis von steuerrelevanten Vorgängen verschaffen.

OLG Braunschweig, 03. 09. 2001, GI 2002, S. 97

Haftung bei Mitkenntnis des Mandanten

Ein Mandant kann sich auf die Auskunft seines StB auch dann verlassen, wenn er selbst die Möglichkeit hatte, auf steuerrechtliche Informationsquellen zurückzugreifen. Insbesondere besteht für den Mandanten nicht die Pflicht, eine von ihm abonnierte Informationsschrift unmittelbar nach dem Erhalt nachzusortieren, um stets auf dem neuesten steuerrechtlichen Stand zu sein.

OLG Düsseldorf, 18. 08. 2006, INF 2006, S. 801

VI. Haftung ohne Vertrag

Haftung aller Sozien für deliktisch handelnden Scheinsozius

a) Für das deliktische Handeln eines Scheinsozius haftet die Rechtsanwaltssozietät entsprechend § 31 BGB.

b) Haftet eine Rechtsanwaltssozietät für das deliktische Handeln eines Scheinsozius, müssen auch die einzelnen Sozien mit ihrem Privatvermögen dafür einstehen.
BGH, 03. 05. 2007, GI 2008, S. 153

Keine Rechtsdienstleistung bei Subventionsberatung
Die Beratung über Fördermittel der öffentlichen Hand ist keine Besorgung fremder Rechtsangelegenheiten i.S.v. Art. 1 § 1 RBerG.
BGH, 21. 02. 2005, NJW 2005, S. 2458

Verstoß gegen das Rechtsberatungsgesetz
Verpflichtet sich ein Steuerberater unter Verstoß gegen Art. 1 § 1 RBerG dazu, einen Unternehmenskaufvertrag zu entwerfen, so haftet er für eine Verletzung vertraglicher Pflichten gemäß § 280 BGB nur dann, wenn ihm in Erfüllung des nichtigen Einzelauftrags ein steuerlicher Fehler unterlaufen ist und er seinem Mandanten über den Einzelauftrag hinaus im Rahmen eines steuerlichen Dauermandats rechtswirksam verpflichtet ist.
OLG Saarbrücken, 16. 10. 2007, DStR 2008, S. 475

Rechtsberatung über Fehler des Vorberaters?
Wird dem Steuerberater nach Beendigung des Mandats des Vorberaters der Auftrag erteilt, numehr an dessen Stelle für die Folgejahre die (gewerbe-)steuerliche Beratung durchzuführen, ist er ohne besondere Mandatserteilung nicht verpflichtet, den Mandanten auf etwaige Schadensersatzansprüche gegenüber dem Vorberater wegen einer fehlerhaften (gewerbe-)steuerlichen Beratung in den Vorjahren hinzuweisen.
LG Köln, 12. 03. 2009, n. rkr., DStR 2009, S. 1451

VII. Die Verjährung
1. Beginn und Lauf des Verjährungszeitraums
Verjährung des Regressanspruchs
Die Verjährung eines Regressanspruchs gegen den Steuerberater wird nicht dadurch gehindert, dass dieser für seinen Auftraggeber Einspruch gegen den Steuerbescheid einlegt.
BGH, 29. 02. 1996, NJW 1996, S. 1895

Die Verjährung

Einheitliche Verjährungsfrist

Für einen Anspruch und Ersatz eines Steuerschadens einschließlich aller weiteren adäquat verursachten, voraussehbaren und zurechenbaren Nachteilen aus ein und derselben Pflichtverletzung eines steuerlichen Beraters läuft eine einheitliche Verjährungsfrist, die mit der Entstehung des ersten Teilschadens in Gang gesetzt wird.

BGH, 18. 12. 1997, NJW 1998, S. 1488

Verjährungsbeginn

Begründet ein steuerlicher Berater weder einen Einspruch gegen einen belastenden Steuerbescheid, der nicht auf einer Pflichtverletzung des Beraters beruht, noch eine nachfolgende Anfechtungsklage, so beginnt die Verjährung eines vertraglichen Schadensersatzanspruchs mit der Bekanntgabe der Einspruchsentscheidung.

BGH, 12. 02. 1998, DStR 1998, S. 3

Verjährung von Schadensersatzansprüchen

a) Schadensersatzansprüche gegen den Steuerberater entstehen im Zeitpunkt der Bekanntgabe des negativen Steuerbescheids an den Mandanten.

b) Der Anspruch aus Sekundärhaftung entfällt jedenfalls dann, wenn der Mandant sich im Hinblick auf die Pflichtverletzung anwaltlicher Hilfe bedient.

c) Verlangt die Finanzbehörde im Zusammenhang mit einem Steuerstrafverfahren mit Erfolg vom Steuerberater die Herausgabe von Unterlagen eines Steuerpflichtigen, so kann dieser vom Steuerberater nicht die Kosten des gegen ihn durchgeführten Steuerstrafverfahrens als Schadensersatz mit der Begründung verlangen, dass der Steuerberater die Unterlagen ohne Not herausgegeben habe.

OLG Koblenz, 10. 06. 1999, DStRE 2000, S. 331

Verjährung von Regressansprüchen wegen Falschberatung

Die Verjährung eines vertraglichen Schadenersatzanspruchs beginnt, wenn der Schaden dem Grunde nach entstanden ist, ohne dass die konkrete Höhe festzustehen braucht.

BGH, 23. 06. 2005, INF 2005, S. 771

Verjährung bei fehlerhaften Selbstveranlagung

Besteht der Schaden des Auftraggebers in vermeidbaren Umsatzsteuern infolge fehlerhafter Selbstveranlagung, beginnt die Verjährung des Ersatzanspruchs gegen den mitwirkenden Steuerberater mit der Einreichung der Steueranmeldung beim Finanzamt.

BGH, 14. 07. 2005, INF 2005, S. 682

Beginn der Verjährungsfrist bei Fristversäumnis

Die Verjährungsfrist für einen Schadensersatzanspruch gegen einen StB beginnt auch dann frühestens mit dem Zugang eines dem Mandanten nachteiligen Steuerbescheides, wenn der StB in einer Steuersache eine Ausschlussfrist versäumt hat.

BGH, 03. 11. 2005, DStR 2006, S. 443

Verjährung bei Versäumen der Einspruchsfrist

a) Die Verjährung beginnt auch dann mit Eingang des belastenden Steuerbescheides, wenn der StB es als weitere Pflichtverletzung versäumt, gegen diesen Bescheid Einspruch einzulegen.

b) Bis zum 15. 12. 2004 ist für den Beginn der Verjährungsfrist gemäß Artikel 229 EGBGB auf § 68 StBerG a. F. abzustellen.

OLG Hamm, 24. 05. 2006, INF 2006, S. 563

Verjährungsbeginn bei falscher Auskunft zur Investitionszulage

Geht ein Steuerberater pflichtwidrig davon aus, dass für ein Bauvorhaben eine Investitionszulage gewährt wird, bestimmt sich der Verjährungsbeginn nach § 68 StBerG für einen gegen ihn erhobenen Schadensersatzanspruch nach dem Zeitpunkt, in dem der Mandant im Vertrauen auf die unzutreffende Auskunft erstmalig eine vermeintlich förderfähige Bauleistung in Auftrag gegeben hat.

OLG Dresden, 19. 07. 2007, DStRE 2008, S. 135

Gesonderte Verjährung für mehrere Beratungsfehler

Lässt sich ein Schadensersatzanspruch auf mehrere Beratungsfehler stützen, beginnt die kenntnisabhängige Verjährungsfrist für jeden Beratungsfehler gesondert zu laufen.

BGH, 09. 11. 2007, BRAK-Mitt. 2008, S. 59

Verjährung bei Fehlberatung

Hängt eine zivilrechtliche Vertragsgestaltung nach dem Willen des Mandanten von dem voraussichtlichen Ergebnis eines oder mehrerer Besteuerungsverfahren ab und erteilt der steuerliche Berater hierzu eine unrichtige Auskunft, so beginnt die Verjährung eines auf diese Pflichtverletzung gestützten Schadensersatzanspruches mit der Bekanntgabe des ersten nachteiligen Steuerbescheides, nicht schon mit dem Vertragsabschluss.

BGH, 13. 12. 2007, DStRE 2008, S. 788

Beginn der Verjährung bei falscher Auskunft

Beruht der Schadensersatzanspruch des Mandanten auf falscher Auskunft des Steuerberaters über die Höhe der nach einer Betriebsprüfung gesondert und einheitlich festzustellenden Gewinne, so beginnt der Lauf der Verjährung mit der ersten Bekanntgabe des hierauf ergehenden Feststellungsbescheides, ohne dass es darauf ankommt, ob dieser Bescheid gleichzeitig oder später auch dem geschädigten Mandanten bekannt gegeben wird.

BGH, 10. 01. 2008, DStR 2008, S. 943

Verjährungsbeginn bei aus anderen Gründen fehlerhaften und objektiv zu niedrigem Steuerbescheid

Ein Steuerschaden entsteht, wenn ohne Berücksichtigung steuermindernder Betriebsausgaben eine Steuerfestsetzung erfolgt. Das gilt auch, wenn der Steuerbescheid auch Fehler des Finanzamtes zugunsten des Steuerpflichtigen enthält, so dass eine geringere Steuer ausgewiesen wird, als dies materiell-rechtlich geboten gewesen wäre.

KG Berlin, 31. 01. 2008, GI 2009, S. 99

Beginn der Regressverjährung nach neuem Recht

Die für den Verjährungsbeginn nach § 199 Abs. 1 Nr. 2 BGB erforderliche Kenntnis oder grob fahrlässige Unkenntnis von den anspruchsbegründenden Umständen und der Person des Schuldners setzt grundsätzlich keine zutreffende rechtliche Würdigung voraus. Das gilt auch für Bereicherungsansprüche nach den §§ 812ff

BGB (hier: Rückforderung der vertraglichen Vergütung wegen Verstoßes gegen das Rechtsberatungsgesetz).
BGH, 19. 03. 2008, BRAK-Mitt. 2008, S. 114

Beginn der Verjährung bei durch fehlerhafte Beratung entstandene Säumniszuschläge

Beruht der Schadensersatzanspruch des Mandanten auf einer fehlerhaften Beratung hinsichtlich des Entstehens von Säumniszuschlägen, so beginnt der Lauf der Verjährung nicht mit der Verwirkung des Säumniszuschlages, sondern erst dann, wenn die Finanzbehörde den Zuschlag – etwa durch Mahnung oder Ankündigung einer Vollstreckung – einfordert.
BGH, 05. 03. 2009, DStR 2009, S. 1330

2. Hemmung der Verjährung

Hemmungstatbestand „Verhandeln" und Verjährung

Für den – weit auszulegenden – Begriff des Verhandelns genügt jeder Meinungsaustausch über den Schadensfall zwischen dem Berechtigten und Verpflichteten, sofern nicht sofort und eindeutig jeder Ersatz abgelehnt wird. Es genügt, dass der Verpflichtete Erklärungen abgibt, die den Geschädigten zu der Annahme berechtigen, der Verpflichtete lasse sich auf Erörterungen über die Berechtigung von Schadensersatzansprüchen ein. Nicht erforderlich ist, dass dabei eine Bereitschaft zum Entgegenkommen signalisiert wird. Die bloße Anmeldung von Ansprüchen durch den Berechtigten ist noch kein Verhandeln. Die Hemmung der Verjährung endet dadurch, dass der eine oder andere verhandelnde Teil die Fortsetzung der Verhandlung durch klares und eindeutiges Verhalten verweigert.
OLG Düsseldorf, 21. 10. 2005, GI 2006, S. 192

„Verhandeln" als Hemmungstatbestand

Der Ablauf der Verjährung wird durch Verhandeln gehemmt, wenn ein Meinungsaustausch über den Schadensfall zwischen dem Steuerberater und dem geschädigten Mandanten stattfindet. Die Verhandlungen müssen vor Ablauf der Primärverjährung aufgenommen werden. Schreiben des geschädigten Mandanten begründen keine Verhandlung, wenn der Steuerberater bzw. seine Versicherung Schadensersatzansprüche kategorisch ablehnen.

OLG Düsseldorf, 03. 07. 2006, GI 2007, S. 54

Wirksames Anerkenntnis durch Berufshaftpflichtversicherung im Regressverfahren

a) Der Haftpflichtversicherer wird von § 5 Nr. 7 AHB uneingeschränkt zu Verhandlungen mit dem Geschädigten bevollmächtigt und tritt in der Regel dem Geschädigten auch als Vertreter des Schädigers gegenüber.

b) Erkennt der Versicherer unter diesen Voraussetzungen den Haftpflichtanspruch des Geschädigten gemäß § 208 BGB a. F. an, wird die Verjährung auch zu Lasten des versicherten Schädigers unterbrochen, und zwar auch insoweit, als der Versicherer wegen eines Selbstbehaltes oder Überschreitung der Deckungssumme den Schaden nicht selbst reguliert.

BGH, 11. 10. 2006, Stbg 2007, S. 136

Anforderungen an das „Verhandeln" als Hemmungstatbestand

a) Die Fortführung des Mandates genügt nicht allein, um ein „Verhandeln" i.S.d. Hemmungstatbestandes nach § 203 BGB anzunehmen.

b) Dies gilt jedenfalls dann auch bei weiterer Durchführung des Rechtsmittelverfahrens wegen der zur Haftung führenden steuerlichen Frage, wenn der StB einen Pflichtverstoß nachdrücklich zurückgewiesen hat.

OLG Koblenz, 22. 04. 2008, GI 2009, S. 96

Information der BHV kein „Verhandeln"

Allein die Ankündigung, den Haftpflichtversicherer zu informieren, kann nicht als Schweben von Verhandlungen i.S.d § 203 BGB angesehen werden, wenn der in Anspruch Genommene seine Haftpflichtversicherung von dem möglichen Regressfall tatsächlich informiert hat.

OLG Frankfurt/Main, 15. 08. 2008, GI 2009, S. 168

3. Die „alte" Primär- und Sekundärverjährung

Sekundärhaftung des Steuerberaters

a) Die grundsätzliche Verpflichtung eines Steuerberaters, wie ein Rechtsanwalt seinen Mandanten vor Ablauf der ersten Verjährungsfrist auf die Möglichkeit seiner Haftung hinzuweisen, setzt die Kenntnis des Steuerberaters von der Pflichtverletzung voraus.

b) Eine Sekundärhaftung kommt nicht in Betracht, wenn der Mandant rechtzeitig vor Ablauf der Verjährungsfrist in einem anderen Beratungsverhältnis stand, das die Haftungsfrage mit einschloss, oder auf anderem Wege über den Schadensersatzanspruch und dessen Verjährung Kenntnis erhielt.

c) Die Pflicht des Steuerberaters, den Mandanten bei fortbestehendem Vertragsverhältnis auf die durch seinen Fehler eingetretene Schädigung und die kurze Verjährung nach § 68 StBerG hinzuweisen, entfällt nicht allein deshalb, weil noch vor Ablauf der Verjährungsfrist ein Rechtsanwalt beauftragt worden ist, das mit den Fehlern des Steuerberaters zusammenhängende finanzgerichtliche Verfahren zu führen. Die Hinweispflicht erübrigt sich nur dann, wenn feststeht, dass der Rechtsanwalt den Mandanten über den möglichen Regessanspruch und dessen Verjährung rechtzeitig unterrichtet hat.

OLG Düsseldorf, 12. 09. 1996, Stbg 1998, S. 80

Sekundäranspruch und Belehrungspflicht

a) Die mit Schadenentstehung in Gang gesetzte Verjährung läuft ohne Rücksicht auf die fehlende Kenntnis des Mandanten über die Pflichtverletzung, seinen Schaden und dessen Urheber.

b) Der Steuerberater ist wie der Rechtsanwalt verpflichtet, den Mandanten vor Ablauf der Verjährungsfrist auf den Fehler in seinen Arbeiten hinzuweisen. Es muss begründete Anhaltspunkte geben, die einen Fehler mit Schadenfolge für den Mandanten wahrscheinlich machen.

c) Die versäumte Information des Mandanten versagt dem Steuerberater die Verjährungseinrede nur, wenn der Verjährungseintritt auf der Verletzung der Belehrungspflicht beruht.

d) Die Sekundärhaftung entfällt, wenn der Mandant vor Ablauf der Verjährungsfrist z.B. in einem anderen Beratungsverhältnis

stand, das die Haftungsfrage einschloss. Es genügt die Mandatsübertragung auf einen Rechtsbeistand/Steuerberater.
OLG Düsseldorf, 13. 02. 1997, GI 1998, S. 124

Keine Belehrungspflicht über Fehler in den eigenen Arbeiten bei Wirtschaftsprüfern

a) Der Nur-Wirtschaftsprüfer unterliegt der Verjährungsfrist des § 51 a WPO, wenn er aus einer Bilanzerstellung in Regress genommen wird.

b) Die Verjährung beginnt mit Bekanntgabe des schädigenden Steuerbescheides.

c) Die Sekundärhaftung gilt im Bereich der Wirschaftsprüferhaftung nicht.

OLG Düsseldorf, 16. 12. 1999, GI 2000, S. 270

Wegfall des verjährungsrechtlichen Sekundäranspruchs bei Prüfung des Regressanspruches durch einen Rechtsanwalt

Zum Wegfall des verjährungsrechtlichen Sekundäranspruchs, wenn der geschädigte Mandant rechtzeitig vor Eintritt der Primärverjährung einen Rechtsanwalt mit der Prüfung des Regressanspruchs beauftragt.

BGH, 14. 12. 2000, NJW 2001, S. 826

Sekundärhaftung trotz rechtsanwaltlichen Hinweis

Belehrt der nicht wegen der Regressfrage beauftragte Rechtsanwalt den Mandanten darüber, es komme ein Regressanspruch gegen den zuvor beauftragten StB in Betracht, nicht aber über die kurze Verjährungsfrist, besteht insoweit die Sekundärhinweispflicht des StB fort.

BGH, 13. 04. 2006, DStRE 2007, S. 174

Kein Sekundäranspruch bei fehlerhafter Erläuterung

Der Sekundäranspruch setzt eine neue schuldhafte Pflichtverletzung des StB voraus. Eine fehlerhafte Erklärungspraxis bietet nicht ohne Weiteres Anlass für eine Belehrung über die Haftung.

BGH, 17. 07. 2008, DStR 2009, S. 134

Übergangsrecht gilt auch für Sekundäranspruch
Bestimmt sich bei einer einem Rechtsanwalt unterlaufenen Fehlberatung die Verjährung des Primäranspruchs auf der Grundlage des maßgeblichen Übergangsrechtes nach § 51b BRAO, so gilt die auch für den Sekundäranspruch.
BGH, 13. 11. 2008, NJW 2009, S. 1350

Sekundärhaftung aufgrund neuer Pflichtverletzung
Der Sekundäranspruch setzt eine neue schuldhafte Pflichtverletzung des Steuerberaters voraus. Allgemeine Anhaltspunkte bieten keinen Anlass für eine Belehrung über die Haftung.
BGH, 14. 05. 2009, DStR 2009, S. 1602

VIII. Haftung und Strafrecht

Ersatzpflicht des Steuerberaters bei Geldbuße gegen Mandanten wegen leichtfertiger Steuerverkürzung

Ein Steuerberater, der es durch einen von ihm erteilten Rat oder durch die von ihm veranlasste unzutreffende Darstellung steuerlich bedeutsamer Vorgänge verschuldet, dass gegen seinen Mandanten wegen leichtfertiger Steuerverkürzung ein Bußgeld verhängt wird, kann verpflichtet sein, jenem den darin bestehenden Vermögensschaden zu ersetzen.
BGH, 14. 11. 1996, INF 1997, S. 222

Haftung bei Steuerhinterziehung des Mandanten

a) Der Steuerberater hat den Mandanten davor zu bewahren, sich durch Überschreitung des zulässigen Rahmens der strafrechtlichen Verfolgung auszusetzen.

b) Die Belehrungspflicht endet, wenn der Mandant sich über die Rechtswidrigkeit seines Handelns klar ist.

c) Ein rechtskräftiger Strafbefehl kann ebenso wie ein Strafurteil im Rahmen der Tatsachenfeststellung verwertet werden.

d) Die Zustimmungsverweigerung zur Beiziehung der Strafakten ist vom Zivilgericht gemäß § 286 ZPO frei zu würdigen.
LG Hamburg, 04. 01. 2005, GI 2005, S. 194

Fehlerhafte Vertretung bei Einstellung eines Steuerstrafverfahrens nach § 153 a StPO

a) Einen Schaden wegen der zu hohen Auflagensumme zur Einstellung eines Ermittlungsverfahrens (§ 153 a StPO) hat der Steuerberater verursacht, wenn die Entscheidung der Finanzverwaltung durch seine fehlerhafte Vertretung im Steuerstrafverfahren zustande gekommen ist.

b) Der Mandant muss jedoch darlegen und beweisen, welche entlastenden Umstände der Berater hätte vortragen müssen, damit die Entscheidung der Behörde günstiger ausgefallen wäre. Nur dann darf das Gericht den angemessenen Betrag nach § 287 ZPO schätzen.

c) Da es sich bei der Frage, in welcher Höhe eine Auflage nach § 153 a StPO festzusetzen ist, um die Einstellung des Steuerstrafverfahrens zu ermöglichen, um eine Ermessensentscheidung des Finanzamtes handelt, kommt es allein auf die Feststellung der mutmaßlichen Behördenentscheidung an, also ob und in welcher Höhe das Finanzamt die Auflage festgesetzt hätte, wenn der Berater die nach Ansicht des Steuerpflichtigen entlastenden Umstände geltend gemacht hätte.

KG, 31. 01. 2008, NWB, 2009, S. 1978

Keine Haftung für Steuerunehrlichkeit

Ein Steuerberater haftet gegenüber seinem Mandanten nicht für Steuernachforderungen, die auf einem fehlenden Hinweis auf die sog. Steueramnestie 2004/2005 nach dem Strafbefreiungserklärungsgesetz (StraBEG) beruhen. Es erscheint unbillig, den Steuerunehrlichen durch Gewährung von Schadensersatzansprüchen zu privilegieren, obwohl dieser die gesetzlichen Voraussetzungen des StraBEG nicht erfüllt. Die Vermutung eines aufklärungsrichtigen Verhaltens, die sonst in Fällen einer Verletzung von Aufklärungspflichten gilt, kann hier dem Steuerunehrlichen nicht zugute kommen.

LG München I, 04. 02. 2008, DStR 2008, S. 1802

Keine Haftung für leichtfertige Steuerverkürzung des Mandanten

§ 378 Abs. 1 AO ist nicht einschlägig, wenn der Steuerberater die Steuererklärung seines Mandanten lediglich vorbereitet und diese vom Steuerpflichtigen unterzeichnet und eingereicht wird, weil es an eigenen Angaben des StB gegenüber dem FA fehlt.

OLG Zweibrücken, 23. 10. 2008, wistra 2009, S. 127

Haftung des StB wegen Nichtabgabe einer Erklärung nach StraBEG und Kausalität bei beratungsresistentem Verhalten des Mandanten

a) Eine Pflichtverletzung des Steuerberaters ist sowohl darin zu sehen, dass er – ohne valide Kenntnis vom Gesamtvermögen seines Mandanten – den Hinweis auf eine möglicherweise durch das FA erfolgende Schätzung seines Vermögens und auf dieser Grundlage ergehende Vermögensteuerbescheide unterlässt, als auch darin, dass er dem FA Erträge aus Kapitalanlagen in der Schweiz im Wege der Selbstanzeige nach § 371 AO offenbart und nicht die strafbefreiende Erklärung nach § 1 Abs. 1 StraBEG wählt, was die erfolgte Festsetzung von Vermögensteuer vermieden hätte.

b) Die Pflichtverletzung des Steuerberaters führt aber nicht zu einem kausalen Schaden, wenn sich aus dem nachträglichen Verhalten des Mandanten Anhaltspunkte dafür ergeben, dass er sich bei pflichtgemäßem Verhalten des Steuerberaters nicht beratungskonform verhalten hätte, weil er den Erfolg der Anfechtung der Vermögensteuerbescheide durch unterlassene Angaben zu seinem Vermögen vereitelt hat.

OLG Celle, 11. 02. 2009, DStR 2009, S. 1171

Steuerstrafverfahren bei Verletzung steuerlicher Berichtigungspflichten

a) Eine steuerrechtliche Anzeige- und Berichtigungspflicht nach § 153 I 1 Nr. 1 AO besteht auch dann, wenn der Steuerpflichtige die Unrichtigkeit seiner Angaben bei Abgabe der Steuererklärung nicht gekannt, aber billigend in Kauf genommen hat und er später zu der sicheren Erkenntnis gelangt ist, dass die Angaben unrichtig sind.

b) Die sich aus § 153 AO ergebende steuerrechtliche Pflicht zur Berichtigung von mit bedingtem Hinterziehungsvorsatz abgegebenen Erklärungen wird strafrechtlich erst mit der Bekanntgabe der Einleitung eines Steuerstrafverfahrens suspendiert, das die

unrichtigen Angaben erfasst (im Anschl. an BGH NJW 2001, 3638).
BGH, 17. 03. 2009, NJW 2009, S. 1984

IX. Der Haftungsprozess

Haftungsgrund des Haftpflichtprozesses gilt auch für Deckungsprozess

Wird der Versicherungsnehmer einer Haftpflichtversicherung (hier: Vermögensschadenshaftpflichtversicherung für Rechtsanwälte) im Haftpflichtprozess zum Schadensersatz wegen positiver Vertragsverletzung verurteilt, so ist das Gericht im Deckungsprozess zwischen dem Versicherungsnehmer und dem Haftpflichtversicherer daran gebunden und kann seiner Entscheidung keinen anderen Haftungsgrund zu Grunde legen.
BGH, 28. 09. 2005, DStR 2006, S. 158

Umfang der Beweiserhebungspflicht des Regressgerichtes

Hängt die Frage, ob der Mandant durch fehlerhafte Beratung einen Schaden erlitten hat, allein davon ab, wie sich ein Dritter bei richtiger Beratung verhalten hätte, so verletzt der Richter das Grundrecht auf rechtliches Gehör, wenn er den als Zeugen benannten Dritten nicht vernimmt, obwohl keine anderen gleichwertigen Beweismittel zur Verfügung stehen.
BGH, 07. 12. 2006, DStRE 2007, S. 518

Entscheidungsgrundlage des Regressrichters bei Ermessen des Finanzamts

a) Ist der Steuerberater verpflichtet, den Mandanten auf die Möglichkeit einer verbindlichen Auskunft des Finanzamtes hinzuweisen, hat er jenem doch die Entscheidung, ob er einen solchen Antrag stellen will, zu überlassen (im Anschluss an BGH, Urt. v. 08. 02. 2007 – IX ZR 188/05, WM 2007, 903, 904).

b) Kommt es darauf an, ob das zuständige Finanzamt eine von ihm erbetene verbindliche Auskunft erteilt hätte, hat das Regressgericht zu prüfen, wie das Finanzamt sein Ermessen ausgeübt hätte. Hinsichtlich der Frage, welchen Inhalt die verbindliche

Auskunft gehabt hätte, ist demgegenüber entscheidend, wie das Regressgericht die objektive Rechtslage beurteilt.
BGH, 15. 11. 2007, BRAK-Mitt. 2008, S. 57

Kein Anscheinsbeweis bei mehreren objektiv gleich vernünftigen Verhaltensmöglichkeiten
Macht der Mandant geltend, er hätte bei sachgerechter steuerlicher Beratung die nachteiligen Folgen einer Betriebsaufspaltung vermieden, indem er wesentliche Teile des Betriebsvermögens auf seine Ehefrau übertragen hätte, muss er dies gemäß § 287 ZPO beweisen. Die Erleichterung eines Anscheinsbeweises kommt ihm nicht zugute.
BGH, 20. 03. 2008, DStR 2008, S. 1306

Prüfung des hypothetischen Prozessausganges durch Regressgericht
Im Regressprozess gegen den Rechtsanwalt ist auch dann darauf abzustellen, wie das erkennende Gericht des Ausgangsprozesses bei pflichtgemäßem Handeln des Anwalts richtigerweise zu entscheiden gehabt hätte, wenn feststeht, dass es anders entschieden hätte.
OLG Karlsruhe, 15 .07. 2008, GI 2009, S. 125

Kein Anscheinsbeweis bei fehlendem „typischen Geschehensablauf"
Die Entscheidung darüber, ob und wann ein Grundstück verkauft werden soll, hängt von so vielen unterschiedlichen Faktoren ab, dass sich jede abstrakte Festlegung (nur) eines typischen Geschehensablaufs und damit der Beweis des ersten Anscheins verbietet.
BGH, 05. 02. 2009, DStR 2009, S. 1284

Bedeutung der Finanzgerichtsentscheidung für das Regressgericht
Das Regressgericht muss die jeweils geltende Rechtslage unter Einbeziehung der von der höchstrichterlichen Rechtsprechung herausgearbeiteten Regeln und Grundsätze bestimmen. Wenn die im Ausgangsverfahren getroffene Entscheidung der Kontrolle einer anderen Gerichtsbarkeit als der Ziviljustiz untersteht, hat das Regressgericht bei der Beurteilung rechtlicher Streitfragen der jeweiligen höchstrichterlichen Rechtsprechung der Fachgerichts-

barkeit zu folgen, weil ihr bei der Rechtsfindung eine überragend wichtige praktische Bedeutung zukommt.
BGH, 05. 03. 2009, BRAK-Mitt. 2009, S. 170

X. Die Haftpflichtversicherung

Berufshaftpflichtversicherung bei nicht ausgeübter Berufstätigkeit

Ein bestellter Steuerberater oder Steuerbevollmächtigter muss auch dann eine Berufshaftpflichtversicherung nach § 67 StBerG abschließen, wenn er keine Berufstätigkeit ausübt.
BGH, 16. 05. 2000, INF 2000, S. 607

Haftungsgrund des Haftpflichtprozesses gilt auch für Deckungsprozess

Wird der Versicherungsnehmer einer Haftpflichtversicherung (hier: Vermögensschadenshaftpflichtversicherung für Rechtsanwälte) im Haftpflichtprozess zum Schadensersatz wegen positiver Vertragsverletzung verurteilt, so ist das Gericht im Deckungsprozess zwischen dem Versicherungsnehmer und dem Haftpflichtversicherer daran gebunden und kann seiner Entscheidung keinen anderen Haftungsgrund zu Grunde legen.
BGH, 28. 09. 2005, DStR 2006, S. 158

Wirksames Anerkenntnis durch Berufshaftpflichtversicherung im Regressverfahren

a) Der Haftpflichtversicherer wird von § 5 Nr. 7 AHB uneingeschränkt zu Verhandlungen mit dem Geschädigten bevollmächtigt und tritt in der Regel dem Geschädigten auch als Vertreter des Schädigers gegenüber.

b) Erkennt der Versicherer unter diesen Voraussetzungen den Haftpflichtanspruch des Geschädigten gemäß § 208 BGB a. F. an, wird die Verjährung auch zu Lasten des versicherten Schädigers unterbrochen, und zwar auch insoweit, als der Versicherer wegen eines Selbstbehaltes oder Überschreitung der Deckungssumme den Schaden nicht selbst reguliert.
BGH, 11. 10. 2006, Stbg 2007, S. 136

Prämienzahlung seitens des Arbeitgebers für angestellten StB kein Arbeitslohn

a) Die Übernahme der Prämie für die Berufshaftpflichtversicherung durch den Arbeitgeber bei angestellten Rechtsanwälten stellt Arbeitslohn dar.

b) Der angestellte RA erfüllt damit seine eigene Pflicht zum Abschluss einer BHV (vgl. § 51 BRAO).

BFH, 26. 07. 2007, BStBl. 2007 II, S. 892

Anm.: Dies gilt wegen der Begrenzung der Pflicht zur Unterhalten einer BHV nur bei selbständig tätigen StB, nicht für angestellte StB (vgl. § 67 StBerG i.V.m. § 51 Abs. 3 DVStB).

Senator der Finanzen Berlin, Kurzanweisung vom 07. 07. 2009, NWB 2009, S. 2307; BMF v. 25. 08. 2009, NWB 2009, S. 2875

Eintrittspflicht der BHV trotz Obliegenheitspflichtverletzung des StB

a) Ein Verstoß des Versicherungsnehmers/Steuerberaters gegen das Anerkenntnisverbot berechtigt den Vermögensschaden-Haftpflichtversicherer nicht, sich gegenüber dem Geschädigten auf die Obliegenheitsverletzung zu berufen (§ 158 c, 158 e VVG).

b) Soweit er auch ohne die Obliegenheitsverletzung leistungspflichtig geworden wäre, muss er seiner versicherungsvertraglichen Regulierungspflicht nachkommen.

OLG Köln, 21. 08. 2007, GI 2008, S. 92

G. Anlagen

1. Steuerberatervertrag (Auszug insbesondere in Bezug auf eine Haftungsbegrenzung)

Steuerberatervertrag

zwischen

Mandant: ...

und

Berater: ...

*(jeweils genaue Adressen/Telefon/Telefax/
E-Mail-Adresse/Mobilfunknummer)*

**I.
Auftragsumfang**

*– bitte genau bezeichnen;
vgl. auch Anlage 2 „Mandatsbestätigung" –*

**II.
Pflichten und Rechte des Mandanten**

Der Mandant hat dem Berater sämtliche zur Erfüllung des Auftrages notwendigen Informationen und Unterlagen rechtzeitig zur Verfügung zu stellen, so dass dem Berater eine angemessene Bearbeitungszeit zur Verfügung steht. Er hat notwendige Erklärungen, wie insbesondere auch Vollständigkeitserklärungen, rechtzeitig und umgehend nach Aufforderung abzugeben.

**III.
Dauer und Kündigung des Vertrages**

Der Vertrag ist von beiden Seiten jederzeit ohne Einhaltung einer Frist kündbar. Die Kündigung bedarf der Schriftform.

**IV.
Haftung**

1. Der Berater haftet für eigenes Verschulden und für Verschulden seiner Erfüllungsgehilfen, es sei denn, dass im Einzelfall die Haftung durch besondere Vereinbarung ausgeschlossen oder begrenzt wird.
2. Die Haftung des Beraters für einen fahrlässig verursachten Schaden

(Alternativen:)

a) wird auf einen Betrag von 1.000.000,00 € beschränkt, oder
b) richtet sich in Bezug auf den betreuenden Sozietätspartner nach der als Anlage beigefügten gesonderten Vereinbarung,
(siehe Anlage 4 „Haftungsbegrenzungsvereinbarung auf den handelnden Sozius")
c) wird so geregelt, dass eine mandatsbezogene Berufshaftpflichtversicherung im Einzelfall abgeschlossen wird, deren Deckungssumme mindestens ... Millionen Euro betragen muss und deren Kosten der Mandant trägt.

V.
Weitere Vereinbarungen

...

Ort, Datum

Unterschriften von Mandant und Steuerberater

Anmerkungen zum Muster 1:

Natürlich muss ein vollständiger Vordruck, insbesondere zu beziehen über den DWS-Verlag, den Absprachen mit dem Mandanten zugrunde gelegt werden. Vorsicht: Muster müssen **wirklich** *auf die konkrete individuelle Situation angepasst werden.*

2. Mandatsbestätigung

Neuer Mandant

...

Unser Gespräch vom gestrigen Tage

Sehr geehrte/r Frau/Herr ...,

gerne nehmen wir Bezug auf unser ausführliches und interessantes Gespräch vom gestrigen Tage in unserer Kanzlei. Sie haben uns beauftragt, für

a) (Firma)

b) (persönlich Geschäftsführer)

c) (persönlich Gesellschafter)

d) ...

die umfassende steuerliche Betreuung zu übernehmen. Zunächst einmal dürfen wir uns ganz herzlich für die Beauftragung bedanken.

Im Einzelnen werden wir folgende Tätigkeiten für Sie ausüben:

1. Finanzbuchhaltung für die ... GmbH
2. Lohnbuchhaltung für die ... GmbH
3. Finanzbuchhaltung für die Einzelfirma ...
4. sämtliche Jahresabschlussarbeiten für die vorbezeichneten Firmen
5. die betrieblichen Steuererklärungen wie folgt:
   - Umsatzsteuererklärung einschließlich Umsatzsteuervoranmeldung
   - Gewerbesteuererklärung
   - Körperschaftsteuererklärung
6. persönliche Einkommensteuererklärung der ...

Insofern sollen wir auch sämtliche notwendigen Begleitmaßnahmen wie Fristverlängerungsanträge, Stundungsanträge oder ähnliches durchführen. Zu unserem Auftragsumfang soll auch die exakte Überprüfung eingehender Steuerbescheide gehören.

Diesbezüglich dürfen wir auch unsere Vollmachtsurkunden in der **Anlage** beifügen, mit der wir uns gegenüber der Finanzverwaltung als Ihr Zustellungsbevollmächtigter bestellen können. Wir bitten höflichst um Rücksendung nach Unterschriftsleistung (zweifach).

Wir dürfen darauf hinweisen, dass wir in unserem Hause schon zu einer sachgerechten Betreuung entsprechend Vorsorge getroffen haben:

So wird Frau Müller (Telefondurchwahl: ...) für Ihre Mitarbeiter im Bereich der Finanzbuchhaltung und Frau Meier (Telefondurchwahl: ...) im Bereich der Lohnbuchhaltung mit sämtlichen Nebenfragen jederzeit für Sie und Ihre Mitarbeiter ansprechbar sein. Die steuerliche Betreuung werde ich selbst im Wesentlichen übernehmen; Sie können aber jederzeit auch unseren Mitarbeiter Herrn Steuerberater/Wirtschaftsprüfer Dipl.-Kfm. Schulze (Telefondurchwahl: ...) auf Fragen ansprechen.

Wir hatten abgestimmt, dass wir regelmäßig auch das wirtschaftliche Ergebnis Ihrer Firma gemeinsam durchsprechen werden insbesondere mit der Zielsetzung, Verbesserungen für die Zukunft anzuregen und durchzuführen. Diese Gespräche werden neben Herrn StB/WP Dipl.-Kfm. Schulze von dem Unterzeichner selbst durchgeführt werden.

Damit hoffen wir, Ihnen entsprechende Ansprechpartner in unserem Hause, die erfolgreich mit Ihren Mitarbeitern zusammenarbeiten werden, benannt zu haben.

Hinsichtlich der Honorargestaltung hatten wir angemerkt, dass wir uns grundsätzlich nach der amtlich vorgegebenen Steuerberatergebührenverordnung ausrichten. Diese sieht sehr dezidiert in jedem Betreuungsbereich angemessene Gebühren, gerade auch im Interesse der Mandanten, vor. Naturgemäß ist es ohne Kenntnis des zeitlichen Aufwandes und der Einzelheiten am Anfang noch nicht möglich, einen exakten Betrag festzusetzen. Wir hatten insofern abgestimmt, dass in den ersten Monaten insbesondere für die Bereiche der Finanzbuchhaltung und Lohnbuchhaltung ein monatlicher Abschlag in Höhe von 600,00 € zzgl. Mehrwertsteuer bezahlt wird.

Der Unterzeichner persönlich wird zudem nach ca. einem halben Jahr und sodann nach der Erkenntnis über den ungefähren Umfang sämtlicher Arbeiten mit Ihnen ein persönliches Gespräch führen und sodann aufzeigen, wie die Honorargestaltung in der Zukunft voraussichtlich sein wird.

Letztlich dürfen wir noch einmal darauf hinweisen, dass wir in unserem Hause – wie gestern angemerkt – Allgemeine Auftragsbedingungen für Steuerberater und Steuerberatungsgesellschaften, Wirtschaftsprüfer und Wirtschaftsprüfungsgesellschaften, vorgeschlagen von dem Deutschen Steuerberaterverband (oder IDW), verwenden. Ein Exemplar dürfen wir noch einmal in der **Anlage** beilegen.

Sollten Rückfragen bestehen, können meine Mitarbeiter und der Unterzeichner jederzeit angesprochen werden.

Wir freuen uns auf eine langjährige positive Zusammenarbeit und wollen auch an dieser Stelle nicht versäumen, Ihnen persönlich und Ihrem Unternehmen viel Erfolg zu wünschen.

Mit freundlichen Grüßen

...

(Steuerberater)

Anmerkungen zum Muster 2:

Wichtig ist, dass bei Vertragsabschluss die Geltung allgemeiner Geschäftsbedingungen mit Haftungsbegrenzung angesprochen und vereinbart wurde; um sicherzustellen, dass der Mandant ein Exemplar erhalten hat, sollte dieses durch das vorstehende Musterschreiben noch einmal an den Mandanten übersandt werden. Durch Angabe von Telefondurchwahlnummern von Mitarbeitern und mittels der Bitte, die Vollmachtsurkunde nach Unterzeichnung zurückzuleiten, kann nachgewiesen werden, dass der Mandant bei Auftragserteilung schon die AGB erhalten hat.

Selbstverständlich stellt dieses Musterschreiben nur einen unverbindlichen Entwurf dar, der auf die Einzelsituation in dem konkreten Auftragsverhältnis anzupassen ist.

3. Haftungsbegrenzungsvereinbarung in der Höhe

Haftungsbeschränkungsvereinbarung

zwischen

Mandant: ...

und

Steuerberater: ...

(jeweils genaue Adressen angeben und indizieren, so mehrere Firmen und/oder Personen Vertragspartner werden)

1. Der Steuerberater wurde vom Mandanten für die Besorgung der nachfolgenden Angelegenheiten beauftragt ...

Im Hinblick auf die Gefahren aus der Beratung haben die Parteien vereinbart, dass eine Haftungsbeschränkung für den Steuerberater erfolgen soll. Der Steuerberater hat eine Vermögensschadenhaftpflicht über ein Volumen von ... Euro (mindestens 250.000,00 €) abgeschlossen. Da der Mandant eine Einzelversicherung für dieses Risiko auf seine Kosten nicht wünscht, wird hiermit eine Haftungsbeschränkung auf den Betrag der Vermögensschadenhaftpflichtversicherung von ... Euro vereinbart.

Über die Risiken und den Umfang der Haftungsbeschränkung wurde durch den Steuerberater im Einzelnen belehrt.

Somit ist die Haftung des Steuerberaters für etwaige Berufsversehen für den Einzelfall auf ... Euro beschränkt, soweit die Haftung nicht auf Vorsatz beruht.

Die Haftungsbeschränkung umfasst auch die Haftung für Erfüllungsgehilfen. Der Mandant wird dafür Sorge tragen, dass die Haftungsbegrenzung bei Vorlage von Arbeitsergebnissen, Testaten u. ä. bei Dritten, wie insbesondere Kreditinstituten, zur Kenntnis gebracht wird.

Ort, Datum

Unterschriften Mandant/Steuerberater

Anmerkungen zum Muster 3:

Vorsicht ist bei der Verwendung dieses Musters dann geboten, wenn dieses vorher von dem Steuerberater (vor-)gefertigt wurde. Da es sich um eine individuelle Haftungsbeschränkungsvereinbarung handelt, muss diese im Einzelnen ausgehandelt worden sein und darf erst nach Verhandlung gemeinsam mit dem Mandanten erstellt werden!

4. Haftungsbegrenzungsvereinbarung auf den handelnden Sozius

**Vereinbarung
über
eine persönliche Haftungsbeschränkung
zwischen
Mandant: ...
und
der Steuerberatersozietät ..., vertreten durch StB ...**

wird vereinbart, dass die Haftung für berufliche Verstöße auf den das Auftragsverhältnis betreuenden Steuerberater ... beschränkt wird.

Ort, Datum

Unterschriften Mandant/Vertreter der Steuerberatersozietät

Anmerkungen zum Muster 4:

Fraglich bleibt naturgemäß, inwieweit diese Haftungsbeschränkung auf den betreuenden Steuerberater auch dann wirksam ist, wenn beispielsweise während Urlaubs- oder Krankheitsabwesenheitszeiten auch ein anderer Berufsträger in dem Mandat tätig wird. Insofern ist möglichst darauf zu achten, dass nur ein anderer Steuerberater die Vertretung übernimmt und dieser ggf. schon bei der Vereinbarung der persönlichen Haftungsbeschränkung namentlich in der Haftungsbeschränkung – dann einschließlich des „ersatzweise" betreuenden Steuerberaters innerhalb der Steuerberatersozietät – mit aufgenommen wird.

Anlage 5

5. Vorformulierte Vertragsbedingungen (AGB) für Steuerberater (Auszug)

§ ... Haftung

1. Der Steuerberater haftet für eigenes sowie für das Schulden seiner Erfüllungsgehilfen.
2. Allerdings wird der Anspruch des Mandanten gegen den Steuerberater auf Ersatz eines nach Absatz 1 fahrlässig verursachten Schadens auf 1.000.000,00 € (in Worten: eine Million Euro) begrenzt.
3. Wird im Einzelfall hiervon abgewichen und insbesondere die Haftung auf einen geringeren als den in Absatz 2 genannten Betrag begrenzt, bedarf es einer individuellen schriftlichen Vereinbarung, die gesondert zu erstellen ist und dem Mandanten zusammen mit diesen allgemeinen Vertragsbedingungen bei Vertragsabschluss auszuhändigen ist.
4. Soweit ein Schadensersatzanspruch des Mandanten kraft Gesetzes nicht einer kürzeren Verjährungsfrist unterliegt, verjährt er in drei Jahren zum Jahresende von dem Zeitpunkt an, in dem der Anspruch entstanden ist und der Mandant hiervon Kenntnis erlangt hat.

Anmerkungen zum Muster 5:

Entsprechende ausführliche AGB's oder allgemeine Vertragsbedingungen können in entsprechenden Fachverlagen, wie insbesondere dem DWS-Verlag bezogen werden.

Üblicherweise lautet die Klausel für die Haftungsbeschränkung gemäß § 67a Abs. 1 Nr. 2 StBerG wie vorstehend, wobei davon ausgegangen wird, dass der Steuerberater nicht persönlich höher als für eine Million Euro versichert ist; sollte dies der Fall sein, wäre der tatsächlich durch Versicherung abgedeckte (höhere) Betrag einzusetzen.

Sicherzustellen ist, dass der Mandant die AGB bei Vertragsbegründung erhält (vgl. hierzu auch Muster 2)!

6. Ermittlung der notwendigen Berufshaftpflichtversicherungssumme

Ermittlung der Deckungssummen-Spitzen

		Steueraufkommen	
	Steuerart	größtes Mandat	weitere große Mandate
	Einkommen-/ Körperschaftsteuer	EUR	EUR
1	Risikoanteil: 50 %	EUR	EUR
+	Gewerbesteuer	EUR	EUR
2	Risikoanteil: 20 %	EUR	EUR
+	Umsatzsteuer	EUR	EUR
3	Risikoanteil: 20 %	EUR	EUR
	= Risikovolumen insgesamt	EUR	EUR
Risikovolumen x Faktor Zeit, z.B. BP-Intervall 5 Jahre, Vertragsbindungsdauer			
	= Spitzenrisiko insgesamt	EUR	EUR

Anmerkungen zu Muster 6:

Die angemessene Absicherung durch die BHV sollte – gerade bei „wachsenden" Kanzleien – jährlich geprüft werden, um nachteilige Überraschungen im Regressfalle zu vermeiden. Kritisch ist des Weiteren zu prüfen, ob aufgrund von Besonderheiten bspw. bei Großaufträgen oder betriebswirtschaftlicher Beratung nicht ergänzend eine Einzelversicherung für das Mandat abgeschlossen werden muss.

7. Aufbau eines Antrages auf „Wiedereinsetzung in den vorigen Stand"

Wiedereinsetzung in den vorigen Stand:
1. Anweisung des Steuerberaters
2. Erfahrung der Angestellten
3. Fristenkalender
4. Erstmalige Eigenmacht

Anmerkung:

Zu jedem einzelnen Punkt ist ausführlich darzulegen; denken Sie an die kurze Frist (nach Kenntnis von der Fristversäumung) von zwei Wochen! Nach einem Jahr ist kein Wiedereinsetzungsantrag mehr möglich Das probate Beweismittel (insbes. des/der Mitarbeiters/-in) ist die „eidesstattliche Erklärung".

Stichwortverzeichnis

A
Abschreibung 65
Abwehr 157
Adäquanztheorie 71
AGB 37, 263
Allgemeiner Vertreter 33
Alternativverhalten 72
Altersvorsorge 45
Altgläubiger 117
Altsozius 29
Änderungsbescheid 84
Anerkenntnis 89, 157
Angestellte
 s. unter „Mitarbeiter"
Anlageberatung 35, 69
Anscheinshaftung 33
Anspruch 96
Anstiftung 104, 146
Anweisung 47, 158
Anzeigeobliegenheit 157
Arbeitnehmer- und Arbeitgeber-
 anteile 135
Arbeitsergebnis 51
Arbeitsüberlastung 38
Auffanggesellschaft 145
Aufklärung 40
Aufsicht
 s. unter „Berufsüberwachung"
Aufsichtsrat 56
Auskunft 63
– stillschweigender Vertrags-
 abschluss 59
– telefonische A. 43, 59
– unentgeltliche A. 44, 53
– verbindliche A. 46, 53
Auskunftspflicht 161, 158
Auskunftsverweigerungsrecht 54
Auslandsbezug 149, 154
Auslegungsfragen 38, 46
Ausschlussfrist 77
Außenprüfung
 s. unter „Betriebsprüfung"
Außensozius
 s. unter „Scheinsozius"
Auswahl der Mitarbeiter 48
Auszubildende 49
AVB 150

B
Bank
 s. unter „Kreditinstitut"
Bankrott 126, 128
Bargeschäft 130
Beendigung der Berufstätigkeit
 153
Beendigung des Mandates
 s. unter „Mandant", „Vertrag"
Begrenzung der Haftung 90
Beihilfe 104, 130, 131, 146
Beirat 56
Beitragsvorenthaltung 127, 135
Belehrungspflicht 85
Beratung 98
Beratungs- und Belehrungs-
 pflicht 38, 39, 43, 214
Beratungsfehler, mehrere 87
Beratungskonformes Verhalten 68
Beratungsresistenz 69, 105
Berufsanfänger 92, 153
Berufsaufsicht
 s. unter „Berufsüberwachung"
Berufsgeheimnis 54;
 s. unter „Verschwiegenheits-
 pflicht"

Berufsgericht 101, 163
Berufshaftpflichtversicherung 23, 43, 89, 149, 150, 253
Berufspflichtverletzung 99, 162
Berufsüberwachung 38, 100, 162
Bescheinigung 63
Bestandskraft 83
Bestellung 153
Betriebsgeheimnis 54
Betriebswirtschaftliche Beratung 57
Betrug 127, 138
Beweislast 41, 72, 97
Beweislastumkehr 22
Beweismittel 98
Bilanz 34, 65, 94, 113, 130, 140, 154
BOStB 30, 149, 150
Buchführungsdelikt 104, 127
Buchhaltung 61, 84, 105, 129, 143
Bürogemeinschaft 32
Büroorganisation 49, 62, 223

C

c.i.c. 35, 77

D

Darlegungs- und Beweislast 97
Dauermandat 26
Dauerverstoß 152
Deckungsprozess 160
Delikt 23
Deliktisches Handeln 77
Dienstvertrag 25, 64
Direktanspruch 32
Disziplinärer Überhang 99
Dritthaftung
  s. unter „Vertrag mit Schutzwirkung"
Duldungshaftung 33

Durchgriffshaftung 32
DVStB 149

E

Ehepartner 34, 72
Eidesstattliche Versicherung 124
Eigenkapitalausstattung 106
Eigenverantwortlichkeit 37, 47, 52, 100
Einrede der Verjährung
  s. unter „Verjährung"
Einspruch 65, 84, 88
Einzelkanzlei 28
E-Mail 49
Entbindung von Verschwiegenheitspflicht 55
Erbrecht 42, 142
Erfüllungsgehilfe 28, 48, 154, 210
Ermittlungsverfahren 124
Eröffnungsgrund 112
Europarecht 22, 54, 154
Eventualvorsatz
  s. unter „Vorsatz"
Existenzgründungsberatung 57

F

Fahrlässigkeit 73, 155
Faktischer Geschäftsführer 56, 121, 145
Feststellungsklage 96
Finanzamt 40, 46, 48, 52, 83, 98, 119
- verbindliche Auskunft
  s. unter „Auskunft"
Finanzgericht 40, 41, 47, 52, 98, 164
Firmenwert 114
Folgeprämie 156, 162
Folgeschaden 69

Förderungsmöglichkeit 84
Fortbildung 48, 52, 225
Fortführungsprognose 112, 115
Freiwillige Leistung Dritter 67
Frist 49, 62
- Ablauf 50, 60, 74
- Kalender 48
- Versäumnis 155
Fristlose Kündigung 60, 73, 144

G
Garantenstellung 73, 144
Garantiehaftung 32
GbR s. unter „Sozietät/Bürogemeinschaft"
Gebühr 55, 61, 70;
s. unter „Honorar"
- bei Rechtsdienstleistung 43, 142
- Einsatz bei Regressanspruch 158
Gefahr im Verzug 47
Gefälligkeitsberatung 44
Gesamtschuldnerschaft 29, 68
Gesamtvermögensvergleich 66
Geschäftsbesorgungsvertrag 25, 37
Geschäftsführer 31, 56, 121, 137, 145
Geschäftspapier 33
Gesellschafterdarlehen 115
Gesellschafterversammlung 35, 56
Gesellschaftsvertrag 42
Gesetzesänderung 22, 46
Gewerblichkeit 155
Gewinn- und Verlustrechnung 140

Gewissenhaftigkeit 36, 37, 48, 100, 153
Gläubiger 124
Gläubigerbegünstigung 127, 130, 139
GmbH 58
„Good-will"
s. unter „Unternehmenswert"
Gutachten 34, 36, 56

H
Haftpflichtprozess 22, 96, 251
Haftpflichtversicherung s. unter „Berufshaftpflichtversicherung"
Haftung
- Ausschluss 90, 143
- für hinzugezogene Berufsträger 28, 92
- für Mitarbeiter 73
- Gesamtschuldnerschaft 29
- Rückwirkung 29
Haftungsbeschränkung 22, 90, 91, 260, 262
- auf Sozietät 92, 262
- durch AGB 91, 92, 93, 263
- für deliktische Haftung 103, 248
- gegenüber Dritten 36
- individuelle H. 91, 95, 260
- ohne Vertrag 76, 239
- Partnerschaft 31, 93
Haftungsfall
s. unter „Regress"
Haftungsmasse 117
Haftungsprozess
s. unter „Regress"
Haftungsrisiko 21, 34, 79
Handakte 40, 48, 49, 51, 61
Handelsbücher 129, 143

Hemmung der Verjährung
  s. unter „Verjährung"
Hilfeleistung 38
Höchstpersönlichkeit 26
Höchstrichterliche Entscheidung 47
Honoraranspruch 42, 55, 61, 70, 104, 131, 142
Hypothetischer Kausalverlauf 72

I
Informationspflicht
– des Beraters 47
– des Mandanten 39, 68, 74
Insolvenz 61, 89, 106
– Antragspflicht 116
– Beratung 141
– Eröffnung 60, 124
– Gericht 124
– Masse 115
– Ursachen 106
– Verschleppung 116
Insolvenzbegleitendes Delikt 127, 132
Insolvenzverwalter 56, 57, 61, 154
Investition 67
Investitionszulage 84

J
Jahresabschluss 39
Jahreshöchstleistung 151

K
Kanzleiorganisation
  s. unter „Büroorganisation"
Kanzleischild 30
Kapitalanlageberatung 45, 69
Kapitalbeschaffung 114
Kassenbuch 39

Kausalität 22, 71, 236
– haftungsausfüllende 71
– haftungsbegründende 71
Kenntnis 79, 85
Kirchensteuer 45
Klage
– Finanzgericht 40, 52, 83, 98, 119
– Regressverfahren 96, 251
Kommanditgesellschaft 35
Kontrahierungszwang 27
Krankheit 49
Kreditaufnahme 67, 118
Kreditbetrug 127, 140
Kreditgeber 72
Kreditgefährdung 78
Kreditinstitut 35, 57, 61, 63, 67, 94, 109, 138, 140
Krise 22, 107, 139, 140, 141, 143
Kündigung
– BHV 160
– Mandatsverhältnis
  s. unter „Mandant" und „Vertrag"
Kursverlust 69

L
Leichtfertige Steuerverkürzung 68, 105, 127
Leichtfertigkeit 127, 129
Leistungsfreiheit 158
Leistungsklage 96
Lieferantenrechung 138
Liquiditätsstatus 110, 111
Lohnarbeiten 45
Lohnsteuerklasse 44

M
Mahnbescheid 89, 109

Stichwortverzeichnis

Mandat
- Beendigung 47, 60, 64, 86, 106
- Belehrung 44
- Betreuung 37, 38
- Erweiterung 46
- Informationspflicht 39
- Kündigung 60
- Niederlegung 105, 144
- Übernahme 21, 257
- Unterlagen 61
- Unterrichtung 47
- Vertrag 255, 257

Mandantenrundschreiben 40, 141
Mängelbeseitigung 26
Massekosten 115
Masseschmälerung 119
Masseverbindlichkeit 60, 115
Minderungspflicht 158
Mindestversicherungssumme 151, 161
Missbilligende Belehrung 101
Mitarbeiter 28, 34, 44, 62, 94, 104, 150, 153, 210
- angestellter M. 28, 49
- Anleitung 48
- Auswahl 48
- Auszubildender 49
- freier M. 28, 49, 150, 153, 210
- Personalakte 55
- unerlaubte Handlung 73, 78

Mittäter 104, 145
Mittelverwendungskontrolle 35
Mitverschulden 39, 74, 98, 238
Mustervertrag 141

N

Nachberater 76
Nachbesserung 64, 236

Nachzahlung 134
Nebenkosten 69
Nebenleistung 141
Negatives Interesse 63, 77
Neugläubiger 117
Neusozius 29
Nichtleistung 42
Niederlassung 153
Niederlegung des Mandates 105, 144

O

Obliegenheit 158
Offenlegung 39
„Ommisio libera in causa" 136
Ordnungsgeld 39
Organ der Steuerrechtspflege 21
Originärtätigkeit 55, 80

P

Partnerschaftsgesellschaft 30
Personal
  s. unter „Mitarbeiter"
Pflichten 37, 214
Pflichtverletzung 62, 78
Pflichtversicherung 23, 149
Prämie 156
Praxisabwickler 33, 155
Praxisschild 33
Praxistreuhänder 33, 155
Primärverjährung
  s. unter „Verjährung"
Privatbereich 44
Prognose 41
Prospekthaftung 35, 58, 69
Provision 70
Prozessführung 58
Prozesskostenhilfe 27

R

Rangrücktritt 115
Ratingberatung 58
Rechtsanwalt 29, 42, 56, 70, 75, 116, 138, 149, 153, 161
- Hinzuziehung durch StB 41, 96, 141
Rechtsbehelf 75
Rechtsbelehrungspflicht 98
Rechtsberatung 41, 78, 141, 229
Rechtsdienstleistung 41, 43, 58, 77, 140, 155, 229
Rechtsmittel 41
Rechtsprechung 39, 52
Rechtsschutzbedürfnis 98
Regress 22, 96, 251
Restschaden 28
Rückregress 28
Rückwärtsversicherung 156, 162
Rüge 100

S

Sachbearbeitung 46, 62
Sacheinlage 87
Sanierungsberatung 57, 142
Sanierungsversuch 117, 118, 121
Säumniszuschlag 69, 87, 133
Schaden 63, 75, 230
- Anzeige 156
- Berechnung 64, 230
- immaterieller S. 69
- Minderungspflicht des Mandanten 75
- Umfang 64, 230
- Zeitpunkt der Entstehung 87
Schätzungsbescheid 75
Scheinsozius 30, 208
Schmerzensgeld 69
Schuldnerbegünstigung 127
Schutzgesetz 78
Sekundärverjährung
 s. unter „Verjährung"
Selbständigkeit 149
Selbstanzeige 68, 105, 134
Selbstbeteiligung 151, 159, 161
Serienschaden 152
Sicherheitsleistung 61
„Sicherster Weg" 46, 62
Sicherungsübereignung 146
Sittenwidrigkeit 78
Sorgfaltspflicht 21, 62, 73
Sozialversicherung 45, 87, 110, 125
Sozietät 29
- Abgrenzung zur Bürogemeinschaft 32
- gemischte S. 29, 88
- Haftungsumfang 92
- interprofessionelle S. 29
Sozius 208
- Altsozius 29
- Neusozius 29
- Scheinsozius 30, 208
Steueranmeldung 134
Steuerberaterkammer 23, 88, 99, 100, 105, 153, 156, 160, 162
Steuerberatungsgesellschaft 31
Steuerberatungsvertrag 25, 207, 255
Steuerbescheid 83, 87, 88, 133
Steuerbilanz
 s. unter „Bilanz"
Steuererklärung 75, 84, 105, 144
Steuerersparnis 40
Steuerhinterziehung 68, 103, 127, 132
Steuernachforderung 65
Steuerordnungswidrigkeit 68, 105

Steuerrückzahlung 67
Steuerschätzung 65
Steuerstraftat 68
Steuerverkürzung 105, 127
Stille Reserven 66, 113
StraBEG 68
Strafanzeige 124
Straftatbestand 103, 143, 248
Streitbeilegung 157
Subunternehmer 28
Subventionsberatung 58
Syndikus-StB 92

T
Täter 103, 133
Tätigkeit, vereinbare 55, 80
Teilklage 97
Teilnehmer 146
Telefax 50
Testamentsvollstrecker 42, 56, 154
Testat 34, 63, 94
Treuhandvertrag 56, 146, 154
Typengemischter Vertrag 26

U
Überschuldung 108, 111, 117
Überschuldungsbilanz 112, 121
Überwachungspflicht 48, 75
Umsatzsteuer 133
Unabhängigkeit 36, 37, 47, 52
Unerlaubte Handlung 28, 77
Unterkapitalisierung 107
Unterlagen 61
Unternehmensbeteiligung 83
Unternehmensgründung 141
Unternehmensnachfolge-
 beratung 57, 58, 142
Unternehmenswert 113
Unterrichtung 46, 62

Urkundenfälschung 127
Ursächlichkeit
 s. unter „Kausalität"

V
Verbindliche Auskunft 46, 53
Verbindlichkeiten 115
Verdeckte Gewinnausschüttung 65
Vereidigter Buchprüfer 29, 56
Vereinbare Tätigkeiten 55, 80
Verfahrenshandlung 47
Verfassungswidrigkeit 46
Verhandeln 88, 157
Verjährung 26, 79, 159, 240
– Abkürzung der Frist 88, 94
– Anerkenntnis 89
– Beginn 79
– Dauer 86, 240
– Einrede 88
– Hemmung 88, 159, 244
– neues Recht 21, 79
– Primärverjährung 80, 82, 246
– Sekundärverjährung 80, 82, 83, 246
– Übergangszeit 80, 81
Vermittlung 88
Vermögensberatung 45, 57, 58
Vermögensdisposition 83
Vermögensnachfolgeberatung 142
Verrichtungsgehilfe 48, 154
Verschulden 73, 238
– bei Vertragsabschluss
 s. unter „c.i.c."
Verschwiegenheitspflicht 37, 48, 54, 62, 100, 105
Versicherung 150, 264
– AVB 150
– Beendigung 160

- Deckungsprozess 160
- Deckungszusage 155
- Gebühreneinsatz 158
- Höchstleistung 151
- Leistungsfreiheit 158
- Mindestversicherung 151, 161
- Obliegenheitspflicht 158
- Prämie 156, 162
- Rückwärtsversicherung 156, 162
- Schadensfall 156
- Schutzumfang 151, 154
- Selbstbehalt 151, 161
- Serienschaden 152
- Summe 151
- Verjährung 159
- Versicherungspflicht 152, 160
- VVG 151
- Weigerung 158

Vertrag 25, 26, 51, 207
- Ablehnung 27, 38, 76
- Abschluss 26, 93, 141
- Beendigung 60, 86
- Entwurf 58, 141
- Freiheit zum Abschluss 26
- Gestaltung des V. 42
- Kontrahierungszwang 27
- mit Schutzwirkung zugunsten Dritter 34, 36, 58, 59, 62, 94, 210
- Partei 27
- Umfang des V. 38

Vertrauensverhältnis 31, 64
Vertretung 51, 155
Vorbehaltsaufgabe 55
Vorsatz 73, 78, 137, 155
- dolus eventualis 73, 129

Vorsatz-Fahrlässigkeits-Kombination 129
Vorteilsanrechnung 67
VVG 151

W

Wahrheitspflicht 68
Weisung 158
Werbeprospekt 58
Werbung 42
Werkvertrag 26, 64
Wettbewerbsrecht 42
Widerruf 163
Wiedereinsetzung 49, 265
Wirtschaftsberatung 45, 56, 154
Wirtschaftsprüfer 29, 56, 85, 116, 140, 142, 149, 151, 153
Wohnungseigentumsverwalter 56

Z

Zahlungseinstellung 110
Zahlungsstockung 108
Zahlungsunfähigkeit 108, 111, 117, 130, 135
Zeitaufwand 70
Zeugnisverweigerungsrecht 54
Zinsschaden 65, 66
Zugang 87
Zurechnung
 s. unter „Kausalität"
Zurückbehaltungsrecht 61, 144
Zusammenarbeit 29, 51, 88, 92, 159
Zwischenurteil 96